走进图书馆

——辽宁公共图书馆概览

王筱雯　　主编

國家圖書館出版社

图书在版编目（CIP）数据

　走进图书馆：辽宁公共图书馆概览/王筱雯主编. --北京：国家图书馆出版社，2016.6
　ISBN 978 - 7 - 5013 - 5837 - 3

　Ⅰ.①走…　Ⅱ.①王…　Ⅲ.①公共图书馆—概况—辽宁省　Ⅳ.①G259.273.1

　中国版本图书馆 CIP 数据核字（2016）第 108496 号

书　　名	走进图书馆——辽宁公共图书馆概览
著　　者	王筱雯　主编
责任编辑	金丽萍　唐　澈
出　　版	国家图书馆出版社（100034　北京市西城区文津街 7 号） （原书目文献出版社　北京图书馆出版社）
发　　行	010 - 66114536　66126153　66151313　66175620 66121706（传真）　66126156（门市部）
E-mail	nlcpress@ nlc. cn（邮购）
Website	www. nlcpress. com ——→投稿中心
经　　销	新华书店
印　　装	北京信彩瑞禾印刷厂
版　　次	2016 年 6 月第 1 版　2016 年 6 月第 1 次印刷
开　　本	880 毫米×1230 毫米　1/32
印　　张	14. 5
字　　数	340 千字
书　　号	ISBN 978 - 7 - 5013 - 5837 - 3
定　　价	80. 00 元

本书编委会

主　编： 王筱雯

副主编： 杜希林　王　丹　徐向东

编　委（以姓氏笔画为序）：

王天泥　王连君　刘玉萍　刘　芳

刘　莉　刘晓云　时　新　张世彤

张　欣　张　虹　张晓丽　杨　静

张慧蕊　周晓军　倪海燕　高　巍

温中和

前　　言

党的十八大以来,党中央对现代公共文化服务体系建设做出了一系列重要部署,将公共文化服务体系建设作为全面建成小康社会的重要内容,十八届三中全会将构建现代公共文化服务体系和促进基本公共文化服务标准化、均等化作为全面深化改革的重要任务之一。

公共图书馆事业作为构建现代公共文化服务体系的重要组成部分,是社会文明进步的标志。图书馆为传承历史、延续文明、开拓未来提供着信息与知识保障;图书馆是建设学习型社会的重要阵地,承担着提高公民学习能力与创新能力,培养公民文明素质的重要责任;图书馆是通向知识之门,为构建国家知识创新体系提供着知识与智力支撑。

辽宁是我国文化事业发展的大省,也是我国图书馆事业发展的大省。近年来,辽宁省各级党委和政府认真贯彻国家有关文化发展的方针政策,大力发展文化事业。公共图书馆事业在普遍均等的建设理念指导下获得了长足发展。

我们采撷辽宁省各级公共图书馆建设与发展中的片段,以图文并茂的形式,编辑成《走进图书馆——辽宁公共图书馆概览》一书,每个图书馆独立成篇。力求透过全省每个公共图书馆的概况、建筑特色、历史沿革、办馆理念、馆藏积淀、人文特色、服务环境、特色服务、品牌建设、未来展望等内容的简单描述,揭示每个图书馆的个性特征与服务特色,从一定层面反映辽宁省公共图书馆事业的发展成果,进而有效预测和准确把握全省公共图书馆事业未来的发展趋势。

随着现代信息传播技术的发展和普及应用,图书馆事业正面临着很多新的抉择与挑战。在"特色为王"的时代,图书馆无论大小,都需要彰显特色——特色资源、特色服务,都需要牢固树立品牌意识,努力建设和经营好自己的服务品牌。共建、共知、共享是未来图书馆事业发展的必然选择,公共图书馆在全民阅读推广工程的伟大实践中必须有所担当。

编辑出版本书的主旨有二:一是全面揭示辽宁省各级公共图书馆的概况,集中反映每一所图书馆的资源特色和服务特色,为全省乃至更广范围内图书馆资源的共建、共知、共享提供一扇窗口;二是力图通过这一形式向广大社会公众推介图书馆,让更多的社会公众了解身边的图书馆及其所提供的各项服务,进一步普及和强化社会公众的公共图书馆意识,从而引导更多的社会公众走进图书馆,利用图书馆。

图书馆事业发展没有止境,图书馆服务没有止境。在现代公共文化服务体系建设的盎然春色中,愿本书的出版能够为其平添一抹殷红,一叶新绿。

编　者
2016 年 6 月

CONTENTS
目 录

营口市

阜新市

辽阳市

葫芦岛市

引领学习　激扬智慧的知识殿堂
——辽宁省图书馆

一、基本概况

辽宁省图书馆是国家举办的省级综合性公共图书馆,是向社会公众提供文献信息服务的学术性公益文化单位。辽宁省图书馆现馆舍于 1989 年开始兴建,建筑面积 3.2 万平方米,1997 年年底竣工,1998 年 8 月 15 日正式对读者开放。辽宁省图书馆在建筑外形、环境布局、内部构成等方面均进行了精心设计,使人们能够从空间结构的合理性、流畅性、亲和性等方面感受"居于斯而贵"的切身体验。辽宁省图书馆现有馆藏文献 600 余万册(件),在 61 万册古籍藏书中,有善本古籍约 12 万册,其中宋元版 100 余部,藏书质量位居全国公共图书馆前列。目前开设有综合图书借阅处、报刊查阅室、少儿阅览室、地方文献阅览室、声像资料借阅室等 20 余个对外服务窗口,实行借阅合一的开架管理,开架文献数量达 240 万册,日均接待读者 3000 余人次,年流通文献 200 余万册次,现有阅览座席 1200 余个,数据库资源总量近 60T,实行全年 365 天开馆,平均每周开馆时间达 73.5 小时。为了更好地给广大人民群众提供现代化、全方位的个性服务,2010 年 7 月,省委、省政府决定在浑南新城建设辽宁省图书馆新馆。经过四年的建设而竣工。建成后的辽宁省图书馆新馆是目前国内单体面积最大的省级公共图书馆,新馆设置阅览座席 7000 个,藏书能力达到 1000 万册,信息节点 4000 个,网络带宽 1000 兆。作为沈城的文化标志,辽宁省图书馆以现代理念、国际视野、平民姿态、人文关怀,通过各种精致周到的创新服务铸造了一个成就"智慧城市"梦想的开放课堂。

二、建筑内涵

辽宁省图书馆坐落于沈阳城南,是我国第一家采用模数式建筑的省级图书馆,其以宏伟的外观、丰富的内涵已成为沈城一道亮丽的风景。纵观全貌,就像一本翻开的书,寓意"开卷有益"。宽敞的半圆形庭院与棱角分明的建筑主体相互呼应,形成丰富而完整的空间系列,赋予图书馆一种开放的态势。从远处眺望,辽宁省图书馆犹如一位张开双臂的智慧之神,热情地拥抱着来自八方的读者;从空中鸟瞰,辽宁省图书馆仿佛一只张开双翼的太阳鸟,在碧树、绿草、红花的映衬下,振翅欲飞。辽宁省图书馆的建筑设计充分体现了时代精神,寄寓了全新的办馆理念——开拓环境、创造经典、以人为本、浇筑知识。无论何时走进图书馆,无论有多少读者,这里总是洋溢着一片温馨与祥和的气氛,会让你情不自禁地融入这知识的海洋。多年来,辽宁省图书馆利用其设施、文献、技术等资源,进一步开展讲座、咨询、展览、培训等特色服务,不断拓展服务的深度和广度,充分发挥了图书馆在普及科学知识、提高社会文明程度和公民文明素质、推动社会发展进步方面的重要作用。

辽宁省图书馆新馆全貌

2010 年投入建设的辽宁省图书馆新馆坐落于浑南新城，其设计凸显以人为本的服务理念，使用大空间、无间隔的布局，以灵活应对未来的发展变化。总建筑面积 10.3 万平方米，是原馆舍的 3 倍，本着各主要功能区既相对独立，又紧密相连，静区、较静区和闹区分隔明晰，互不干扰的原则，分为地下一层、地上四层，设置有藏书区、借阅区、数字图书馆和多媒体服务区、公共活动和辅助服务区、技术设备区、业务加工区、行政后勤区等区域。建筑总高度 22 米，新馆空中俯瞰为一个"E"字形，好似一本翻开的书。辽宁省图书馆新馆整体建筑充满现代气息，其独特的建筑风格和设计理念，为读者营造温馨舒适的阅读环境；一流的设施设备和贴心的服务，为读者开启全新的阅读之旅。传统阅读与数字阅读的无缝衔接，阅读学习与文化休闲的有机结合，赋予新馆鲜明的文化内涵，并成为全省文献资源共建共享中心、全民接受终身教育的学习中心、开展社会教育的活动中心、辽宁文化成果展览展示中心。

三、历史回眸

辽宁省图书馆原名东北图书馆，是由中国共产党领导建立的第一所大型公共图书馆，于 1948 年 8 月 15 日在哈尔滨开馆，1949 年 2 月迁至沈阳，1955 年改名辽宁省图书馆。辽宁省图书馆馆藏种类丰富、学科齐全、珍品荟萃，现有古今藏书 600 余万册（件），10 余个文种，并与 17 个国家和地区的图书馆建立了文献交换关系；古籍文献 61 万册，其中善本约 12 万册，宋元版图书 100 余部。此外，还收藏有丰富的东北地方文献和有关满族、清代以及伪满时期的文献资料。

多年来，辽宁省图书馆秉承"读者至上，服务第一"的办馆理念，坚持全年 365 天对外开放，并以改革创新为驱动力，不断转变服务模式、深化服务内涵、扩大服务范围，充分利用图书馆的设施、文献、技术等优势资源，为读者提供平等、优质、高效、专业的服务，受到读者和上级机关的肯定与赞誉,先后荣获"一级图书馆""全国古籍重点保护单位""全国文化工作先进单位""全国未成年人思想道德建设先进单位""全国扶残助残先进单位"等荣誉称号。

历经近七十年的发展历程,辽宁省图书馆由小变大,从手工管理到计算机管理,将被动封闭式服务转变为主动开放式服务,现已成为全省藏书、图书目录、图书馆间协作协调以及业务研究与交流的中心,是辽沈人民文化休闲的重要阵地。如今,辽宁省图书馆新馆将以全新的面貌踏上新的征程,续写新的辉煌。

四、馆藏建设

藏书建设是图书馆开展各项业务工作的重要基础。辽宁省图书馆的藏书建设工作,始终坚持地方性、综合性的原则,紧密围绕文献资源建设的长远发展目标和读者阅读需求,合理利用资金,调整采购比例,既注重藏书建设的发展,也尽力满足不同读者的阅读需求。经过几十年有目的地采选、补充,现已形成具有鲜明特色的藏书体系。近年来,随着购书经费的增加,省图书馆进一步优化了馆藏结构,加大了精品图书和外文图书的入藏力度,增加了电子文献的入藏品种,并购买了一些大型数据库的全省网络使用权和十多个数据库的读者网络使用权,形成了具有鲜明特色的综合性藏书体系。至2014年年底,辽宁省图书馆馆藏文献达到5 972 874册(件),收藏有丰富的东北地方文献和有关满族、清代以及伪满时期的文献资料,建设各类特色数据库37个,外购各类图文、音视频数据库达56个,并开通了网上咨询和电子资源远程检索服务。

地方文献工作是图书馆文献资源建设与社会服务特色化、个性化和优质化的重要体现。近年来,省图书馆进一步加强特色文献资源建设,加大地方文献的征集力度,先后拜访了多位辽宁名人,走访了多家单位,为构建辽宁地方特色文献品牌和服务,全方位地展示辽宁文化成果奠定了扎实基础。

辽宁省图书馆古籍藏量达到 61 万册,其中善本古籍 12 万册,宋元版图书 100 余部,古籍数量和质量均居全国图书馆前列。其中,宋绍兴二十二年临安府荣六郎家刻本《抱朴子内篇》是现存《抱朴子内篇》唯一宋刻本,其特殊价值还在于卷末的 5 行 75 字刻书牌记,是今天研究宋代出版史的第一手资料,明末清初学者钱谦益称其为"东京梦华录";宋淳熙八年(1181)刻本《扬子法言》,是"五臣注本"现存最早的刻本,墨色莹洁,初刻精印,为南宋刻书之上品。

2011 年,文化部和财政部共同启动数字图书馆推广工程,省图书馆完成了省级平台的建设任务,并与国家图书馆实现了局域网连接,形成了以国家图书馆海量资源为保障的分布式资源服务体系;2013年,完成了省图书馆、丹东市图书馆、锦州市图书馆通过 VPN 链接方式接入到"国家数字图书馆推广工程"的安装,读者借助虚拟网可方便快捷地访问到总量超过 120TB 的优秀数字资源;2014 年,完成了国家图书馆 155M 专线铺设工作,通过建设国家图书馆到各省级图书馆的专线直连网络,为到馆读者提供高速度、大带宽的网络访问体系。在数据库建设方面,自主开发了"馆藏建国前期刊""盛京时报""东北图录""清史图片库""东北日报"等数据库,总计容量达到 415GB。

五、服务特色

免费开放服务。辽宁省图书馆本着"读者至上,服务第一"的办馆理念,不断加强对外服务工作。从 2007 年起,加大了公益性服务的力度,取消了自习室使用费、读者存包费,降低了文献复印费、声像资料磨损费。2010 年,本馆依托丰富的馆藏电子资源,充分发挥图书馆在公共电子阅览室建设中的引领作用,从 11 月起免费向读者开放电子阅览室,为广大读者提供了健康、便捷的网络文化服务。辽宁省图书馆以免费、开放、均等、丰富的服务内容受到读者欢迎。

"超市式"开架服务。2007年,辽宁省图书馆在多方考察、调研、论证的基础上推出了"超市式"开架服务,即将自然科学、社会科学、外文图书三个借书处合并为综合借书处,对一些热门书、读者利用率高的图书不再按图书馆的分类法来排列,而是以方便读者为主,按主题检索,并选用方便读者取放图书的低矮书架,读者只需进出一次,即可借阅需要的所有类别图书。"超市式"开架服务丰富了服务的内涵、深化了服务的层次,在开架服务领域迈出了坚实的一步。

数字阅读服务。为了适应读者的数字化阅读需求,辽宁省图书馆推出了一系列数字文化服务,包括数字资源阅读、一站式检索、移动图书馆、手机图书馆、电子阅读器外借服务、U阅迷你书房借阅服务、Wi-Fi网络连接等全方位的数字服务空间。同时,在网站对"移动图书馆"的链接设置了二维码,读者可利用手机直接登录"移动图书馆"网站,享受"新书导读""到馆路线""服务窗口"等便捷服务。2013年,辽宁省图书馆投入近百万元,建设并推出辽宁省全民学习中心,将辽宁省各市作为城市分中心纳入该平台,实现省内图书馆资源的有效整合与共建共享。

多媒体服务区

多样文化活动。辽宁省图书馆通过举办展览、讲座、报告会、联谊会、培训等多种形式的文化活动,积极拓展图书馆的社会教育功能,丰富人民群众的精神文化生活。"辽海讲坛·辽图讲座"以及各种展览、主题活动在读者中具有较高的知名度与美誉度。特别是近年来,每年都有计划地组织大型读者活动,连续四年成功举办的"辽宁省图书馆读书节"活动、2012 年"辽宁省公共图书馆服务宣传月"、2013 年"书香辽宁·阅读引领未来——图书馆嘉年华"和"礼迎全运·魅力阅读"系列文化活动、2014 年"血脉相连,心系百姓"——党的群众路线教育实践活动百题征答、图片展等大型读者活动都取得了圆满成功,受众人数百万人,在全社会取得了强烈的反响,得到了读者的认可和好评,并使读者活动从以本馆为阵地向覆盖全省进行了较好的尝试,迈出了可喜的一步。

流动图书馆服务。辽宁省图书馆流动服务以文化惠民为宗旨,以务实求新为目标,以完善流动服务设施为载体,以提升配套服务为手段,通过搭建"流动图书馆""图书流动站""24 小时自助图书馆"等,不断拓展服务领域、扩大受益人群,逐步构建了科学合理的"流动服务"网络布局,为辽沈地区人民提供了方便快捷的文献信息服务。目前,辽宁省图书馆的流动服务模式已初步形成,并将以新馆建成开放为契机,逐步建立覆盖全省的公共图书馆服务网络。辽宁省图书馆的流动服务,正如一条散发着智慧之光的"文化长龙",成为活跃于辽沈大地之间的一道靓丽风景线。

读者在馆员的帮助下使用
"24 小时自助图书馆"

文化志愿服务。辽宁省图书馆志愿者协会成立于 2003 年。近年来,辽宁省图书馆在省文化厅的重视和领导下,在全社会大力弘扬"奉献、友爱、互助、进步"的志愿精神,广泛并深入地开展各类文化志愿服务活动,组织动员广大文化志愿者踊跃投身社会公益事业,在对原有品牌项目进行维护和升级的基础上,深入探索,持续创新,开创了本馆文化志愿服务发展稳定、态势良好的工作局面。截至2014年年底,注册文化志愿者累计达3.6万人,服务时长超过20万小时,受益群众超百万人次,活动效果显著,在全社会掀起了文化志愿服务的热潮。省图书馆服务聋人读者的"手语世界"活动、服务视障读者的"对面朗读"活动以及老年人文化服务活动的不少受众者,受到互助互爱志愿服务大环境的感染熏陶,自愿成为新的文化志愿者,推动了爱心传递,延续了志愿精神,进而不断实现着品牌的发展和服务的升级。其中"对面朗读"先后被文化部评为"2012年基层文化志愿示范项目"和"2013年文化部群星奖项目奖","手语世界"被评为"2014年基层文化志愿服务示范项目"。

信息咨询服务。近年来,辽宁省图书馆以辽宁老工业基地振兴为基点,不断强化信息服务工作的力度,拓宽信息服务领域,深化信息服务层次。在为科研生产、科研课题提供咨询服务的基础上,积极为政府决策提供参考,充分利用馆藏资源,编辑《领导决策参考》和《领导干部书架》,为省领导决策提供信息支持。省图书馆还开辟了信息服务新领域,为省"两会"提供服务,为与会代表提供专题服务、课题检索、现场咨询、期刊借阅、资料发放、文献打印等多项服务,受到与会代表的欢迎。2014年,中国政府公开信息整合服务平台辽宁分站在省图书馆顺利建成并投入使用,入库信息16 294条,发布9787条,用户能够一站式地发现并获取政府公开信息资源及相关服务。

六、品牌塑造

辽宁省图书馆多年来秉承"公益性、基本性、均等性、便利性"原则,努力加强对弱势群体的文化关怀,有的放矢、按需服务,推出了独具特色的各类文化活动,打造了一系列服务品牌。"手语世界""对面朗读""老年人学电脑""老年人学英语"等活动以温馨、务实的服务为弱势群体提供了文化空间和丰富的学习资源。另外,辽宁省图书馆也十分关注进城务工人员及少年儿童的文化需求,不断丰富为进城务工人员、少年儿童等特殊群体服务的内容,拓展服务新途径。为切实保障进城务工人员的基本文化权益,设立了"职业技能培训"专架、开展电脑培训、开展免费放映活动和"亲情视频"、职业规划等服务内容。2011 年,"辽宁省图书馆低幼阅读活动区"正式开放,填补了本馆对低幼儿童服务的空白,也是全国省级公共图书馆创建并投入使用的首个针对 0—6 岁儿童的专门活动区。2014 年,省图书馆因在少儿工作中的突出表现,先后被授予"全省未成年人思想道德建设工作先进单位"和"全国未成年人思想道德建设工作先进单位"称号。

低幼阅读活动区

辽宁省图书馆本着繁荣基层文化、促进社会发展的服务理念,几年来,在乡镇、社区、学校、部队、企业等建立了 162 个图书流动站,送书下乡、下基层达百万册。2010 年,在流动站服务基础上,在丹东、营口、盘锦等市建立地区文献服务中心,形成了通过市图书馆,辐射县区、乡镇的四级服务网络。2013 年,省图书馆 24 小时自助图书馆设备正式投入使用,为读者提供集办证、查询、预约、借书、还书、续借等功能为一体的完全自助式服务,使读者不受图书馆地域限制和开馆、闭馆的时间限制,随时享受图书馆的文献服务。2014 年,省图书馆流动图书馆正式"开馆",为广大读者提供"分时、定点、巡回式"服务,并以"百万图书万里行"系列活动为载体,创新地开展了流动图书馆进"机关、社区、校园、企业、乡村、军营"的"六进"活动,专门为社会边缘人群、特殊群体以及偏远地区服务人群提供"点对点式"的文献服务。经过一年的运营,流动图书馆走过了广大读者从观望、接受到欢迎的历程,流动图书馆的服务正逐步进入正规化、常态化,成为省图书馆服务工作的新品牌。

七、未来畅想

辽宁省图书馆新馆作为本省加快文化强省建设的重点工程,未来将按照省政府要求,加快做好全面开馆的各项准备,秉承"公益性、基本性、均等性、便利性"原则,全面提升公共图书馆的服务能力、服务水平,最大限度地发挥公共图书馆在保护文献典籍、传承中华文化、培养公民的文化自觉和文化自信、提高文明素质等方面的重要作用,让更多的读者走进图书馆,感受读书之悦。

沈阳市

"不在图书馆,就在去图书馆的路上"
——走进沈阳市图书馆

沈阳市图书馆(网址:www.sylib.net)始建于1908年,是我国近代史上最早的公共图书馆之一。几经历史变迁,1953年定名为沈阳市图书馆至今。2005年6月1日,位于沈阳市沈河区青年大街205号的沈阳市图书馆新馆建成开放。开放时间如下:

夏令时:5—9月,

周一13:00—19:30,周二至周日8:30—19:30;

冬令时:10—4月,

周一13:00—18:30,周二至周日8:30—18:30。

咨询电话:024-23846134。

周边公共交通十分便利,地铁2号线,132、212、214、152、126、800、272路等多条公交车可以直达图书馆。建筑面积3.9629万平方米,阅览座席1633个,计算机524台,信息节点1378个,选用ILAS Ⅱ图书馆自动化集成系统。

截至2012年年底,沈阳市图书馆馆藏文献总藏量为350.9730万册(件),其中纸质文献269.1792万册(件),电子图书18.3761万册(件),视听文献、缩微制品15.1730万册(件),电子期刊、CD-ROM等48.2447万册(件)。目前,沈阳市图书馆馆藏图书、报刊、视听文献之1/5收于基藏书库,主要是有保存价值的经典图书和理论性较强的研究型图书,基藏书库对读者实行闭架借阅;馆藏之2/5收于外借书库,主要为适合大众阅读的热门图书,对读者实行全部开架借阅;馆藏的另外2/5主要用于分馆和图书流动站,就是为了满足沈阳市内各区县、社区、街道的分馆和图书流动站点读者的借阅需求。

沈阳市图书馆地处浑河北岸美丽的沈阳科普公园内,毗邻沈阳市科学宫和沈阳市儿童活动中心等文化单位。科普公园内绿草如茵，植被茂密，环境静谧优美，让图书馆远离了污染和噪音。图书馆的建筑也颇具特色，犹如一艘广阔大海中扬帆远航的巨轮，寓意着莘莘学子在书的海洋中劈浪遨游，坡式楼顶是绿色草坪，青翠碧绿，植被茂密，梯田式石阶直达图书馆正门，整体视觉气势宽宏，极具冲击力。正门周边的墙体全部为透明的玻璃幕墙，通透清亮的设计提高了室内的感光度，削弱了老式图书馆给人的沉闷和压抑感，增添了许多轻松、活泼、现代的元素。主楼大厅宽敞明亮，玻璃屋顶清澈通透，放眼望去，阴晴冷暖、辰星日月尽在眼前，大厅四周被青翠欲滴的盆栽植物所环绕，整个空间便生动了起来。

沈阳市图书馆馆舍

在沈阳市图书馆与沈阳市儿童活动中心之间，一棵挺拔高大的柳树盘旋矗立其间，异常醒目。这是一棵百年来静观沈城历史沧桑的长寿树，被誉为沈阳的"柳树之王"。优美的外部环境、合理的室内布局、丰富的知识积淀、浓厚的文化氛围，共同打造了一个沈城百姓最向往的地方——沈阳市图书馆。在这里，你可以坐拥书城，饱览群书，汲取千古精华；在这里，你可以尽情感受历史的沧桑巨变，世事的百转千回，人生的万千姿态，真情的撼人心魄。无论您抱持着何种目的来到沈阳市图书馆，都会得到最贴心、周到和热情的服务。

然而,就是这样一座充满时代气息和人文理念并呈跨越式飞速发展的现代化图书馆,却有着许多不为人知的沧桑过往。

清朝末年,西学东渐,变法维新之风盛行,在这样的时代背景下,清光绪三十四年(1908),由提学史张鹤龄提议并筹划,经东三省总督徐世昌批准,沈阳市第一座图书馆正式创建。初名为奉天省城图书馆,馆址定在大南门内提学司署前。这是我国近代史上最早的公共图书馆之一。

图书馆建成之后的几年里,正值清末民初的动荡岁月。图书馆的馆舍数次搬迁,馆长数度更换,图书馆也数次更名。奉天图书馆的首任馆长叫陈树藩。据文献记载:"开办伊始,以奉省款项支绌,除拨款三千余金购办藏书外,复将前省学堂、前学务处购办之书,尽行拨入。上溯秦汉,下迄明清,凡成学之士所通行浏览之书,灿乎略备。欧美之译籍,一切关于法制、文史、数理、农工商各科学者,亦复罗布棋列,略具概要。"同时,提学使以旧存各种图书寥寥无几,特派馆长陈树藩前往两湖一带,购置官私撰述及东、西洋翻译作品。这就是始建时期的图书馆及其藏书情况。

奉天图书馆虽为新生事物,却也成绩斐然。奉省人士,家里没有藏书的人,大多每天到图书馆内阅览,希望图书馆能够成为他们的求学之地,同时图书馆也成为教育的辅助方式。

1916 年,教育部调查的各省图书馆情况显示,当时奉天省级馆有图书 12 102 部,55 077 册。其中中文书籍占 7/10,日文书籍占 2/10,英文书籍占 1/10,此外有图画 143 组。另有本省各县乡土志的钞本,是其他各省所没有的。

1921 年 4 月徐续生出任馆长。民国十二年(1923)奉天市政公所成立,旋即又将奉天省城图书馆划归到市政公所管辖。省立图书馆遂于民国十二年十一月一日,正式更名为"沈阳市立图书馆",这是沈阳市图书馆第一次划归市属。然而,由于经费问题无法解决,不久沈阳市立图书馆又改名为"奉天省立图书馆"。

1928 年 6 月,"皇姑屯事件"之后,张学良成为东北最高长官。当时东北的政治经济形势相对比较稳定,加之张学良对文化体育等事业比较重视,因此,图书馆事业也得到了较快的发展。

1929 年 6 月,奉天省立图书馆改名为辽宁省立图书馆。7 月 1 日徐续生辞职,卞鸿儒接任馆长一职。卞鸿儒是个学者,曾撰写过《热河纪游》《外国地理讲义》《东北之史的认识纲要》等著作。卞鸿儒也是一个有作为的管理者,在其任职的两年时间内,不但做了图书馆基础性的分类编目工作,而且还使得图书馆有大量的新书入藏。尤其值得一提的是 39 函 244 册(实际上是 42 函 256 册)吴廷燮写本《明实录》的入藏。

《明实录》以皇帝事迹为主轴,以明代政治为核心,内容偏重于政治史料的,以有利于治国安邦、皇位永固的标准来收集军事、经济、文化、教育方面的史料,被认为是"明史之源"。因为《明实录》没有刻本,所以近代藏书家都把抄写本看成是珍本。吴廷燮写本《明实录》多数抄自清内阁明清档案,所以非常珍贵。

吴廷燮是大史学家,曾任清史稿总纂。张学良主政东北后,花重金请了不少学者名士来东北讲学,吴廷燮也在被请名人之列。1930年,吴廷燮将《明实录》一书捐赠于辽宁省立图书馆。这在当时是件大事,为此,1930 年 1 月,卞鸿儒馆长在《大亚画报》刊登了鸣谢启事。这本史学珍本《明实录》至今仍是沈阳市图书馆的镇馆之宝。1931 年9 月 18 日,日本关东军侵占沈阳,图书馆因经费断绝而陷于停顿状态。1932 年 1 月 1 日,图书馆由伪政权接管,辽宁省立图书馆又改名为"奉天市立沈阳图书馆"。副馆长日本人片冈宪法三成了图书馆实际上的负责人。

抗战胜利后,1946 年 7 月国民党沈阳市政府委派吴奚真教授接收辽宁省立图书馆,并更名为沈阳市立图书馆。由于旧馆舍遭到破坏,沈阳市立图书馆奉命迁于大南门里原满铁奉天事务所(即现在沈阳市儿童图书馆)内。

1948 年年末,沈阳解放,人民政府接管了图书馆,并于 1953 年正式定名为沈阳市图书馆。新中国成立后直到"文革",沈阳市图书馆迎来了第一个发展的春天。沈阳市图书馆整顿了原有的藏书,建立健全了图书登记制度,采用了"东北图书馆图书分类法",科学地组织藏书,完善了目录体系。同时,除坚持常年开馆,开展传统的外借和阅览服务外,还不断地拓展服务的深度和广度,成立参考部和辅导部,加强课题咨询和文献检索工作,加强对县区馆的指导工作和图书流动站建设工作。为了配合党在各个时期的中心工作,沈阳市图书馆提出了"为大众、为生产、为科研"的服务口号,并广为普及科学文化知识,为沈阳的经济恢复和建设做出了巨大贡献。

党的十一届三中全会以后,沈阳市图书馆迎来了发展中的第二个春天,图书馆事业进入了一个快速发展的历史时期。由于政府的投入不断加大,沈阳市图书馆的文献资源建设得到了快速发展。馆藏文献目前发展到近 190 万册,其中古籍、善本书 10 余万册。除了前述的镇馆之宝吴廷燮写本《明实录》,沈阳市图书馆的馆藏还有由唐杜甫撰,明张綖注,明隆庆六年(1572)张守中刻本的《杜工部诗通》,它是沈阳市图书馆收藏年代最早的一部古籍,距今已有四百多年的时间,另有馆藏《古今图书集成》《古文渊鉴》等也都十分珍贵。文献资源建设是图书馆开展服务工作的基础,多年来,沈阳市图书馆根据辽沈地区政治、经济、文化、科学技术和教育的发展,因地制宜、实事求是地制定并不断调整文献资源建设工作,逐步形成了以服务大众为主、兼顾科研生产的馆藏文献资源体系。

沈阳市图书馆在注重馆藏文献资源建设的同时,更加注重读者服务工作。随着办馆条件的不断改善,陆续增设了视听室、语音室、缩微资料室和多媒体阅览室等现代化服务窗口以及新书展示厅、再就业阅览室、理财阅览室、服饰文化工作室和古籍阅览室、盲人有声读物阅览室等特色服务窗口;在服务方式和手段上,实行了开放式管理,敞开办证,开架借阅,业务、办公基本实现了自动化、网络化;多次举办全市性的读书活动、公益性讲座和展览;建立并完善了沈阳市图书馆服务体系,逐步形成以沈阳市图书馆为中心,以县区图书馆为支干,以覆盖全市城乡、村镇、街道、社区的分馆及流动站为节点的图书馆服务网络,大大增强了沈阳市图书馆服务社会的辐射能力,扩大了社会影响。

2005 年 6 月,在沈阳市委、市政府的关心与支持下,一座崭新的现代化新馆舍拔地而起,沈阳市图书馆的事业发展又有了大可作为的空间。进入新馆后,沈阳市图书馆人满怀豪情,合力拼搏,构建了业务工作标准化、规范化建设体系,采取了一系列旨在强化行风建设和人员队伍建设的措施,并进一步提出了"追求没有不满意读者"的工作目标。世纪沧桑,百年巨变。沈阳市图书馆由最初的 9400 余种藏书,到今天的 350 余万册,增加了 300 多倍。并连续多年被文化部评为"一级图书馆",先后获得了文化部颁发的"全国文明图书馆"称号,并被文化部图书馆司评为"读者喜爱的图书馆"。这一切都无言而雄辩地展现了沈阳市图书馆飞速发展的步伐,浸透了几代图书馆人的艰辛汗水,当然,也反映出人民政府对公益性社会文化机构——图书馆的高度重视。

今天,当全国的图书馆界都在探索图书馆功能转型的问题时,沈阳市图书馆也正摸索着新的服务形式,如何吸引更多的读者到馆?如何把市民变为图书馆的读者?随着图书馆第三空间的打造,沈阳市图书馆"星期六剧场"应运而生。

"星期六剧场"是由沈阳市图书馆于 2013 年倾力打造的图书馆特色服务项目之一。它以沈阳市图书馆为基地,邀请沈阳地区的演艺名家、各高校的文艺社团等来进行公益演出。顾名思义,由于演出时间固定在星期六的下午,因此被称为"星期六剧场"。其特点是所有演职人员都是零报酬出演,演出性质完全是艺术惠民、公益演出。2013 年 8 月 24 日,"星期六剧场"的首场演出是沈阳相声界的前辈于琪先生的相声专场。当天,可容纳 300 人的沈阳图书馆小剧场座无虚席,甚至连过道、台阶上都挤满了热情的读者观众。于琪先生和他的老搭档周智光先生合说了《弄不明白》《说广告》等相声名段,让观众感觉仿佛又回到二十多年前沈阳相声繁荣时期。"星期六剧场"一炮打响。之后,"星期六剧场"陆续推出了各种形式的演出,有京剧、评剧的名家专场,有吉他、古筝、萨克斯等音乐演出,有相声、评书、山东快书等曲

"星期六剧场"活动

艺演出,还有话剧、校园剧等。刘兰芳、冯玉萍、宋丽、朱光斗、李静文、曾静等名家的参演,多种形式的精彩演出为广大市民提供了丰富多彩的文化大餐,受到了沈城市民的热烈欢迎。截止到2014年4月底,"星期六剧场"已经演出几十场,几乎场场爆满。"星期六剧场"的开办引起了多家媒体的关注和报道。中央电视台新闻联播节目也曾给予过肯定性报道,更扩大了其影响力。2014年3月,沈阳市图书馆成为沈阳市委宣传部首批挂牌的15个市级艺术共享惠民演出基地之一。"星期六剧场"的成功运作,使图书馆的社会影响力也得到了不同程度的提高,同时带动了读者图书借阅数量的不断攀升。

近年来,沈阳市各级领导对图书馆工作高度重视,多次到馆检查指导工作,对图书馆的发展给予了极大的支持和关怀。加大了经费投入力度,增加了文献购置经费;馆舍进行大规模的维修改造,大大改善了图书馆的阅读环境,为读者提供了更舒适的阅览空间,数字化图书馆工程正在快速推进,数字图书馆工程建设完成后,网络带宽将达到1000M,实现无线网络全覆盖,存储容量达到200TB,各种新媒体

"第六届沈阳全民读书月名家讲堂首场活动"

服务也将同时上马。

为提升图书馆的整体服务水平,为市民提供高层次的服务,图书馆将极力推进内外环境设施的改进,服务软硬件的提升。逐步改进各项服务设施,外部将铺设完成新的理石路面,修缮残疾人专用通道,种植树木花草,馆舍楼面重新铺设绿色草坪,晚间馆舍开启亮化灯光,馆内正厅增设一部扶梯,使其上下同时运行;设立24小时的自助图书借还设施,全市公共图书馆实行图书通借通还,真正实现图书资源的市民共享。馆内还将现行的借阅区域连成一片,成为大区域、敞开式读者借阅格局,增设舒适的阅览桌椅和读者休闲区域;将改扩建一个可同时容纳20人的视听影院、容纳30人的试音室、120人的报告厅和可容纳300人的剧场。图书馆将定期向市民读者开展各种公益讲座、公益培训和公益演出,免费举办各种书画作品展览,音乐、影视欣赏,文艺戏剧演出等各种公益活动。

未来的沈阳市图书馆将是一个集资源共享、休闲阅读、作品沙龙、音乐赏析、影视欣赏、文艺观摩、国粹展览等学习、休闲和科学普及于一体的综合性文化场所。面对各种经济浪潮的冲击与挑战,图书馆的个性依然独树一帜,图书馆的功能依然无可取代,打造文明城市,共创文化强国。要使图书馆成为沈阳市民走出家门的第一向往之所,"不在图书馆,就在去图书馆的路上"。

不断改革创新的和平区图书馆

和平区图书馆始建于 1959 年 4 月,距今已 57 年。57 年在历史的长河中只是惊鸿一瞥,但对于一个县区级公共图书馆来说,在这短短的 57 年间,经历了从"传统手工借还"到"现代计算机操作",再到"最新自助服务"三个阶段。

和平区图书馆是服务于成人和少儿读者的开放式公共图书馆。自 1959 年建馆以来,和平区图书馆馆址几经变迁。2008 年 12 月 16 日,位于和平区八经街 46 号的新馆正式对外开放。新馆开放时间为 9:00—17:00(周三 9:00—12:00),开通了图书馆网站(www. syhplib. com)和电话(024 - 22821463)。新馆占地 1000 平方米,建筑面积 4437 平方米,馆藏图书 27 万余册,年订报刊 500 余种,可容纳读者座席 484 个,现有持证读者近万人,是目前沈阳市规模最大、功能齐全、设施完备的(县)区级公共图书馆。现有工作人员 19 名,全部为本科学历,其中高级职称 3 人,中级职称 12 人,工勤 3 人,行政 1 人,另有 10 名区劳务派遣人员。1998 年,和平区图书馆在文化部第二次评估定级工作中,以 951 分的优异成绩在省内同级馆中排名第一,荣获"一级图书馆"称号,并将该荣誉保持至今。

新中国成立初期,和平区文化馆的一个图书组是和平区图书馆的前身。1959 年 4 月,和平、南市两区合并后,成立了和平区图书馆,独立开展业务活动。"文化大革命"期间,和平区图书馆闭馆,直到 1970 年建立和平区毛泽东思想宣传站,以图书组的形式对外开展活动。1978 年 5 月,和平区图书馆再次独立。1987 年 4 月 10 日,因馆舍破旧,和平区图书馆经区政府批准闭馆。1991 年 10 月,旧馆舍拆迁。1992 年 6 月,新馆破土动工。1994 年 6 月 1 日,新馆主体工程竣工,全体工作人员喜迁新馆。1995 年 4 月 1 日,和平区图书馆举行了隆重的

和平区图书馆馆舍

开馆典礼。

和平区图书馆的发展共经历了三个阶段,即传统手工借还阶段(1959年4月—1994年年底)、现代计算机操作阶段(1995年—2008年年底)、最新自助服务阶段(2008年12月

16日至今)。和平区图书馆在传统手工借还阶段与其他公共图书馆一样实行手工借还图书,设立采编、外借、阅览、辅导、少儿阅览室,1991年增设参考咨询室。除了开展对外服务,在此期间还成立了和平区图书馆文化艺术学校,实行多业助文。伴随着1995年4月1日建馆36周年暨新馆开馆,和平区图书馆步入了现代计算机操作阶段。在这一阶段,和平区图书馆在区政府各级领导以及有关部门的重视和支持下,在工作上坚持高标准、严要求,内强管理、外树形象,以"奉献求知者、服务读书人"的精神,从人员素质的优化、阅读环境的改善、基础业务的夯实、服务工作的规范、设施设备现代化等方面均采取一系列措施,使图书馆一年一个新变化、一步一个新台阶,一跃成为辽宁省内县区图书馆的排头兵。1995年,和平区图书馆在省内同级馆中率先启用 ILAS 业务管理系统,实现计算机操作;1997年,在省内同级馆中率先启动"文化快餐车"服务基层,实现便民服务;2002年年初,和平区图书馆实现宽带接入,正式步入信息"高速公路",并创建电子阅览室,实现信息服务;2003年,建立和平区图书馆网站,实现宣传服务;2004年,在街道、社区、部队、医院、学校等地建立流动图书室,实现延伸服务。在最新自助服务阶段期间,和平区图书馆的发展紧跟时代发展脚步,以不断满足读者需求为己任,不断探索服务新途径。在这一阶段中,和平区图书馆树立了服务品牌,形成了服务特色。2008年,和

平区图书馆率先在东北三省推出图书馆自助服务,24小时为读者服务,实现了又一次飞跃。开馆至今,自助图书馆共接待读者 50 745 人次,借还图书 506 306 册次,深受读者欢迎。2009年,与沈阳市文化宫图书馆联合举办公益大讲堂,讲座内容丰富多彩,涉及生活、历史、人文等。至今共举办

"超级宝贝"系列活动

"提升职业素养、凝聚工作智慧""减轻压力、快乐生活""来自于平凡中的伟大——谈新时代弘扬雷锋精神"等公益讲座 200 余场次,近 3 万名读者参加。每一场讲座都力求达到形式新颖、内容精彩、效果显著。2011 年,区政府投资 60 余万元建立了五家数字化社区图书分馆,现已正式挂牌开馆接待读者,实现全区公共图书馆的无层级、无差别、无障碍的统一服务,为市民提供了更加便利的阅读空间。2012 年,和平区图书馆借鉴深圳图书馆成功运作城市街区 24 小时自助图书馆的先进经验,在区内有条件的地区设立 10 台城市街区 24 小时自助图书馆。

读者在综合阅览室聚精会神地看报

和平区图书馆不仅是一道靓丽的城市文化景观,更将图书借还服务延伸至区内的每个角落,让和平区变成了一个没有边界的永远开放的大图书馆。开馆至今,和平区图书馆共接待读者 22 998 人次,借还图书 78 996 册次。1999 年,和平区图书馆被

评为"辽宁省文化系统先进集体";2000 年在辽宁省业务竞赛中荣获第一名;2001 年被评为"读者最喜爱的图书馆",成为辽宁省唯一一家获此殊荣的县区级公共图书馆;2012 年荣获由中共中央宣传部、文化部、国家广电总局、新闻出版总署颁发的"全国文化体制改革工作先进单位",是全国唯一一家获此殊荣的县区级公共图书馆;2014 年在第六届全民读书月活动中获"书香图书馆"称号。

　　创新文化发展模式,提升发展软实力。今后,和平区图书馆将继续坚持文化惠民、文化为民、文化利民、文化强民,大力加强文化基础设施建设,以丰富人民群众精神文化生活为己任,通过广泛开展讲座、展览、培训、阅读推广等丰富多彩的文化生活,大力开展数字图书馆服务,利用新媒体技术手段,真正使图书馆服务走进千家万户,走到普通老百姓身边。

延伸发展中的沈河区图书馆

沈河区图书馆是沈阳地区区级公共图书馆,始建于 1958 年 11 月,初建馆舍位于沈阳故宫东侧,建筑面积 400 平方米。1989 年,馆舍迁至沈河区朝阳大街少帅府后巷 2 - 2 号,建筑面积 1700 平方米。2001 年 8 月搬迁到新馆,位于沈河区奉天街 113 号,地处沈阳市房产大厦东南侧,建筑面积 3000 平方米,是一座雅洁美观的高层建筑。公交、地铁等交通便捷。

沈河区图书馆馆舍

沈河区图书馆现有馆藏 25 万余册,年订报刊 400 余种,阅览座席 300 个。藏书重点定位在文学、历史、医药保健、旅游等方面,以地方文献为主要特色馆藏。全年 365 天向广大读者免费开放,实行开架借阅。

沈河区图书馆报刊阅览室

馆内设有图书外借处、报刊阅览室、电子阅览室、残疾人借阅室、参考咨询室、少儿阅览室、自习室等服务窗口,定期举办培训、讲座、展览、学术交流、读者沙龙、阅读推广等活动,为读者提供图书外借、报刊阅览、资料咨询、专题服务、信息导航等全方位的优质服务。

除传统的服务方式外，沈河区图书馆在工作中加强对社会弱势群体的服务力度，为特殊人群开设了众多服务项目。2013年，沈河区图书馆投入资金对残疾人借阅室进行改造，得到了残疾人读者的好评。改造后的残疾人借阅室配有盲文图书万余册，另有电子文献、视听文献、盲人有声读物及有关残疾人政策信息等文献资料，配备盲人电脑，专门为残障人士设立安全通道及专用卫生间，并有专职工作人员为他们服务。通过开展以"文化引领、文化育人"为主旨的系列助残活动，进一步突出残疾人文化建设，提升残疾人幸福指数，丰富活跃残疾人文化生活。

1995年，沈河区图书馆基础业务建设逐步走向自动化、规范化，对图书采访、编目、流通实行计算机管理。图书馆内已实现全部业务流程自动化、办公网络化，拥有独立的网站，用现代化技术手段开发本馆特色文献信息资源，开展文献信息服务。

"祖国在我心中"全民读书月系列活动

近年来，沈河区委、区政府提出要构建覆盖全区、运行有效的公共文化服务体系，尤其高度重视图书馆事业的发展。2005年，沈河区图书馆开始构建以中心馆为龙头、辐射全区 10 个街道的图书馆服务网络，建立了 10 个地区图书分馆，总面积 1150 平方米，藏书 10 万册，接待读者达到 6 万人次。2007 年 9 月起，沈河区图书馆在全区 10 个街道共建立了 67 个社区图书阅览室，合理分布、覆盖全区，创沈河区公共文化事业发展历史之最。每个社区图书阅览室平均藏书 5000 余册，接待读者近 10 万人次，满足了群众的阅读需求，充分体现了图书馆事业面向基层、深入社区，服务群众的宗旨。2010 年年初，随着沈阳市大规模区划调整，沈河区由原 10 个街道扩展为 15 个街道。沈河区图书馆建立的社区图书阅览室数量增至 109 个，进一步扩大了中心图书馆的规模、服务对象和服务范围，提高了公共图书事业的服务水平和质量，将构建和谐社区、建设学习型小区的举措真正落到实处。

"社区书屋"建设工作是一项面向基层、利国利民的文化建设工程，现已初见成效。在沈河区委、区政府的重视和关怀下，投资经费逐年增加，藏书规模不断扩大，管理人员水平逐渐提升，配套设施逐步完善。目前，沈河区图书馆已经建设成 60 个社区书屋，使用面积全部达到 20 平方米以上，在现有场所、图书的基础上，又统一配备了书架、书柜等硬件设施，是由社区自己管理、为社区居民无偿服务的公益性文化服务场所。2014 年，区委、区政府又投资了 600 万元，其中 190 万元用于购置图书，10 万元用于购置电子图书，400 万元用于社区购置电脑，实现了中心馆与社区图书阅览室的通借通还，让"社区书屋"建设真正成为百姓的精神家园。

2013 年开始，随着沈河区成为创建第二批国家公共文化服务体系示范区，沈河区图书馆积极推进总分馆一体化公共图书馆服务体系建设，形成了"政府主导、统筹规划，多级投入、集中管理、资源共享、服务创新"的总分馆建设规划。沈河区图书馆将全面采用区域图书馆集群管理系统，建立中心数字图书馆网站，将 24 小时数字图书馆作为为广大用户提供阅读服务的平台，让读者可以通过电脑、手机等查询、借阅图书馆的馆藏资源，将区图书馆初步建设成数字化、智能化、现代化的图书馆。同时，沈河区图书馆作为总馆，制定服务体系内的分馆制度、业务规则,开展读者活动,对街道分馆业务进行集中管理,开展基层人员的培训及考核。通过开通数字图书馆,建立地区综合性、跨系统的区域性数字资源信息平台,依托上级图书馆的文献资源形成相对完备的文献资源保障体系,建设图书馆联盟,最终形成固定网点、流动服务、移动图书馆互为补充,实体和虚拟相互结合,纵向到底、横向到面的无缝隙服务网络。

沈河区图书馆在 1994 年全国首次评估定级工作中,以 874 分的总成绩摘取沈阳地区公共图书馆第一名桂冠,步入全国一级图书馆行列。1998、2004、2008 年,荣获"一级图书馆"称号。多年来,沈河区图书馆始终以"文明服务、开拓进取、团结合作、敬业奉献"为办馆宗旨,拓宽服务领域,开发图书馆信息,为本地区经济建设服务,对本地区精神文明建设和市民文化素养提升,以及加速沈河信息化进程做出了积极贡献。

书香大东
——走进大东区图书馆

大东区图书馆是国家举办的综合性区级图书馆,为国家一级图书馆。大东区图书馆坐落于美丽的北运河畔,位于大东区如意五路14号,电话为024-88118093,占地5200平方米,建筑面积4000平方米。大东区图书馆现有藏书20万册,年接待到馆读者20万人次,阅览座席300个。全年365天对外免费开放,周开放56小时。

大东区图书馆始建于1957年,当时的馆舍位于大东区大北三段19号,区人民俱乐部院内院外两排六间东厢平房内,面积不足100平方米,设有书库和阅览室,提供外借和阅览服务。1979年,大东区图书馆由区人民俱乐部搬入大东区津桥路32号,是一幢五层1050平方米的馆舍。

大东区图书馆现址为奉系军阀张作霖的幕僚——奉海铁路公司总办王明宇公馆,建于1925年,与沈阳东站为同期建筑。馆舍建筑风格独特,为二层中日混合式建筑,由五部分组成,即主楼、厢楼、门房、花园、围墙。建筑格局正面看是呈"凹"字形,俯瞰呈"器"字形。公馆的楼与楼之间、楼与花园之间由曲折的檐廊连接相通,方形廊柱排列整齐,由宝瓶式护栏相连而立,红顶灰墙,把大楼装扮得格外亮丽。无论建筑风格,还是室内外环境的布置与装点,都体现出浓郁的文化

大东区图书馆馆舍建筑

氛围,突出了舒适的读书环境,是大东区六大公馆之一,为重要的文化建筑景观,2004 年被列为沈阳市不可移动优秀建筑。2005 年,大东区政府决定对公馆进行修缮,改作图书馆,加以利用。2007 年 4 月 29 日,大东区图书馆新馆竣工,投入使用。

大东区图书馆新馆增加了多功能报告厅、会议室、研究室、文化沙龙、青少年活动中心、多媒体阅览室、文献检索培训室、自习室、展室等多个部门,服务功能增强。长期以来,大东区图书馆始终坚持"读者至上,服务第一"的办馆宗旨,坚持为社会主义服务的办馆方向,以维护广大人民群众的文化权利、最大限度地满足群众的文化需求为目标,为大东区经济发展和社会进步提供智力支持,取得了骄人的业绩。

20 世纪 80、90 年代,大东区图书馆的馆藏特色以工业技术为核心,面向国有大中型企业、科研院所、驻区厂矿,面向科研人员和技术人员。随着社会的发展和进步,馆藏重点逐渐转向文学艺术、人文科普、健康养生、娱乐休闲。大东区图书馆重视地方文献的征集工作,开展以有关王明宇的资料文献为重点对象的大东区地方文献收藏工作。对区政协、区地方志办公室、区党史办等政府部门出版的史料、文集、汇编悉数收藏,为读者了解大东区政治、经济、文化等方面的发展历史与现状提供了第一手资料。

大东区图书馆内设办证处、图书借阅处、视听资料外借处、过刊外借处、资料存查处、阅览厅、多功能报告厅、展览厅、多媒体阅览室、文献信息检索室、教室、自习室等十余个对外服务窗口,可为读者提供书报刊等文献资料的借阅、查询、网上信息检索、专题报告、培训、自习等服务,开展了讲座、展览、演讲、征文、知识竞赛、影视播放、社区流动借书等活动,吸引读者走进图书馆、利用图书馆。大东区图书馆始终坚持为生产科研服务,为广大读者服务,变被动服务为主动服务,从科研立项到课题跟踪,主动为科研人员提供对口文献资料。多年来,共为科研人员提供文献资料万余种,完成服务立项 434 项,取得丰硕的经济效益和社会效益,多次获得省服务成果评比集体奖,多人多次获省服务成果评比特等奖和一、二、三等奖。

"书香大东"系列读书活动是大东区图书馆，乃至大东区文化活动的品牌，多次获辽宁省服务成果评比一等奖。同时，大东区图书馆每年都会举办图书馆服务宣传周活动和全民读书月活动，开展"盲人看电影"、小作家培训班、农民工图书专架、红诗

大东区全民学习月暨"书香大东"启动仪式

会、"学习郭明义传承雷锋精神"演讲比赛等各具特色的读书活动，以及"东城盛京图片展""汶川地震图片展"等展览活动。周周放电影，月月办讲座，定期举办文化讲座、文化沙龙、技能培训班、电影展播周、演讲比赛、征文大赛、知识竞赛等活动，其中每月一次的文化讲座，已坚持举办近三十年，从未间断，并坚持为老年人举办免费电脑培训班。

为进一步扩大图书馆的服务辐射范围，大东区图书馆以本馆为中心，在街道、社区建立了基层图书流动点，并在社区开设了"便民直通车"，方便市民就近办理图书证、借还图书。同时，大东区图书馆还与周边村屯结对共建，每年开展送书下乡活动。

面对政治、经济和社会的发展变化，大东区图书馆意识到图书馆必将成为最受大众欢迎、最适宜开展终身教育的机构。大东区图书馆必须加快步伐，让自己成为信息社会的"领头羊"。为此，大东区图书馆将调整工作内容，把以前的内容导向转移为客户导向，在重视有形馆藏的同时，注重有形馆藏与数字馆藏的完美结合，扩大图书馆的辐射面和影响力，在社会焦点问题上起到主导作用。未来的大东区图书馆不仅要满足人们的阅读需求，还应满足人们的情报需求、教育需求和娱乐需求，并成为文献存储和传播知识的中心，成为终身教育和文化娱乐的中心。大东区图书馆会在促进社会经济发展、提升公民素质、维持民主与知识自由等方面充分发挥作用，为本地区的文化和经济发展做出更大的贡献！

精神家园　文化乐园
——走进皇姑区图书馆

　　这里有浓厚的知识底蕴,这里散发着幽幽墨香,这里是启迪生命智慧的圣地,这里是静化心灵的港湾。她常常会使大众浮躁的心情回归平静,更让人们的文化志趣得到升华。这,就是处于闹市而具有浓郁书香的皇姑区图书馆。

　　1959 年,皇姑区图书馆在皇姑区华山路原关大夫医院建立。1961年,皇姑区图书馆迁到昆山西路二段 46 号,面积 400 平方米。现馆舍于 1985 年 5 月投入使用,率先在省内开创开架借阅服务。1998 年,皇姑区图书馆实行业务工作计算机管理。1999 年被文化部评为"一级图书馆"。2003 年,宽带专线接入,建立了电子阅览室,增加电子视听文献资源,实现业务工作与行政管理全面自动化,形成了图书馆多元化的服务格局。

　　皇姑区图书馆现馆舍坐落在沈阳市皇姑区乌江街六盘山路 19 号,位于皇姑区长江北小区内,紧邻皇姑区商业中心北行商圈,交通便利,十几条公交线路直达图书馆。皇姑区图书馆建筑面积 1500 平方米,馆藏文献总量 13 万册,设有 120 个阅览座席。每天 8:30—17:30 对读者开放,全年无闭馆日,咨询服务电话 024 - 86840659,邮箱 hgtsg@ tom. com。现有职工 21 人,其中研究馆员 1 人。

　　皇姑区图书馆主体共三层,局部四层,是典型的 20 世纪 80 年代建筑,外型沉稳厚重,彰显出图书馆浓厚的文化底蕴。温馨的文化氛围、便利的交通、地处商业区的黄金地段,致使每天到馆的读者络绎不绝,也让皇姑区图书馆成为大众博览知识的首选场所和市民休闲小憩的最佳选择。

　　皇姑区图书馆承担着全区 117 万市民的文化信息服务,始终秉承开放、便捷、共享的服务宗旨，充分利用本地区历史文化底蕴，常年开展读书征文、文化展览、辅导培训等各类读书活动，年均 40 余次，日接待读者 200 余人次。以区馆为龙头、社区书屋

皇姑区图书馆工作人员深入社区进行业务辅导

为阵地的标准化服务网络已初步形成，现已建成 24 个标准化社区书屋，基本满足了市民文化信息需求。

皇姑区图书馆馆藏包括纸质文献、电子视听文献等多种载体，经过三十年有目的采选、补充，形成了具有本地区特色的藏书体系。从藏书学科特点上看，社会科学藏书主要以文学、艺术、法律、教育、历史等学科为重点，自然科学藏书以手工业、计算机科学等学科为重点，与大众文化阅读需求密切相关。近年来，随着群众文化的蓬勃发展，艺术学科中的音乐、舞蹈、摄影、绘画等学科已成为皇姑区图书馆重点采购内容，逐步发展成为主题特色馆藏。为进一步发挥馆藏优势，皇姑区图书馆成立了皇姑地区文献资料室，收集了皇姑屯、新乐遗址、舍利塔等具有本地区代表性的物质文化遗产文史资料和经过口述、记录、加工整理留存下来的皇姑地方史料与出版物，并结合区域人文特点建立了皇姑地区名人学者著作、皇姑百姓讲坛资料书目数据库等。

皇姑区图书馆坚持免费开放的服务原则。馆藏文献资源实行开放借阅、自动化管理，各类文献资源实行"一证通"借阅，并于 2014 年取消了读者超期罚款；文学书库、综合书库、报刊阅览室、地方资料室、自修室、文化展览室、电子阅览室等服务窗口全部实行免费开放，实行藏书、外借、阅览、休闲多功能一体化的服务布局；馆外建立图书流动站，扩展服务网络。

皇姑区图书馆坚持开展"送书进工地"活动

皇姑区图书馆面对不同读者群体开展了个性化和特色化服务，彰显服务魅力，相继获得了辽海讲坛皇姑基地、沈阳市艺术惠民"双百万工程"优秀基层单位、沈阳市全民读书月"书香图书馆"等殊荣。

文化志愿者服务。本着"公益、自愿"的原则，皇姑区图书馆发动热爱社会文化服务、具有一定特长的市民组成活动团队，成立了"文化讲座志愿者"团队、"诗歌朗诵志愿者"团队、"文献服务志愿者"团队，为各类市民开展文献借阅、读书交流、教育培训、文化讲座、诗歌诵读表演等多元文化服务100余场次。

"菜单式"服务。皇姑区图书馆针对市民开展了变"我给你接"为"你需我送"的主动服务，提供集体送书、存档报纸代查、文献"一证通借"、读者免费自学、"百姓讲坛"讲座、图书馆业务知识培训、诗词朗诵展演等主动式的文化应答服务，满足各类人群终身学习、文化休闲、文化欣赏的服务需要。

皇姑"百姓讲坛"。皇姑区图书馆2008年正式启动"百姓讲坛"活动，至今开展了80余个主题105场次的讲坛活动，近5万人受益。皇姑"百姓讲坛"由文化志愿者担任主讲嘉宾，具有百姓主讲百姓听的特点，传播时代精神，启迪大众智慧，曾荣获2010—2011年

"百姓讲坛"活动现场

度沈阳市"百姓最喜爱的百项群众文化活动"、沈阳市首届社区文化艺术节"十佳社区群众文化活动品牌"称号。

特殊关怀服务。皇姑区图书馆坚持均等、无障碍的服务理念,修建了残疾人坡道等残障人士服务设施,建立了特色社区书屋,并为皇姑区内弱势群体开展了系列文化服务,通过为盲人开展有声朗读、文艺表演,为老年人及下岗职工举办计算机培训班,送书到敬老院,配送图书、图片展览、文化讲座、朗诵展演进工地等活动,让特殊群体平等享受图书馆各种服务,至今已举办各类关怀服务40余次。2009年服务课题"构建辽宁地区弱势群体服务网络"获得辽宁省社会科学应用成果二等奖。

2016年年初,皇姑区图书馆将迁至位于崇山中路的皇姑区文化艺术中心。新馆建筑面积4000平方米,藏书总量50万册,阅览座席800个,设有视障阅览室、特藏文献室、数字化服务区、文化休闲吧、读者自修区、文化志愿者沙龙室、文化展览区、成人阅览区等近十余个开放、通透的服务区域,具备教育培训、报告展示、学术交流、文化休闲等功能,形成图书馆集藏书、外借、阅览、查询、展览、休闲、娱乐全方位、多功能一体化的服务格局。

新的皇姑区图书馆不仅提供传统的文献外借、报刊阅览等服务,还将引进RFID、自助借还、电子阅报等技术,采用智能书架的管理方式,提供自助化服务。实施数字图书馆建设,实现无线网络、Wi-Fi全部覆盖,让市民在图书馆任何角落,随意畅享电子资源,同时提供远程访问服务,市民足不出户便可获取图书馆各种资源,实现了图书馆无限时服务。皇姑区图书馆将以"一卡通"书刊通借通还为载体,实现市、区、社区三级文化资源的共建共享。

相信在不久的将来,皇姑区图书馆将会以轻松舒适的阅读氛围、现代时尚的阅读体验、贴心的多元服务,成为市民信息共享的中心枢纽、娱乐休闲的家园、文化阅读的乐园。

前进中的铁西区图书馆

　　铁西区图书馆历史悠久,是沈阳市较早建成的区级公共图书馆之一,多次被评为"一级图书馆"。铁西区图书馆的前身是 1948 年 12 月铁西区民众教育馆图书室和 1950 年东北图书馆分馆和市图书馆在铁西设立的分馆。1957 年移交铁西区,独立建馆至今,伴随着铁西发展前进的步伐,已经走过了五十余年的光辉历程。

　　铁西区图书馆的馆舍从建馆时街边的破旧小楼,到如今的三层馆舍,其间几经迁移,如今置身于繁华的汽车商贸区北二路,远远望去,虽不气派,却很典雅。走进铁西区图书馆,一楼设有大厅、咨询台和图书外借处。馆藏的全部 17 万余册图书在借阅处里分门别类,整齐地摆放在书架上,只要用身份证办理借书证就可以借阅图书,并配有电脑可供读者检索所需图书。每天都有成群结队的读者带着各种疑问和探询前来,畅游在书海中流连忘返。

　　二楼设有报刊阅览室、工具书阅览室、地方文献阅览室和公共电子阅览室。报刊阅览室内部采用大开间、通透式的设计,所有报纸期

能够容纳百余名读者同时阅读的报刊阅览室

刊有序地码放在书架上,供读者随意取阅。这里还为残疾人特设专用座席,给老年读者备有花镜,让读者体验阅览室温馨、舒适的同时,还深深感觉图书馆对特殊群体读者的关爱之心。在地方文献阅览室,收藏的主要是与铁西区有关的专著及铁西作家的作品。读者们在这里浏览群书就可以了解铁西的历史、政治、经济及文化各方面的资料,感受城区变迁给人们生活带来的巨变。置身室内,凭窗而望,窗外车水马龙、人来人往、高楼林立,室内读者伏案桌前,静静地享受着书籍带来的沉静和安宁。

拾级而上,来到三楼,是铁西区图书馆的报告厅。这里与楼下安静的环境相比,略显嘈杂。这是因为 300 平方米的报告厅常常座无虚席,读者们会在这里津津有味地聆听"名家与写作"讲座,并不时被报告人幽默诙谐的讲解引发出阵阵掌声和笑声。铁西区图书馆的报告厅利用率非常高,有老年大学成员常年在此举办活动以及每月一次的公益讲座、报告会等,这里面对社会公众开放,任何人都可以到馆使用。

随着图书馆事业的不断发展,图书馆为读者提供的不再是简单的借借还还、安静的阅览,而是现代化的设施和浓厚的、跃动的文化氛围。现在的铁西区图书馆接入了 4 兆光纤,设置了近 100 个网络节点及 300 余个读者座位,配备了计算机、摄影机、数码相机、投影仪等设备,展现了新馆一流的硬件设施;40 家基层图书流动点遍布全区各个社区,55 个农家书屋已经建成开放;举办有奖知识竞赛、百年奥运讲座、读书、绘画、书法成果展、著名军旅作家胡世宗读书报告会、一年一

一年一度的"香江杯"元宵有奖灯谜活动

度的"香江杯"灯谜竞猜活动,等等。

　　铁西区图书馆的各项活动开展得如火如荼、风生水起。在这里,人们可以在假期到自习室自修,度过自己的闲暇时光;可以来这里参加各类读书活动;可以到电子阅览室免费接受计算机培训,畅游互联网。多姿多彩的图书馆活动满足了各类读者的需求,吸引着八方来客,每年可以接待读者达15万人次。

　　抚今追昔,拂去岁月的尘埃,五十余年过去,弹指一挥间。今天的铁西区图书馆,经历了岁月的洗礼,已成长为一个枝繁叶茂的文化大家园,滋养着读者的心灵,浸润着求知者。她是一道亮丽的文化风景线,提升了城市的文化品位,扮靓了城市,引领着城市文明和谐的新风尚。

于洪人的"第二起居室"
——走进于洪区图书馆

于洪区图书馆位于于洪区黄海路 71 号,中共于洪区委斜对面,和谐广场旁。交通较为便利,102、135、181、187、204、226、284、501 路公交车都可到达。拥有 20 余万册藏书。

若说能代表一个地区文化感的地方,图书馆必不可少。如同百姓的精神家园一般,于洪区图书馆一直担负着为百姓传播科学文化知识的基本职能,发挥着为人民群众提供知识教育和公共文化服务的功能,秉承"开放、平等、免费"的服务理念,无论是阅

于洪区图书馆馆舍

览、外借,还是自习、上网,全部实行免费服务,无论身份、地位如何,有没有工作、户口、住房,衣着是否鲜亮,囊中是否羞涩,不需要任何手续都会受到一视同仁的热情接待。因此,于洪区图书馆被百姓亲切地称为于洪人的"第二起居室"。

于洪区图书馆始建于 1964 年,是在区文化馆图书组的基础上发展起来的。1964 年建区不久,区文化馆便设图书组。同年 9 月,成立于洪区图书馆,馆址在中朝友谊人民公社大青大队,藏书 27 500 册,工作人员 5 名。1969 年迁至于洪乡北李官堡。1983 年迁至于洪区黄海路 22 号,建筑面积 750 平方米,藏书 60 000 册,工作人员 19 名。1988年扩建至 1100 平方米,1996 年又增建馆舍面积 400 平方米,馆舍面积

达到 1500 平方米。2008 年 7 月,新馆在于洪区黄海路 71 号落成并投入使用,使用面积 3500 平方米,设计藏书容量达 30 万册,阅览座席 500 个,日接待读者量可达 600 人次以上。2010 年,于洪区图书馆被评为"一级图书馆"。

截至 2012 年 12 月,于洪区图书馆馆藏图书达 223 861 册(件),电子和视听文献分别为 1871 件、2165 件,报刊 600 余种。文物古迹、作家、非遗、民间手工等专题数据库及非遗文化资源数字化建设工作的开展,使于洪区图书馆成为沈阳县区图书馆第一家具有地方特色的馆藏地方资源数据库。为加强弱势群体服务力度,于洪区图书馆为残疾人建设了各种无障碍通道、残疾人专用卫生间等无障碍设施。此外,开辟了视障读者服务专区——视障服务区,配备了盲文图书、光盘,提供了安装语音软件的视障读者专用电脑,为视障读者查找所需资料提供了便利。

于洪区图书馆共有四层。一层设有服务咨询室、自助借阅室、少儿阅读区、少儿服务区、参考咨询室、视听资料室。其中,自助借阅室是图书馆新书第一时间与读者见面的服务窗口,读者只要持有借书证便可以自由进入;少儿阅读区藏有探险类、漫画类、故事类等少儿书籍,暑假时还会举行少儿影视、少儿剪纸等主题活动,整个少儿阅读区宁静舒适、通透宽敞、深受小朋友们的喜爱。二楼设有报纸阅览区、期刊阅览室、电子阅览室。其中,报纸阅览区可谓国内外新闻集散地,收藏了中央及各省、市报纸 80 余种;期刊阅览区则是读者们休闲娱乐的

于洪区图书馆成人外借处

好去处,这里有健康保健、为人处世、时尚、文学欣赏、体育博览等内容的现刊 200 余种。三楼设有成人外借处,这里的书刊需凭于洪区图书馆借书证才能外借。四楼设有多功能报告厅,是图书馆举办讲

座、读书报告会等大型读者活动的中心场地，于洪区青少年读者俱乐部也坐落在这里。

主管区长崔颖主持"于洪文化讲坛"启动仪式

"图书馆不仅是市民借阅图书的平台，更是公众感知文化、交流文化、体验文化的精神场所"。当公益讲座渐渐发展成为图书馆服务的重要内容，于洪区图书馆顺应形势发展，于2009年开办了"于洪文化讲坛"，至今已举办讲座69场，受益听众达3万人以上。"于洪文化讲坛"为于洪区图书馆探索出了一种政府为百姓提供公共文化服务的新形式，开拓了一条高雅文化走向社会、走进百姓生活的新途径，被当地百姓誉为"没有围墙的第二课堂"。"于洪文化讲坛"受到省文化厅、市委宣传部领导的充分肯定，先后获得沈阳市第三届"市民最喜爱的百项社会文化活动"单项奖、沈阳市"全民读书优秀项目"、2010年沈阳市文化广电新闻出版系统"优秀成果奖"、沈阳市首届社区文化节"十佳社区群众文化活动品牌"。如今，座无虚席的"于洪文化讲坛"已成为于洪区一道靓丽的文化景观。

在今后的工作中，于洪区图书馆还将不断探索新的服务方式和服务领域，积极进取，务实创新，建设一支新时期高水平的图书馆人才队伍，加强数字资源的特色化建设，在服务实践中彰显图书馆特点，打造亮点工作和服务品牌，逐步形成自身独特风格，向集成化、网络化、共享化的发展目标阔步前进。

浑南精神编织的文化摇篮
——走进浑南区图书馆

　　浑南区图书馆(原东陵区图书馆)始建于 1978 年 12 月,是在原东陵区"文化馆图书组"的基础上组建成立的。1993 年 12 月,迁入位于沈阳市原东陵区文富北路 36 号,馆舍面积 1500 平方米,设计藏书容量 20 万册,可容纳读者座位 300 个。

　　2010 年 2 月 28 日,根据《市委、市政府关于我市行政区划局部调整的决定》,浑南区图书馆于 2011 年 8 月由原址迁入浑南区银卡东路 2 号,2012 年 7 月 20 日正式对外免费开放。新馆主体建筑四层,馆舍面积 4000 平方米,馆内设有阅览座席 400 个,计算机 106 台,信息节点 106 个,宽带接入 100M,是一所资源丰富、设施齐全、功能完备、环境优雅并具有公益性的现代化区级公共图书馆。在 2013 年第五次全国公共图书馆评估定级工作中,浑南区图书馆被文化部正式命名为"一级图书馆"。2014 年 8 月 1 日,正式更名为浑南区图书馆。

沈阳市浑南区文化活动中心——图书馆

截至 2013 年年底,浑南区图书馆总藏量252 097 册(件),其中,纸质文献 12 万册(件),电子图书128 597 册,电子期刊 3500 种(册)。2004 年,浑南区图书馆将自动化管理系统升级为 ILASII 自动化集成管理系统;2012 年年初,实现馆内 802.11N 无线网络

报刊阅览室

全覆盖;2012 年,成功开通浑南区图书馆(www.hnxqlib.com)官方网站,截至 2013 年年底,网站访问量达到 10.95 万次。

2004 年 8 月起,浑南区图书馆实行全年 365 天对外免费开放,周开放 56 小时。2012 年 4 月,开通与社区图书室及农家书屋的馆际互借服务。截至 2013 年年底,共建有 35 个馆外流动服务点,馆外书刊流通总人次 3.5 万人次,书刊外借 10.53 万册次。2008 年起,定期为区委、区政府领导提供《领导决策信息参考》,开展为领导决策信息服务工作。2011 年至 2014 年上半年,浑南区图书馆共举办讲座、展览、培训、阅读推广等读者活动 795 场次,参与人数 10.42 万人次。其中"辽海·沈阳讲坛·浑南大讲堂"已成为浑南区图书馆的品牌服务。

浑南区图书馆开展送书进工地活动

2004 年,浑南区图书馆成立了全国公共图书馆联合编目浑南支中心,实行书目数据的上传和下载工作。从 2010 年起,每年举办农家书屋、社区书屋管理员培训班 8 期,16 课时,500 余人次接受业务

培训。东陵区图书馆业务辅导工作人员经常深入社区书屋、农家书屋开展业务辅导及业务指导工作,2011—2013 年共下基层开展业务辅导和业务工作指导 510 天。

2011 年,浑南区图书馆完成第三次全员岗位聘任,共设 12 类岗位,有 9 人重新上岗,同时建立了工作量化绩效考核指标体系(KPI 指标),每季度进行工作进度通报及绩效考评,每半年和全年进行总体工作绩效考核。

2011—2013 年,浑南区图书馆共获得各种表彰、奖励 10 次,其中,文化部表彰、奖励 1 次,其他奖励 9 次。

浑南区图书馆遵循"改革创新、求真务实、勤劳奉献、效率担当"的浑南精神,及"读者至上、服务第一"的办馆方针,积极完善自身服务功能,扩大服务辐射区域,带动本地区图书馆事业大发展、大繁荣。2013 年起,在不断强化自身综合服务实力的同时,通过与沈阳市图书馆及县区公共图书馆创建服务联盟,带动了全市公共图书馆事业的整体发展,逐步实现资源共享及通借通还服务。

让思想闪光　让心灵获得宁静之美
——走进沈北新区图书馆

　　一个城市的灵魂是她的文化,而图书馆从来都是衡量这个城市文化水准的重要参考指数,与霓虹闪烁的歌舞厅、大排档、健身娱乐场所毗邻,她总是静静地、不卑不亢地站立着,不喧嚣,也绝不落寞,潜隐于灵魂深处,却蕴藏着文化的生机。

　　走进沈北新区图书馆,无疑就是走进一块远避尘嚣、戒除浮躁、净化灵魂的绿地,宽敞明亮的大厅让人豁然开朗;"纳新学识　让思想闪光"的宣传牌让人体味到学识能滋润一个人的生命,也可以把一个人的灵魂修炼得崇高圣洁;现代化的设施、设备,方便实用的器具,体贴入微的提示,员工们热情周到的服务,无不体现着沈北新区图书馆人健康向上的精神以及"读者第一、服务育人"的人文关怀和服务理念;在沈北新区图书馆的每一个角落,随处可见绿色花卉及树木,枝叶繁茂、花朵盛开,让人们在品味浓浓书香的同时,感受到一份浓浓的绿意。

沈北新区图书馆馆舍

一、沈北新区图书馆的历史

（一）创建之初的新城子区图书馆

沈北新区图书馆，原新城子区图书馆，于 1979 年成立。当时的图书馆是一幢独立的灰色二层小楼，推开红漆斑驳的木门，走进有些黯淡的门厅，灰白的墙壁，老旧的书籍，潮湿的气息……犹如一张张发黄的老照片，不断闪现在记忆的相册里。

（二）与时俱进、改革创新中的沈北新区图书馆

2009 年，沈北新区图书馆迁至新址。新馆位于沈北新区常州路30 号，以崭新的面貌矗立于小城的一角。高大伟岸的身躯，透露着雄伟与庄重；清一色的玻璃墙面，传达着澄明和大气；四扇不锈钢对开拉门，迎候着读者殷勤的脚步；透过窗子看去，里面整齐林立的书籍尽收眼底——环境的幽雅清静彰显出沈北新区图书馆新馆的魅力。沈北新区图书馆新馆开通了官方网站（www.shenbeilib.com）和电话（024－89621796），开放时间为 8:30—16:30，交通便利，乘 328、326、382 路公交车均可到达。新馆建筑面积 4296 平方米，是一座多功能、复合型、开放式的现代化图书馆。现有馆藏文献 20 万册，电子图书 41 000 册，年订报刊 600 多种，配备阅览座席 510 个，年接待读者 18 万人次。现有职工 10 人，其中大专以上学历 10 人，中级职称 7 人。

人性化的阅读环境与开放式服务。沈北新区图书馆除提供舒适优美的阅览环境外，还为读者营造了更为人性化的自习空间、培训室和幼儿活动空间。实现馆藏资源全面开架借阅，并实行借阅全面免费；利用参考工具书、地方文献、普及资料以及各类数据库为读者提供代查、代借、定题检索等参考咨询服务；配置联网计算机免费为读者提供互联网服务和专业数据库的检索服务，同时提供多媒体资源的借阅以及光盘免费刻录服务；贴近生活热点，推出内容丰富的图书专辑，通

过不断引进新技术，提供更体贴的人性化服务。

实现了业务与行政管理全面自动化。新馆落成后，沈北新区图书馆购置了65台计算机，成立了多媒体阅览室，并购置了两台容量较大的内外网服务器及磁盘阵组等设备。5兆光纤接入，千兆局域网连接馆内近百个信息点，

沈北新区图书馆为武警沈北中队
部队官兵送图书

为读者提供全方位的，和谐便捷的公益性服务。同时购置了先进的Interlib图书管理软件，包括采访、编目、流通、典藏、连续出版物、参考咨询、书目检索的自动化，使沈北新区图书馆的业务管理更趋于完善。

确立正确的办馆方向。迁入新馆后，沈北新区图书馆紧紧抓住资源建设、人才建设、管理建设、自动化建设等环节，创新管理机制、业务机制，建立具有民族特色和地方特色的藏书保障体系，实现了业务工作自动化，馆藏资源数字化和读者服务网络化。2009年，通过了县（区）级国家一级图书馆的评估工作。

二、沈北新区图书馆的资源

沈北新区图书馆一直致力于构建既满足公众文娱信息需求，又注重体现沈北新区特色的馆藏体系，既有通俗性、娱乐性以及社会热点的文献，又有专业性、学术性及民族特色的文献。沈北新区作为全国锡伯族的发源地，多年来高度重视锡伯族文化的保护与弘扬。2003年，针对沈北新区发展锡伯族特色文化的要求，在对锡伯文化资源进行普查的基础上，沈北新区图书馆收集一切与锡伯文化有关的资料，

包括口述资料、影像资料,实物资料等,共收集到有关锡伯族方面的文献150余种。在完善历史资料收集的同时,也系统收集这些锡伯文化在当代传承的资料,使锡伯族文化资料能够妥善被保存下来,成为后人的宝贵财富。

三、沈北新区图书馆的推广

(一)丰富多彩的读者活动

沈北新区图书馆定期精心策划和举办了系列讲座、图书文化展览、假日休闲阅读等文化活动,再现了新时期公共图书馆的公众服务精神和追求卓越的知识服务理念。

沈北新区2012年"祥龙送福元宵灯谜会"

以弘扬中华民族传统文化为主题的节假日读者活动。利用节假日和重大事件,定期举办内容丰富、形式多样的读者活动,如每年的正月十五定期举办春联书法大赛和元宵灯谜会活动。春联书法大赛表达着读者对中国传统文化浓浓的深情以及读书求知后无限的感慨;灯谜活动让读者感受浓郁文化氛围的同时,开阔视野、增长知识。

以传播"新知识""新思维"为主题的系列读者活动。为充分发挥图书馆的教育职能,增强未成年人读书意识,沈北新区图书馆积极开展贴近生活、丰富多彩,喜闻乐见的适合全体青少年的读者活动,如"走进神奇的科学世界"少儿科普大篷车活动,积极发挥了公共图书馆以书育人的教育功能,营造了有利于未成年人的思想道德建设的社会氛围。坚持定期举办以"倡导科学读书,提升市民素质"为主题的讲座活动,以"坚持科学定位,依需求定选题"作为延续讲座生命力的先决条件,使每一场讲座都能收到良好的效果和社会效益。

(二)卓有成效的宣传推广

沈北新区图书馆积极与社会各界合作,进行卓有成效的宣传推广,向外界展现沈北新区图书馆的良好形象,邀请各界人士畅谈读书心得,介绍热门图书,推广图书馆相关知识和活动资讯等。通过主动深入基层,走进市民、企业,推广专业数据库、电子图书等数字资源,积极组织策划每年的图书服务宣传周,通过各种方式向读者介绍图书馆的服务。

今后,沈北新区图书馆将顺应时代发展趋势,与时俱进、开拓创新,在整合信息资源、弘扬地方文化及丰富文化休闲功能等方面发挥公共图书馆的作用,更好地为沈北新区的政治、经济建设和科学研究服务,为增强广大市民素质服务,努力建设成市民不可或缺的心灵家园、自由舒适的阅读天堂。

以特色促发展
——走进苏家屯区图书馆

　　沈阳市苏家屯区图书馆位于区内繁华商业街——枫杨路上,地处城区中心,毗邻苏家屯区火车站,欧式建筑,端庄典雅,环境整洁,交通便利。苏家屯区图书馆建筑面积 1750 平方米,阅览座席 156 个,现有编制人员 24 人,年购书经费 10 万元,藏书 15 万册,年订阅报刊 400 余种,有成人外借室、报刊阅览室、少儿借阅室、少儿电子阅览室、参考咨询室、自习室 6 个对外窗口,是集成人和青少年儿童读者服务于一体的开放式公共图书馆。苏家屯区图书馆恪守"读者第一、服务至上"的宗旨,全年开馆,节假日不休息,024 - 62671042 和 024 - 89813486 两部对外办公电话全天候为广大读者和群众服务。2005 年被文化部评为"二级图书馆"。

苏家屯区图书馆馆舍建筑

　　苏家屯区图书馆历史并不久远,最早追溯到清光绪三十四年(1908),是奉天图书馆在苏家屯设立的一处驻在所。主要办理铁路员工图书借阅业务,不对农民和其他社会阶层开放。1947 年沈阳县民众教育馆迁到苏家屯后,建设一处图书阅览室,内置 28 个流动图书箱,藏书万余册,1948 年毁于战争。

现在的苏家屯区图书馆前身名称为图书馆阅览室,成立于 1949 年 8 月。此图书室系 1942 年时修建,砖木结构铁瓦小平房,总面积为 350 平方米,原为日式餐馆,新中国成立后交给区文化部门管理。1952 年该阅览室并于文化馆,在文化馆内设图书馆组。1958 年年末,图书组从文化馆中分离出来,于 1959 年 1 月 1 日正式成立苏家屯区图书馆,此后图书馆同文化馆几度分合。1977 年再次恢复图书馆建制,图书馆成为一个独立的国家事业单位,并建立了党支部。1981 年后,图书馆事业复兴,在原址将图书馆翻建成 1750 平方米的三层办公楼。十一届三中全会以后,馆藏图书以每年 1 万册递增。到 1985 年,藏书已达 10 万余册,期刊 483 种,报纸 171 种,馆内分设行政、采编、借阅和辅导 4 个组,真正的图书馆已建成型。

2003 年,图书馆为适应时代发展,对运行 20 多年的图书馆舍进行了科学规划、专业设计、技术设备现代化和资源再分配等一系列更新改造,一座能够适应时代发展,能够满足全区人民读书需要,能够承载德育教育的现代化图书馆建成。图书馆下设成人外借部、少儿外借部、业务辅导部、参考咨询部、报刊阅览、电子阅览室、采编部和办公室,读者借阅和检索全部实现计算机管理。

苏家屯区图书馆不断强化社会公益服务本质,全馆实行免费办理书证、借阅图书、报纸和杂志,常年开馆,节假日不休息,全年无闭馆日。

苏家屯区图书馆合理分配藏书资源,科学调整藏书结构,逐步将工作中心转向青少年,每年所购图书资料中青少年读物逐年增长。2007 年 1 月 16 日,建成沈阳市少年儿童图书馆苏家屯分馆。同时加强了地方文献和有关少数民族方面书籍的收集整理工作,根据本地区民俗特色开设韩文阅览室,为残障人士专设盲人阅览室。

苏家屯区图书馆积极调配图书文献,实现文献资源共享。全区 17 个街道均已建立图书室或图书流动站。对重点单位和群众团体如公安分局、看守所、武警部队、企业事业单位等人员集中、有阅读需要、能充分利用图书资源的地方给予帮助,建立图书流动站,定期轮换图书资料。

苏家屯区图书馆充分发挥图书馆主观能动性,积极投身到一、二、三产业的建设中。定期到田间地头调研和了解生产所需的书籍和技术资料,有针对性地进行采购。以节日和纪念日为结点,通过举办各种活动向群众、学生、官兵和社会各界人士宣传爱党爱国教育。连年举办"迎新春灯谜晚会",拉近了与广大群众的距离,进一步扩大了图书馆在生产生活中的影响。

2004 年,苏家屯区图书馆"绿色网吧"建成,绿色网吧在少儿电子阅览室的基础上扩建而成,为使青少年绿色上网,提供电影播放和主题讲座活动,使广大青少年能安全健康地使用互联网,避免信息污染,力争让家长放心、政府省心、孩子安心,并先后被中央电视台和沈阳电视台报道。

苏家屯区图书馆结合朝鲜族聚居和韩资企业聚集特色成立了韩文资料室,先后在"一山电子""曙光电子"等多家韩资企业建立韩文图书流动站,并与韩国清洲市立情报图书馆建立文化交流意向。

韩国文献资料室揭幕仪式

《星火信息简报》是由苏家屯区图书馆主编的科技信息资料,年发行量 2000 余份,内容涉及农业生产、家畜养殖、技术交流等,定期免费发放到农民的手中,受到农民朋友的广泛好评。

2014 年 6 月,为"弘扬传统文化普及国粹艺术",使国学文化在人民群众中特别是青少年群众得到传承和发扬,应广大书法国画爱好者的要求,苏家屯区图书馆成立书法图书资料查阅室,面向全区广大书法国画爱好者和喜欢书法国画的各层各年龄段人士提供有关的书籍、字帖和优秀作品,并收集相关的书籍和字帖,同时邀请区"书协"定期来馆为广大爱好者现场指导,开展学术交流。

建馆至今,苏家屯区图书馆始终坚持"读者第一,服务至上"的服务宗旨,热情周到地为全区人民服务,紧密围绕中心工作,积极投身社会各项事业建设中,牢固基础业务技能,深化拓展服务新内涵,充分发挥图书馆在区内各项建设中的知识阵地作用,拉近与广大读者、群众的距离,得到了各级领导和读者肯定,先后获得沈阳市"文明单位""三八红旗集体"和"模范职工小家"等荣誉称号。目前,苏家屯区图书馆已成为全区文化建设的主力军。

振翅高飞正有时
——走进新民市图书馆

走进新民市的街头巷尾，新民人都在热议即将在新民中兴东路和新开河交界处新建的"新民市潢南文化艺术中心"。该中心设计将图书馆、文化馆、博物馆、档案馆和规划馆五馆合一，其中"新民市图书馆"规划建筑面积 7000 平方米，为国家一级图书馆。

新的图书馆给新民人带来无限的憧憬，但多年来，新民市图书馆带给新民人的感受与回忆，依然能勾起新民人对旧馆的留恋。

现有的新民市图书馆位于新民市中心——辽河大街 146 号，建筑面积 1551 平方米，馆藏各类文献 14 万册，阅览座席 100 个，每周开放达 49 小时，肩负着全市 70 万人口的文化教育功能，为丰富当地人民群众业余文化生活，促进当地经济发展，激发全民读书的热情，做出了一定的贡献，是新民人精神的归宿，灵魂的家园！

"天空没有翅膀的痕迹，而我已飞过"。新民市图书馆的发展历史，凝聚了几代图书馆人的心血，现实中的图书馆是贯穿历史和未来的桥梁。

新民市图书馆始建于 1979 年，是从县文化馆的一个图书组分离出来的。馆址位于文化馆的一楼，面积不足 500 平方米，职工编制 13人。1981 年人员增至 20 人，设行政、采编、辅导、财会、后勤 5 个组，1个借书处、2 个阅览室（综合阅览室和少儿阅览室）。

随着图书馆事业的不断发展，1985 年，图书馆建成 1551 平方米的独立的新馆舍，1987 年完全从文化馆分离出来，正式搬进了新馆，这就是现在的新民市图书馆。搬进新馆前有各类藏书 6.5 万册，购书经费仅几千元，持证者几百个，年接待读者几千人次，年图书流通不到一万册次。随着新馆建成，服务规模进一步扩大，服务设施不断更新，图书馆专业人才持续引进,图书馆事业获得了长足的发展,1994 年、1999 年两次被文化部评估定级为国家"二级图书馆"。人员逐年增加,最多达 26 人,办公经费和购书经费增加到 5 万元,馆藏图书资料达 8 万册,持证读者达 1000 多人,年接待读者达 1 万多人次,图书流通 3 万册次。如今的图书馆已从手工—半自动化—自动化阶段进入到了现代化、网络化的电子时代。目前,新民市图书馆藏书达 14 万册,年接待读者达 23 000 人次,图书流通达 46 000 册次,全部实行免费开放——免费办证、免费借阅、免费阅览、免费查阅资料,周六、周日不休息,得到了广大读者的好评和社会的广泛赞誉。

1995 年,新民市进入全国文化先进县的行列,并一直保持至今。新民市涌现出了许多文化名人,他们纷纷著书立说,其作品成为新民市图书馆独具特色的地方文献。1995 年,新民市图书馆在五楼成立了面积为 90 平方米的马加资料馆,展出了新民走出的全国著名作家马加在不同历史时期的作品及生活片段。许多省市领导及知名人士都慕名来馆参观,提高了图书馆的声誉和社会影响。2004 年,马加资料馆搬迁到大柳镇三农文化博览园。

经过一代代图书馆人的辛勤努力,历经改革开放三十年来的发展,新民市图书馆从馆藏建设、队伍建设、设施建设和服务创新建设四个方面推动了图书馆事业的快速发展。如今的图书馆不断发展壮大,现有职工 40 人(含离退休 19 人),并设置了报纸杂志阅览室、新书借书处、历史文学借书处、青少年借阅处、基藏书库、电子阅览室、参考咨询资料室等 7 个对外服务窗口。

图书馆全体干部职工以"读者至上,服务第一"的思想理念为宗旨,积极履行图书馆的社会职能,发挥图书馆的信息资源优势,不断拓宽服务领域,推出服务创新举措,在延伸公共文化服务,提升城市文化品位方面做出了大量富有成效的工作;在保存文献、传承文化、启迪民智等方面发挥了重要作用;通过利用馆藏优秀文献资源,积极传播先进文化,为新民地区文化事业的发展增添了一抹亮丽的色彩;在乡村、社区、学校建立图书流动站,发放科普宣传单,为广大农民提供科技知识和致富信息;对农家书屋管理员进行培训,扶持农家书屋的发展,多年来,共计投入图书达 5 万多册;始终保持和上级主管部门步调一致,积极开展各项读者活动,取得了数不胜数的可喜佳绩!许多读者多年来也坚持与新民市图书馆一路同行、风雨相伴,他们见证了图书馆发展的历史,他们把图书馆当成了自己的第二个家。

图书馆是一个城市的文化标志,是都市人心灵的支点。风风雨雨 37 载,如今的新民市图书馆在建筑面积、设施设备、人员结构等很多方面,已经不能更好地承载社会发展的需要。新民市委、市政府已经做好了新民市图书馆新的发展规划,新民市图书馆新馆于 2015 年破土动工,总投资 1.8 亿元,建筑面积达 7000 平方米。五馆合一又各个独立的新民文化艺术中心,整体建筑是一只蝴蝶,图书馆正是一只蝴蝶的翅膀,让人充满遐想和期待。

图书馆成为圣地,社会才有希望!当前的新民市图书馆,正面临着千载难逢的发展机遇。在建设和谐社会的今天,新民市图书馆的春天来了。不久的将来,崭新的新民市图书馆会如一只绚丽的蝴蝶,承载着新民人文化生活的梦想和美好希望,展翅高飞!

服务全社会　注入正能量
——走进辽中县图书馆

辽中县图书馆坐落在辽中镇政府路 103 号,政府路是辽中县城的中心,辽中县图书馆处于政府路中段,坐南朝北,地理位置优越,对面是新建的豪林购物中心,东向商业大街,西面为教育局和辽中镇第一小学,是商贸文化、人文文化、教育文化最佳站位和最高平台,是市民学习阅读的重要场所。

辽中县图书馆的馆舍面积为 1526 平方米,有成人和少儿阅览座席 150 个,馆藏文献 14 万册(件),其中包括 4.5 万册电子图书。辽中县图书馆坚持全年开放,无休息日。

辽中县图书馆馆舍由主楼四层和附楼三层组成,建筑风格体现出独特的文化氛围,给人一种温馨的感觉。虽然没有古色古香的外表,但 30 多年的历史积淀让辽中县图书馆大气沉稳,深具文化内涵。作为服务于全县 10 万人口的公共文化场所,在区域内起着举足轻重的作用,是市民阅报、阅刊、学生自习、外借文献、查找文献资料的主要场所。

辽中县图书馆馆舍

　　辽中县早在1913年就设有官立图书馆。"九一八"事变后,辽中县图书馆被日伪政府查封;日本侵略者为进行文化侵略,于1936年6月15日将辽中县图书馆开放,但由于连年战乱,馆藏图书大量丢失。新中国成立后,辽中县文化馆成立,内设图书室。由于对文化事业逐年重视,辽中县政府于1980年重新规划了图书馆建设,正式成立了辽中县图书馆。由于馆舍面积小,县政府于1998年对辽中县图书馆进行维修改造,增加了馆舍面积,虽然不大,但基本适应图书馆事业发展的需要。

　　辽中县图书馆以"读者至上、服务第一"为服务理念,以"一切为了读者,为一切读者服务"为宗旨,通过挖掘馆藏文献,全方位、多渠道为辽中广大读者服务,为读者提供一个温馨、舒适、和谐的阅读环境。

　　辽中县图书馆对文献信息采取科学管理,设有文献外借处、报刊阅览室、参考咨询室、少儿借阅室、电子阅览室,文献资源全部面向读者开放,并为读者提供了免费的无线网络、饮用水、存包处。

　　经过三十多年的发展变化,辽中县图书馆逐渐形成了以大众群体为主要服务对象,以农业生产科研服务为特色,兼顾老年人、学龄前儿童以及特殊学校学生等弱势群体文化需求的服务模式。通过市县媒体的报道和宣传,越来越多的人了解到图书馆在社会上的地位和作用,图书馆的社会效益日益凸显。

辽中县图书馆为特殊学校学生送书

　　辽中县图书馆常年为特殊群体提供送书上门和接送阅读服务。在为敬老院老人、特殊学校学生、幼儿园孩子们进行上门服务时,及时了解他们的阅读需求,做好登记,尽力为他们提供所需的文献资料。

　　为学校图书馆服务是辽中县图书馆的一项

特色服务。目前,辽中县图书馆在县内学校建立了 5 个阅读基地,为学生提供阅读服务,培养孩子们的阅读习惯。并通过读书成果展等活动,进一步推进未成年人阅读推广活动。

　　"读书月一条街"活动是辽中县图书馆每年 5 月举办的一项常规性活动。通过公开办证、街头阅读、图书漂流、有奖猜谜等丰富多彩的活动内容吸引了更多的市民参与到活动中来,让市民真正体验到阅读的快乐。

"读书月一条街"活动现场

　　随着社会的不断进步,辽中县图书馆事业的发展必将发生深刻的变化。只要每个馆员都有一颗全心全意为读者服务的心,我们的图书馆事业就会蒸蒸日上,人气旺盛,前途无限。

情系大众的康平县图书馆

有那么一个让人心安的所在,有事儿没事儿的时候常去坐坐。找个安静的角落,将那温馨的书卷打开,闻着书里特有的墨香,品味着书中的万千风情,让自己沉潜在书的世界里,寻求一种纯粹的自我解放。那种从内心深处蒸腾而起的温暖与纯净,常常让人们忘了尘世的喧嚣,一切的荣辱升沉皆成身外之事。于康平人而言,康平县图书馆就是这个乐享超然与满足的地方。

在三楼的成人阅览室,各种杂志环墙而列。这里大多数时候都是静悄悄的。读者以老人居多,他们花白的鬓发与埋头读书的身影形成了一道别样的风景。盘桓在二楼外借部的一排排书架间,流连忘返,借书的读者们看着那散发着油墨馨香的书,脸上都带着由衷的笑容,在书架间自由地选择着自己喜欢的图书,心中一定明媚多彩,宠辱皆忘。书里总是隐藏着一种温馨的浪漫,一种美丽的坚持,一种高贵雅致的生命与岁月的味道。读书的乐趣,大抵便是那种寻觅和得到的愉悦,那种身心自由的惬意流露。一楼的儿童阅览室,无疑是小朋友的

康平县图书馆正月十五猜谜活动

天堂。书架上,少儿读物琳琅满目,美妙精彩的连环画,尤其让小读者们青睐有加。这里的小读者们都极少与人说话,有的正襟危坐,有的腿脚蜷曲,虽然他们姿势各异,但每个人都沉浸在自己的世界中。也许,他们正在游览中世纪的欧洲,在跟着孙

悟空大打妖魔鬼怪,也可能随着儒勒·凡尔纳下潜到海底,欣赏着奇异的两万里行程。这些小小的人儿,是在用心灵去感受文化意蕴的悠远与绵长。

康平县图书馆的参考咨询部和电子阅览室一定会是求知若渴之人的伊甸园。在那里,时光总是被拉得悠长而深邃。可以静静地看,细细地读,找寻自己一直想要的内容。没人打扰,安心做着自己。偶尔有阳光柔软地撒在屋子里、书架上,继而撒在心里,变成自己一个人的阳光。

追溯康平县图书馆的历史,也可算是久远的了。她最早建于1912年。其间,名字数次更迭。"通俗图书馆""康平民众教育馆""康平县图书室"都是她的曾用名。直到1978年,才正式更名为"康平县图书馆",并且一直沿用至今。

现在所用的馆舍,是1982年所建的一所三层小楼,建筑面积1043平方米,雅致、朴素、坚实,建筑浑然而成。简单却耐用的书架,没有奢华的装饰,没有流光的铺陈,却通透清丽,让人感觉温馨而亲和。

人生的精华尽在这里了。康平县图书馆藏书65 500种,10 万余册,说卷帙浩繁也不为过。历史、文学、科学、哲学、艺术、医学……书籍种类繁多,数目庞大。

很多人以为,图书馆是文人雅士的乐土,是名家大儒的沙龙。其实不然。真正的图书馆面对大众,只要你怀着一颗求知的心,只要你有着一份对书籍的爱,那么你尽可来此,在书中曼舞,徜徉。多年来,康平县图书馆一直致力于服务大众。"以人为本,读者至上"是她的办

康平县图书馆

康平县图书馆开展下乡送书活动

馆理念,服务"三农"是她的办馆特色。全县 15 个乡镇文化站都设有图书室和阅览室,162 个村都有农家书屋,同时建立了康平监狱图书流通站等 21 个。这样遍及城乡的服务网络,引导着众多读者通过阅读寻找到自己的人生目标,继而迈向更高、更远。

"海阔天高气象,风光月霁襟怀",这是图书馆的情怀。一摞摞书卷的氤氲生香,让人自然地进入了一个写意而温情的文化氛围。那清雅的袅袅墨香,也渐次凝成了书的海洋。进入图书馆,普通百姓就是主角,在这里尽情吸纳人类文化的精髓,感受自然历史的厚重,品悟人生春夏秋冬的律动。

近年来,随着人们文化生活品位的提高,城市建设的高速发展,康平县图书馆事业的蒸蒸日上,县图书馆的馆舍已经不能满足需求。为方便读者,文化惠民,2013 年,康平县启动了图书馆建设项目,2014 年年底建成投入使用。新的馆舍是更为宽拓的精神家园、品读场所,是心灵的驿站、安顿思绪的港湾,是生命的乐园。

大辽福地　灵水圣山
——走进法库县图书馆

法库县图书馆始建于 1981 年,前身为法库县文化馆图书室。1981 年,从文化馆分离出来成为独立的社会服务机构,因无独立馆舍,仍与文化馆一地办公,当时有职工 5 人,藏书 2 万册。

1985 年,铁岭市、法库县两级政府开始筹建法库县图书馆独立馆舍,建筑面积 1040 平方米,三层(局部四层)砖混结构。1986 年 4 月 29 日正式启用,职工增加到 12 人,馆藏图书近 3 万册,报纸杂志合订本 5000 多册。馆内设有普通阅览室 160 平方米、座席 100 个,少儿阅览室和少儿外借处共 80 平方米、座席 60 个,成人外借处 40 平方米,基本书库 120 平方米。

2005 年 7 月,沈阳市财政与法库县财政共同出资,将馆舍在原有基础上再次扩建 200 平方米,使全馆建设面积达到 1232 平方米。2011 年,法库县委县政府开始筹建法库县图书馆新馆。新馆于 2012 年 4 月奠基,2014 年 9 月交付使用。

法库县图书馆新馆位于法库县东湖新城中部,纵贯东湖新城的白鹤大道道南,与县政府新办公楼一道之隔,地理位置优越,交通便利,距离高速公路入口仅 0.5 公里,距绕城环路仅 0.3 公里。新馆东临"欢乐广场",与"789 广场"隔湖相望,与灵水文化馆、白鹤大剧院、体育馆、网球馆、少年宫、法库电视台共同构成法库县文化体育新闻中心。2013 年,县政府授名法库县图书馆为"圣山图书馆"。

法库县图书馆新馆完全按照国家县级一级图书馆标准设计施工,布局以人为本,无障碍残疾人阅读室、园艺式阅览室自习室、是法库县图书馆新馆最大亮点。新馆建设面积 3274 平方米,二层砖混结构,设置全开放式成人书库 500 平方米、藏书 8 万册,全开放式阅览室 650 平方米、座

席 360 个、电子阅览室 120 平方米、座席 40 个，残疾人阅览室 120 平方米、座席 50 个，少儿书库及阅览室 500 平方米、座席 120 个、藏书 2 万册。同时，提供读者咨询复印等服务，并建设有可容纳百人的小报告厅、羽毛球乒乓球活动室等服务设施。

法库县图书馆馆舍建筑

　　法库县图书馆的整体服务为全开放式，秉承"读者至上，服务第一"的办馆理念，全年 360 天开馆。在做好阵地服务的同时，法库县图书馆狠抓延伸服务，目前建设有 7 个图书馆流通站：武警中队流通站、残联流通站、依牛堡镇流通站、沈康高速公路法库站、十间房、依牛堡、三面船站流通站，16 个社区书屋，225 家农家书屋。流通站及农家书屋都有专人负责，定期走访，更换图书，提供业务辅导服务。

　　随着图书电子化、服务网络化、自动化的发展，法库县图书馆也正一步步地从传统走向时尚，法库县图书馆网站正在建设之中，庞大的电子图书库、办馆宗旨、服务理念、读者活动、特殊群体预约上门服务等，都将一一呈现在网络空间中，网上借阅、异地借还，将是法库县图书馆下一步的发展目标。

推动全民阅读　引领少儿成长
——走进沈阳市少年儿童图书馆

　　沈阳市少年儿童图书馆位于沈阳市沈河区朝阳街 131 号,始建于 1951 年 4 月,现馆舍面积 3300 平方米,藏书 100 余万册,电子图书 1.5 万种,音像资料 4 万余件,年订阅报刊 700 余种。开设中、小学生借书处、报刊阅览室、亲子借阅室、亲子童乐园、音像服务室、电子阅览室、英语培训室、贝贝故事乐园、活动厅、自习室等十余个服务窗口,为广大读者免费办理借书证,读者可免费阅览报刊,免费参加各种读书活动。年接待读者 20 余万人次,流通文献 60 余万册次,年举办各种不同规模的读书活动百余场,建立 50 余家分馆和图书流动站。目前,沈阳市少年儿童图书馆已成为沈阳地区少儿文献信息中心、未成年人阅读活动中心、各类型少儿图书馆(室)、中小学图书馆业务辅导与研究中心,被文化部评为"一级图书馆",荣获"辽宁省读者喜爱的图书馆""辽宁省社会文化先进集体""沈阳市文明单位"等多项荣誉,是沈阳

沈阳市少年儿童图书馆现馆舍全景

市爱国主义教育基地、未成年人思想道德建设基地、沈阳市小公民道德建设示范基地。

1951年4月8日，位于沈阳市沈河区子孙堂胡同的东北图书馆附属儿童分馆正式对外开放，这便是沈阳市少年儿童图书馆的前身。作为新中国成立后建立较早的公共少儿图书馆，沈阳市少年儿童图书馆自成立之日起，便担负起以书育人的历史使命。风雨砥砺，岁月如歌。建馆六十余年来，在党和政府的关怀下，几代少图人在筚路蓝缕的历程中，不倦耕耘、奋勇拼搏、全身心地投入到为广大少年儿童服务实践中，推动少儿图书馆事业不断向前发展。沈阳市少年儿童图书馆经历了1995、1998、2004年三次文化部评估定级检查，连续三次被评定为"一级少儿图书馆"。文化部对公共图书馆的三次评估定级，极大地推动了政府对图书馆的重视与投入，促进了少儿图书馆业务工作的自动化、标准化、规范化建设，各项业务建设工作走向科学化管理的正确轨道，在业务建设方面迈上了新台阶。

一、自动化水平有了长足发展

实现自动化服务系统升级。沈阳市少年儿童图书馆完成了由原来的 ILAS 系统更新为 Interlib 图书馆集群自动化业务管理系统，为本馆未来实现区域内图书馆的联合协调采购、联合编目、联合书目数据查询、通借通还等多项服务提供了技术支持。还开通自动电话语音服务，读者通过自动电话语音平台实现图书借阅查询、续借等功能。

创建数字资源分馆，开展远程阅读服务。沈阳市少年儿童图书馆先后在偏远地区的学校创建多家数字资源多媒体分馆，通过本地及远程数字资源阅读服务，各个分馆可分享沈阳市少年儿童图书馆数据库 5000余种多媒体视频，分馆读者可以阅读英语、绘画、国学等数字资源。

馆内实现无线网络覆盖。目前读者在沈阳市少年儿童图书馆内已可使用 iPad、智能手机、笔记本电脑等移动设备访问 15 000 余种视频、动画、漫画等特色馆藏资源,体验移动阅读,并参与图书馆网络互动活动。

创办手机掌上图书馆服务。读者可通过手机掌上图书馆登录沈阳市少年儿童图书馆手机网站,实现图书查询、图书借阅查询、图书续借、热门图书推荐、借阅排行榜、新书通报等功能及阅读本馆电子图书、电子期刊、视频、动画、漫画等特色数字资源。

二、服务能力不断提升,社会影响进一步扩大

读书活动丰富多彩,贴近少儿生活。沈阳市少年儿童图书馆以共享全民阅读资源、构建城市第三空间为主旨,以打造少年儿童"第二课堂"为目标,开展一系列小读者喜闻乐见的阵地活动。做到大型读书活动覆盖面广,小型阵地活动丰富多彩。曾举办全市规模的希望杯读书活动、沈阳市小学生"拥抱绿色新沈阳"知识竞赛和"沈阳发展我成才"英语演讲比赛、沈阳市中学生"畅想未来家园"演讲比赛、沈阳市中小学"爱我家乡,振兴沈阳"读书竞赛、"构建和谐社会,促进青少年健康成长"读书竞赛、沈阳市未成年人读书节、沈阳市中小学生"移动杯"迎奥运、促和谐、爱沈阳读书知识竞赛、全国少年儿童校园剧大赛、读书征文活动、少儿科普大篷车辽宁百日行活动等。活动走进校园、走进荧屏,取得了广泛的社会影响和丰硕的成果。大型未成年人读者活动在社会上引起强烈反响,新闻媒体予以多次宣传和报道,有力地推动了未成年人阅读活动的深入广泛开展,同时也扩大了少儿图书馆的社会影响,提高了少儿图书馆的社会地位。

报刊阅览室

每年举办阵地活动百余场,吸引万余名读者参与活动。这些活动以阅读为主线,吸引少年儿童走进图书馆参与阅读活动,将少儿图书馆阵地打造成集休闲、阅读、交流为一体的少儿第二课堂。

延伸服务扎实推进,惠及城乡儿童。沈阳市少年儿童图书馆加大服务力度,将服务触角延伸到偏远地区、社区和学校。开展牵手弱势少年儿童群体读书活动,着力为农村儿童、残障儿童、外来务工人员子女提供阅读服务,为使他们享有与普通城市儿童同等的阅读权利创造条件。先后走进康平、辽新民等区县(市)弱势少儿群体聚集的学校,开展科普展览、知识讲座、数字资源阅读推广等一系列丰富多彩的阅读活动,并在农民工子弟学校建立数字多媒体分馆。深入社区举办数字资源阅读推广推介会活动,向居民赠送数字资源卡,向参与活动的少年儿童推介图书馆文学、科普、动漫、历史等多个学科门类的数字资源,以此引导少年儿童走近新阅读方式、体验精彩的数字阅读生活。通过这一系列活动,使沈阳市少年儿童图书馆的服务触角延伸到偏远农村和弱势少年儿童身边,使文化发展成果惠及城乡儿童。

积极参与文化艺术惠民工程,打造公益性特色服务链。为充分展现国家公益事业的办馆特色,沈阳市少年儿童图书馆近年来先后创办了"少儿英语培训""贝贝故事乐园""童升国学堂""童乐科普园""沈阳少图讲堂"等公益性培训项目。沈阳市少年儿童图书馆组建起一批

"贝贝故事乐园"绘本阅读推广

具有专业特长和培训辅导经验的志愿者讲师团队,向小读者传授知识,让孩子从小受到绘本阅读、英语、中国经典文化和现代科学技术的熏陶。另外,沈阳市少年儿童图书馆在开展阵地绘本讲读、国学、科普、英语特色公益培训的基础上,走出馆门,深入

偏远农村、社区、学校等弱势少年儿童聚居地,开展了一系列符合少儿心理和社会需求的巡回讲座,特别针对农村儿童、农民工子女、残障少年儿童、广大未成年人家长等群体,开展了一系列公益讲座与培训辅导活动,扩大了"沈阳少图讲坛"的受益群体覆盖面。这种以知识大讲堂形式出现的讲座、培训、辅导,把文化的火种,撒向沈城的每一角落,把文化发展成果送到少年儿童身边,丰富了广大少年儿童的精神文化生活。据统计,沈阳市少年儿童图书馆自开展公益培训活动以来,开展公益性讲座培训累计达到千余场次,受益人群约4万余人次,部分培训辅导项目被纳入沈阳市文化艺术惠民"双百万"工程。

开展微笑服务工程,提升服务形象。以"微笑沈阳"行动为契机,坚持"读者第一,服务至上"的服务宗旨,大力打造微笑服务、优质服务。用品牌服务树立品牌形象,在服务的广度和深度上下功夫,强化主动服务意识。通过活动的开展,激发了工作人员的服务热情,使文明服务意识和服务水平再上新台阶。所有服务窗口部门实行严格的责任管理,公开服务承诺,争创人民满意的一流文明服务窗口。

三、新馆建设稳步推进

沈阳市少年儿童图书馆搬迁改造工程被纳入沈阳市公共文化设施提升工程。在市政府的亲切关怀下,在市文广局具体指导和协调下,目前新馆建设已经取得实质性进展。另外,为适应搬入新馆后的工作,沈阳市少年儿童图书馆不断加大馆员业务培训力度,提高队伍素质和能力,把沈阳市少年儿童图书馆建成具有一流设备、一流服务的现代化的新型少儿图书馆。

回望征程,岁月如歌,少图人爱洒书海情系未来,以书育人桃李芳菲。展望未来,豪情满怀,在新的历史起点上,沈阳市少年儿童图书馆任重道远,使命神圣。广大少图工作者将继续与时俱进,开拓创新,努力为沈阳文化大发展大繁荣贡献力量!

站在起飞点上的和平区少年儿童图书馆

走进沈阳市和平区少年儿童图书馆，仿佛置身于充满墨香的书海中，徜徉在浩瀚的知识殿堂里，庄严、高雅和神圣的感觉油然而生。这里是少儿读者的天堂，孩子们的乐园；这里是少年儿童取之不尽，用之不竭的知识源泉。

和平区少年儿童图书馆，坐落在沈阳市和平区砂山街 37 号，和平会馆三楼，馆舍地处繁华的砂山街与砂阳路交叉口，东邻和平区砂山体育场，西毗沈阳市第十九中学，以其优越的地理位置、优美的读书环境和优良的现代化设施服务吸引了广大的少年儿童读者，得天独厚的文化地理环境使其在全市公共少儿图书馆中独树一帜。和平区少年儿童图书馆网址为 http://11426791. mmfj. com/，电话为 024 – 31604636，024 – 23314366，开馆时间为 9：00—17：00，202、268、165、176、166、266、269、247、258、231、296、115 路公交车均可到达。

和平区少年儿童图书馆馆舍建筑面积为 800 平方米，工作人员编制 5 人，阅览桌椅 70 套（包括电子阅览室），馆藏图书 3. 9 万余册，年订报刊 300 余种。设有图书借阅室、报刊阅览室、自学室、读者办证处、读者活动室、少儿电子阅览室等服务窗口。馆藏图书实行 100% 开架借阅。配备有复印机、投影仪、中央空调等现代化设备。采用计算

和平区少年儿童图书馆综合阅览室

机管理,引进 ILAS Ⅱ 图书馆自动化集成系统和 UNIX 操作系统。馆藏图书采用《中国图书馆图书分类法》分类,著录采用中国机读目录格式(CNMARC)。在全市率先建立了少儿电子阅览室,配有 14 台电脑,10 兆宽带接入,充分满足了本馆读者的上网需求,受到读者的青睐。

和平区少年儿童图书馆成立于 2001 年 4 月,隶属区文化局,成立初期与和平区图书馆合署办公。2004 年,区委、区政府先后投资 127.2 万元用于和平区少年儿童图书馆建设,图书馆从此走上独立建制的道路,并于 2005 年 3 月 10 日正式对外开放。

独立建制后的和平区少年儿童图书馆在拓宽服务功能、深化服务层次、提高服务质量、打造服务新亮点等方面取得了较大进展,不断加强藏书建设和队伍建设,提高思想、业务素质,为读者服务打下良好基础。发挥服务优势,拓宽读者服务途径,做到亮点工作强力推进,常规工作突出特色,基础工作稳中有调。在向广大读者提供全新服务的同时,和平区少年儿童图书馆还定期举办各种讲座、报告会、故事会、知识竞赛等少儿读书活动,寒暑假期间常年设有免费少儿托管班、英语角、棋类游戏、作文沙龙等。近年来先后承办沈阳市的"全国少年儿童阅读年"——创意漫画大赛活动、承办"牵手阅读 快乐成长"沈阳市百万少年儿童阅读节主体活动之"阅读伴童年"亲子读书知识竞赛、参加"享受阅读 感悟人生"沈阳市校园剧表演大赛活动、开展"走进神奇的科学世界"——少儿科普大篷车走近中小学生活动、举办"让我们一起读书吧"读者阅读签名倡议活动等共计 200 余场次。先后被辽宁电视台、沈阳电视台、《辽宁日报》《沈阳日报》、沈阳·文化网等新闻媒体报道 100 余次。在创意漫画大赛活动中获

"走进神奇的科学世界"少儿科普活动

"阅读伴童年"亲子读书知识竞赛活动

全国创意漫画大赛优秀组织奖；在"享受阅读 感悟人生"全国少年儿童校园剧大赛中，小学组获沈阳赛区金奖，中学组获沈阳赛区银奖，并均获国家银奖，和平区少年儿童图书馆获最佳组织奖。近年来，和平区少年儿童图书馆共获各种奖励61项，其中获国家级奖励7项，曾两度获得"沈阳市小公民道德建设实践示范基地"称号，是"和平区小公民道德建设实践示范基地"与"和平区流动儿童之家"。和平区少年儿童图书馆是一个分享新知、承受启示、拥抱宁静的地方，真诚期待小朋友们快快走进来，共赴一段奇妙的旅程。

进入和平区少年儿童图书馆，扑面而来的是富有儿童特色的壁画，深受小朋友喜欢的喜羊羊以及充满童趣的蓝天、白云、绿草，给人纯净的视觉感受，营造出了童话般的梦境。漫步走进办证处，左侧是报刊阅览室，右侧是书库。不断变化的开放空间，一步一景，身边总被书山书海环绕，宛如走进一座求知的殿堂。综合阅览室的设计更是别具一格，简单而不俗，宁静而优雅，欢快活泼中保持着现代的幽静。相信在这样美丽的书库里看书，心境会安宁，遐想会腾飞，这种求知的美感，会给读者带来全新的体验。

和平区少年儿童图书馆是和平区中小学图书馆（室）业务交流与辅导中心，是流动儿童之家，对和平区图书馆事业的发展以及政治文明、精神文明和物质文明的建设发挥着无可替代的作用。少儿馆坚持为人民服务、为社会主义服务的方向，坚持以人为本、服务第一、读者至上，全心全意为未成年人服务是服务宗旨，把吸引读者、方便读者、满足读者、一切为了读者作为全部工作的出发点和落脚点，不断在工作中强化服务意识、创新意识和求实意识，"和谐少儿馆 读者精神家园"是全体员工共同奋斗的目标。

　　未来的和平区少年儿童图书馆将进一步推进为未成年人服务的进程,加强网络化基础建设和自动化系统工作,完善和平区少年儿童图书馆网站,通过网页宣传馆藏动态、活动情况、特色服务、馆际交流,增设网上预约、催还和续借服务项目。引进自助借还书机,不断提高软硬件建设。和平区少年儿童图书馆将以新颖独到的创意、人性化的功能设计,为少年儿童呈现一座全新的"儿童智慧乐园"。在这里,孩子们会推开一扇扇启迪智慧的大门,自由徜徉在智慧的花园里,探索神秘奇妙的世界,许下一个个美丽的梦想,为未来的人生奠定坚实的基础。

孩子们的第二课堂

——走进皇姑区少年儿童图书馆

　　皇姑区少年儿童图书馆位于繁华的北行商圈南部，地处皇姑区政治、文化、商贸中心地带，成立于1988年，1991年迁入皇姑区长江南小区37号，是沈阳市县区级少儿图书馆中最早成立的。皇姑区少年儿童图书馆建筑面积500平方米，馆藏图书5.8万册，报纸杂志50种，正式编制10人，现有工作人员8人。

　　2003年，经主管部门批准，皇姑区少年儿童图书馆进行了全面改造。改造后的皇姑区少年儿童图书馆室内装修色彩活泼明快，布局科学合理，馆内设有少儿阅览室、综合借书处、科普作品展示厅、少儿活动室等主要服务窗口，以讲座、展览、读书报告会为读者活动的主要形式，充分发挥少儿图书馆第二课堂的作用，成为传递知识信息、以书育人、培养少年儿童良好阅读习惯的文化场所。皇姑区少年儿童图书馆是皇姑区中小学图书馆业务辅导中心和皇姑区青少年科普教育基地，每年进社区、学校辅导30次，建立图书流动站7所，年接待读者2万人次、书刊借阅流通25万册次，阅览座席100个，全年365天免费向读者开放，同时也为儿童家长及少儿工作者服务，曾连续8年被评为皇姑区文明单位和先进集体，现为国家二级图书馆。

迎新春，巧手剪窗花

几年来,皇姑区少年儿童图书馆始终坚持正确的办馆理念,以创新推动各项工作开展。在功能定位上,皇姑区少年儿童图书馆以传递知识信息为主,集少儿科技、文化教育活动娱乐为一体,使其真正成为本地区少年儿童求知乐园、科技文化活动中心、素质教育的基地。孩子们走进少儿图

动脑动手学制作

书馆就能感受到温暖、舒适的氛围,家长把孩子放到这里,特别地放心。

逢年过节或寒暑假,皇姑区少年儿童图书馆就会成为学生们最集中的地方,这个时候,少儿图书馆总会承担起"素质教育"基地的作用,为学生们提供丰富馆藏文献的同时,组织他们参与科技制作、科普知识讲座等系列读书活动和社会实践活动。每年举办不同规模的读书活动20余次,包括演讲比赛、读书报告会、书法绘画展、少儿才艺表演等活动,受到小读者和家长们的普遍赞誉与踊跃参与。举办丰富多彩的少儿阅读活动,是发挥少儿图书馆服务职能作用的特色服务,是少儿图书馆不断实现社会价值的所在。

科技拼图大比拼

为了推进皇姑区文化阵地和教育阵地的建设,皇姑区科协、皇姑区科技局在皇姑区少年儿童图书馆批准成立了皇姑区少儿科普教育基地。少儿科普基地成立后,先后举办了少儿科普作品展和科技创新科普讲座活动,让科普知识走进

千家万户、让科技展览走进社区、让科普大篷车开进校园等一系列科普活动，每年举办一次少儿科普作品展活动，征集作品近百件，受到学生及家长们的欢迎，为少年儿童普及科学知识，提高科学素养创造了较大空间。

2009 年，皇姑区少年儿童图书馆代表沈阳赛区报送校园剧《柠檬黄的味道》参加"享受阅读　感悟人生"全国少年儿童校园剧表演大赛，最终获得全国少年儿童校园剧大赛金奖。同时，在全国少年儿童阅读年主旨活动"卓越学校阅读设计"大赛中，选送作品《绿色家园》代表沈阳地区参赛，获得全国一等奖。

多年来，皇姑区少年儿童图书馆的读书活动风生水起，由封闭式管理向开放式管理迈进，变单一服务为多元服务，敞开书库，打开书架，让读者自由地选择，便捷地获取，快捷地流通，增强了图书馆的辐射功能，通过不断更新观念，切实提高了办馆水平。但由于馆舍至今已有二十多年历史，设施老化，设备陈旧，活动场地受限。经区委、区政府研究决定，2016 年，皇姑区少年儿童图书馆将迁至新馆。新馆位于崇山路辽宁大学对面，周边有名校珠江五校、43 中学和 120 中学。新建的皇姑区少年儿童图书馆设有多媒体阅览室、亲子活动大厅、中小学借书处、科普活动基地和数字化培训中心等服务窗口，可以更好地为青少年读者服务，不断扩展服务功能，提供更为高效、便捷的数字化服务。

种子的生长需要一方沃土，孩子的成长需要一片蓝天，皇姑区少年儿童图书馆正是这方沃土、这片蓝天。求本务实、以人为本的素质教育理念要求皇姑区少年儿童图书馆为教育的完善与发展提供优质的服务，丰富少儿文化生活，吸引更多的读者走进图书馆、利用图书馆，更好地发挥少儿图书馆职能作用。

儿童的天堂
——走进大东区少年儿童图书馆

　　阅读会为人们插上想象的翅膀,读书是我们生命中最大的快乐。行万里路,读万卷书,让孩子们从小就热爱阅读、热爱图书;给孩子们一双翅膀,让他们在书海中尽情遨游。

　　大东区少年儿童图书馆是一所建于 1986 年的区级少年儿童图书馆,是沈阳市第一个独立建制的区级少年儿童图书馆,现已被文化部评定为国家"二级少年儿童图书馆"。大东区少年儿童图书馆坐落于沈阳市大东区津桥路 44 号,馆舍面积 500 平方米,与大东区少年宫共同构成了大东区少年儿童的素质教育阵地。除周一闭馆外,全天候为读者服务,办公电话为 024 – 88732592。

　　大东区少年儿童图书馆的主要服务对象为少年儿童、中小学教师、家长及少年儿童工作者。馆内设有外借处、阅览室等对外服务窗口。现有馆藏图书 6 万余册,报刊 150 多种,音像资料 1600 余件,形成了以少年儿童文学作品、科普读物为主的藏书体系。

　　一直以来,大东区少年儿童图书馆坚持开放性办馆原则,以"读者至上、服务第一"为宗旨,全心全意为少年儿童读者服务。外借处全部实行开架借阅、持证借书;阅览室面向少年儿童及家长实行免证阅览,室内环境优雅,有大量适合低幼儿童阅读的优秀期刊,及深受家长喜欢的各种期刊,为开发少年儿童智力、培养小读者的学习兴趣及指导家长教育子女提供了丰富的资源。

　　近年来,大东区少年儿童图书馆一直致力于基础业务建设工作,积极改善馆内环境,克服馆舍面积不足等局限,有计划地增加馆藏精品图书,多方面、多角度地满足各类读者的借阅需求。

　　尽管办馆条件有限,只实现了一借一还的简单业务,但为了丰富大东区少年儿童读者的业余文化生活,大东区少年儿童图书馆努力克服困难,积极开展形式多样的读书活动。其中,"读书明星"系列活动历时两年,评选出大批读书明星,已成为大东区少年儿童图书馆的特色活动;在沈阳市建立的第一个"青少年阅读基地",为社区、幼儿园小朋友送书上门;通过开展"绘本阅读、点亮人生"系列活动,为小读者提供优秀的绘本图书;在参加国家级、省级的大型读书活动中,大东区少年儿童图书馆的推荐校园剧《爸爸》获得了全国阅读年活动金奖。在有限的资源下,大东区少年儿童图书馆认真做好每一次活动安排,为小读者提供丰富而优秀的精神食粮,让大东区少年儿童图书馆成为少年儿童读书的阵地、成长的摇篮和小读者们喜爱的"第二课堂"。

打铁还需自身硬!大东区少年儿童图书馆将建立多功能服务于一体的少儿图书馆为己任,尽最大的努力来实现少儿图书馆的职能作用,以少儿图书馆人特有的热情和爱心,更好地服务于小读者,全力打造满足小读者阅读需求的少年儿童课外阵地。

千帆竞渡,渐露峥嵘

——走进铁西区少儿图书馆

当洗尽一身的铅华和疲惫,犹自感慨城市的繁杂与喧嚣,难有一隅偏安的时候,寻寻觅觅中,与铁西区少儿图书馆大楼在缘起缘落间不期而遇,在铁西主城区中北部有名的汽贸一条街上,在铁西主城区中北部的北二路上,周围充满了现代的商贸气息,却并不喧哗;深灰色的外墙,中规中矩的格局,凭空让这个不大不小的馆舍多了几分让人渴望一探究竟的神秘。

步入一楼共享大厅,规范、大气,是对这个馆最初的印象。不大的书库里,一本本整洁的图书排列有序;服务台里,工作人员合宜的举止、温暖的微笑,油然而生到家的感动。

仅有的二十余年馆龄,让这个区级图书馆显得格外年轻而有神采。铁西区少儿图书馆始建于 1993 年 9 月,从现在的铁西区图书馆分离出来,独立建制,位于兴华南街 2 号。2003 年搬迁至原蓄电池厂办公大楼(保工北街 28 号),2007 年 5 月搬迁至现在的铁西区图书馆大楼(北二中路 23 – 1 号)。现馆舍建筑面积 1500 平方米,馆藏包括以社会科学为主、自然科学为铺的共 22 大类图书、音像制品近 10 万余册(件)。

作为一所由地方政府出资并主办,服务铁西、辐射周边的公益性公共文化服务单位,从建馆之初到现在,铁西区少儿图书馆始终秉承"全心全意为少年儿童服务"的宗旨,坚持 365 天无休息日服务,完全免费开放,为区内少年儿童以及家长、教育工作者提供图书、音像制品的馆内阅读以及馆外流通等服务,并采取了新书预约、电话续借、代借代还等多种服务手段和服务方式,极大地方便了读者阅读。

馆内共设有少儿外借室、低幼外借室、学生阅览室、音像借阅室、参考咨询室、低幼活动室、多媒体阅览室等多个服务窗口。目前已拥有持证读者近 3000 人，新发展读者数还在以平均每年 600—800 人次的数量逐年递增。

从 2000 年 4 月开始，馆内引进了 ILAS 系统的采、编、流子系统及第一批自动化设备，全面实现了图书录入、借阅的自动化管理。此后，逐年加大自

馆内工作人员与低幼活动室的孩子在一起

动化设施的投入，图书馆自动化工作水平不断提高，基本建立起以读者借阅、检索、使用为主的自动化管理体系，实现了自动化管理。通过自动化管理系统，读者不但可以借阅图书，还可以自主上机检索，随时掌握图书借阅以及在馆情况。

为了充分利用馆藏资源，铁西区少儿图书馆每年都要结合省市中心工作，有针对性地组织和开展各级各类读书活动，并努力使各项活动都做到主题鲜明、符合时代特点、贴近读者学习生活，力争活动形式新颖、多样。多年来，铁西区少儿图书馆在"走进少儿图书馆""有奖猜谜""少儿书画展演""低幼儿童亲子活动"等系列活动方面已经形

小读者们在外借处认真地挑选图书

成了自己的特色和品牌，使更多的小朋友都能够有机会走进图书馆，从而体验读书的快乐。

为了延伸公共图书馆的服务触角，满足更多小读者的阅读渴望，铁西区少儿图书馆利用近十年的时间，在全区各社区陆续发展并建立起 28 家图书

流动站点，极大地方便了小读者就近就便的阅读需求。同时，为了充分发挥这些图书流动站作用，馆内每年都要有计划地开展辅导培训以及图书流动等工作，帮助他们建立、健全各项规章制度。社区图书流动站已经成为所在街道青少年教育基地和青少年假期活动的重要场所。

流动送书到中小学校

文化部的公共图书馆评估定级工作是见证铁西少儿图书馆蓬勃发展、跨越嬗变的最好见证；1999 年，被文化部评定为"二级图书馆"；2005 年，被文化部评定为"一级图书馆"；2010 年再次被文化部评定为"一级图书馆"。铁西区少儿图书馆是目前沈阳市独立建制的少儿图书馆中唯一一家被文化部正式命名的"一级图书馆"。

经过二十余年、近两代图书馆人的不断努力，铁西区少儿图书馆各项工作制度不断完善，馆藏得到极大充实，服务领域更加拓展，逐步走上了自动化、规范化、制度化的发展道路，同时完成了从二级图书馆到一级图书馆的完美跃升，形成了年接待读者 9 万余人次，流通图书 11 万余册次，馆外图书流动站 28 个，年开展读书活动 20 余项的服务规模。已成为广大少年儿童课外学习、阅读的主阵地，全区少儿图书服务资源的集散地。

随着全市公共文化设施功能提升工程的实施，铁西区少儿图书馆拟将改善办馆环境，筹建新馆。新规划的少儿图书馆将在环境布局上更加符合青少年特点，更加富于文化气息，更加贴近读者需求，划分服务区间更加合理。铁西区少儿图书馆将进一步密切与省市级少儿图书馆的业务协作，大力推进传统服务上网工程，通过互联网、电话、传真等途径，为读者提供在线咨询等方便快捷的信息咨询服务，以使读者能够尊享网上阅读、借还、续借、预约及馆际互借服务。

大连市

云端的琅琅书声与悠悠古韵
——走进大连图书馆

大连图书馆始建于 1907 年,历史已逾百年,其前身为"南满洲铁道株式会社大连图书馆",是一座集文献收藏、信息咨询、社会教育、学术研究于一体的大型现代化图书馆。在文化部组织的公共图书馆评估中,连续五次荣获"一级图书馆"称号。

大连图书馆馆舍由白云山主馆、鲁迅路分馆、普湾新馆三部分组成。主馆坐落在白云山风景区南麓,1990 年建设,1999 年改扩建,建筑面积 3 万余平方米;鲁迅路外文分馆系"满铁图书馆"旧址,建筑面积 2300 余平方米,是大连首批重点保护建筑之一;普湾新馆位于金普新区,依山傍水,设计新颖,建筑面积 4 万平方米,预计 2016 年投入使用。大连图书馆现有阅览座席 1603 个,计算机 350 余台,刻录机、缩微阅读扩大器、各种型号扫描仪、打印机、复印机等设备多台。计算机信息节点 950 余个,存储容量 210T,宽带接入 300M,读者服务区全部实现无线网络覆盖,目前使用美国 Sirsi-Dynix 公司的 Symphony3.3.1 系统,业务管理、采访、编目、流通、读者检索等全部实现了自动化。大连图书馆网站经过多次改版,主题、色彩鲜明,页面理性、美观。CNKI 全文库、方正阿帕比电子书、库克音乐图书馆、外文期刊、博看杂志、阅读大连等 70 个自建、外购数据库内容丰富,可远程访问的数据资源占数据资源发布总量的 69%。实现了读者书目查询、图书预约、续借、在线咨询。大连图书馆手机图书馆拥有近百万册电子图书、千万余篇全文报纸、近万种有声读物,可提供还书短信提示、通知通告、全市公共图书馆馆藏信息查询、个人借阅信息查询、图书预约、续期等服务。大连图书馆有线电视图书馆为全市 4 万多个家庭提供阅读新途径,进一步丰富了市民的阅读内容,成为市民阅读新宠。

大连图书馆馆舍

截至 2012 年年底，大连图书馆拥有馆藏文献 461 万册，其中，古旧籍 55 万册，由 29 种文字组成。馆藏文献实行藏、借、阅一体。古旧籍文献特色鲜明，稀珍版本多，蜚声海内外，尤其是"满铁"文献，存藏量约占世界"满铁"文献 80%，为世人瞩目。大连图书馆是"全国古籍重点保护单位"，馆藏古籍入选《国家珍贵古籍名录》多达 128 部，入选《辽宁省珍贵古籍名录》758 部，馆藏《皇明典礼》入选二期"中华再造善本工程"；馆藏清雍正内府抄本《谕行旗务奏议》入选文化部"国家珍贵古籍特展"。经过努力，《中国馆藏满铁资料联合目录》《图录——大连图书馆藏清代图录》《档案——大连图书馆藏清代内府档案》《文献——大连图书馆藏珍稀本整理》等 40 余个研究成果结集出版。大连市古籍保护中心在组织、协调大连地区古籍保护工作、普及古籍保护知识、培养古籍保护人才方面发挥了重要作用。多年来，大连市古籍保护中心除完成本馆古籍普查任务外，还帮助大连医科大学、大连大学、大连工业大学、大连金州新区图书馆等古籍收藏单位完成了 3000 余册古籍普查任务。2009、2010、2012 年大连市古籍保护中心分别与国家古籍保护中心联合举办了"第五期全国古籍编目培训班""第六期全国古籍鉴定与保护高级研修班""第四期全国碑帖整理与鉴定培训班",培养古籍保护人才 289 人次。大连市古籍保护中心建有"馆藏满铁资料数据库"(5000 册,179 万拍)、"馆藏清代内务府档案数据库""馆藏西文书目数据库""馆藏古旧籍书目数据库"等数据库 12 个。

2013 年,大连图书馆藏书购置费达到 1300 万元。2009—2012年,年均入藏图书 3.8 万种、报刊 5011 种、视听文献 1908 种。地方文献收藏率为 98%。截至 2012 年年底,大连图书馆拥有数字资源42.5T,自建"馆藏清内务府档案""馆藏清史图录""馆藏小方壶斋舆地丛钞三补编全文"等数据库 51 个,30.5T。为了加强文献保护,配置有西科姆防盗系统,火灾报警、灭火系统,除湿机,防虫剂等。

大连图书馆所藏的普通图书、古籍、报刊、视听文献,分别依据《中图法(第五版)》《中国古籍善本分类法》《汉文古籍分类表》分类标引,使用《中国文献编目规则(第二版)》《新版机读目录格式使用手册》《汉文古籍著录规则》等进行编目。为了保证数据的规范,先后制定了《大连地区联合编目中心章程》《大连地区联合编目中文图书著录细则》《中文图书编目细则》《中文报刊编目细则》《外文图书编目规则》《连续出版物编目规则》《视听文献编目规则》《中文图书主题标引规则》《外文图书主题标引规则》《古籍分编细则》等规章制度 14 个,并予以贯彻落实,保证了文献编目的规范与标准。

作为"读者最喜爱的图书馆",大连图书馆始终把"读者至上,服务第一"、以人为本、公益、普遍开放、平等服务放在首位,通过开展"五心服务"——热心、细心、耐心、诚心、恒心,满足读者需求。

大连图书馆读者服务注重便捷化、网络化、个性化。普通文献外借采用 RFID 技术,实行开架自助借阅。馆内配有残疾人通道、轮椅、座席、童车、盲人听读一体机、阅读放大器、花镜、放大镜等设备,提供特殊群体电话预约和上门服务。"24 小时图书馆"有效保障了全天候服务。为让更多读者走进图书馆,大连图书馆积极推行总分馆制,在全市机关、企事业单位、监狱、敬老院、驻连部队、街道、商业中心等建设专业分馆、流通站(点)54个,其中汽车流动服务点9个,送书上门。2012年,完成了市政府文化惠民重点项目(十五件实事之一),通过"一卡通"与11个区(市)县图书馆实现通借通还服务,受益读者40余万,进一步推动了全市公共文化服务体系建设,保障了地区图书馆服务的"普遍性、均等性、公益性、便利性",加快了城乡一体化步伐,引领了地区图书馆从传统迈向现代化。在做好读者借阅服务的基础上,图书馆还通过开展定题,信息咨询,科技查新,政务公开查询,文献提供,编制二、三次文献,代查,代译,代检索等服务,满足全社会个性化服务需求。

第五届大连读书月暨大连地区图书馆
2014年"世界读书日"系列读书活动启动仪式

作为国家图书馆古籍保护中心"中国优秀传统文化实践基地试点单位",多年来,大连图书馆不断拓展服务功能,开展社会教育,努力打造"白云系列""传统节庆系列""读书系列"三大品牌,建设教育高地,并获得文化部第十六届"群星奖"项目类奖。白云书院传统文化系列讲座先后邀请了李学勤、钱逊、吴格、周笃文、李零、陈来、詹福瑞、唐浩明、王充闾、李季、彭林等中外学者350余人来馆讲学,并出版了《白云论坛》6卷,成为"大连市最有影响十大活动之一";"国学义塾"免费招收3—15岁儿童,学习"三百千""四书五经"等传统文化经典,受益儿童4000余名;白云美术馆从开办之初到现在,已成功举办了"建党九十一周年大连书画名家邀请展""当代中国画十名家山水画展""纪念罗继祖先生诞辰百年暨捐献图书展""中日书法联展"等展览200余场;白云吟唱团团员全部由馆员组成,采用辽南吟咏风格吟咏古诗词,利用业余时间进行排练,深入学校、部队、机关、社区演出,弘扬传统文化,迄今已演出100余场,并出访过日本,参加过"国家图书馆艺术节""辽宁省群众歌咏比赛"。《礼记》《论语》《孝经》部分篇章吟咏还在中央电视台 1 和 10 频道播出；在春节、元宵节、清明节、端午节、中秋节等传统节日，图书馆还通过讲座、灯谜、书"春"大赛等

"书院杯"第十一届大连市书"春"大赛

形式，引导市民认同、回归传统文化。"大连市书'春'大赛"是"传统节庆系列"的重头戏，迄今已举办了十届，来自俄罗斯、日本、韩国等3000 余名青少年选手参加了比赛，深受社会欢迎；大连图书馆还通过"大连读书月""世界读书日""图书馆服务宣传周"等载体，开展内容丰富的阅读推广活动，很受读者欢迎，先后多次荣获大连市精神文明建设指导委员会、建设学习型城市领导小组"全民阅读示范点""大连市读书月活动组织奖"等褒奖。

2009—2013 年，大连图书馆职工发表论文 142 篇，出版专著 18种；有 6 项课题通过国家、省、市立项，其中国家级 2 项、省级 2 项、市级 2 项；14 项科研成果分获国家级、省级奖励，其中国家级 2 项、省级12 项；举办"美国图书馆掠影"讲座、"大连地区图书馆馆长论坛"等学术活动 9 次，征集论文 162 篇，其中获奖 28 篇。编辑出版了《大连地区图书馆学学术论文集》，收录地区图书馆工作者学术论文 58 篇，推动了地区学术研究发展。

为了提高地区图书馆管理和服务水平，推动地区图书馆事业发展，大连图书馆积极通过全国联合编目、全国公共图书馆讲座联盟、上海图书馆讲座联盟、大学数字图书馆国际合作计划（CADAL）等，开展面向全国和本区域的协调协作和服务，共享协调协作成果。作为全国联合编目中心成员馆，2012 年，从全国联合编目中心下载数据 78 091

条次,居全国第六,质量监控审校位列第九,获得全国联合编目中心通报表扬;完成 CADAL 项目"满铁"文献 5000 余册、170 万页的数字化工作。通过大连地区公共图书馆联合编目(成员馆 11 家)、大连地区图书馆讲座联盟(成员馆 37 家)、大连地区图书馆资源共享联盟(成员馆 37 家)等,推动本地区图书馆事业的发展。为了加强地区联合编目工作,成立了大连地区联合编目中心,保证了联合编目工作顺利开展,地区联合编目覆盖率达到 100%,进一步提高了地区编目质量。2012年,大连地区 11 个成员馆从大连图书馆下载数据 7 万余条。

多年来,大连图书馆始终把科学管理作为事业可持续发展的前提,使事业一步一个脚印地向前发展。为了提高科学管理水平,2011年,大连图书馆把全年定为"管理年",以制度建设为龙头,通过建立、健全各种规章制度,淡化"人治",强化"法制",按章办事,把事业装进制度里,以"法"治馆,使各项工作有"法"可依,有"章"可循,以提高人员、财务、资产、档案、安保、志愿者、环境、物业等方面的管理水平。期间,全面修订了《大连图书馆规章制度》,汰除不合理规定 6 项,合并交叉内容 15 项,新增规定 26 项,审定过往规定 183 项,化解了工作矛盾,有效提高了工作效率。为了深化人事制度改革,建立健全岗位设置管理制度,实现人事管理的科学化、规范化和制度化,2011 年,对116 位 50 岁以下的馆员进行文化素养和业务知识方面的测试,全面了解馆员的思想动态、知识高度和业务水平,为优化人力资源奠定了基础;经过资格审查、岗位专业考试、竞聘演讲、答辩、民主测评等程序,对全馆 16 个部门,28 个正、副职中层干部岗位,进行了新一轮聘任;结合全市文化事业单位改革,2012 年,对专业技术岗位人员进行考核,成立了"大连图书馆岗位人员聘用工作领导小组",结合实际制定了《2012 年度大连图书馆专业技术岗位设置和人员聘用实施方案》,依据岗位任职要求,公布《大连图书馆专业技术岗位设置和人员聘用实施方案》《2012 年大连图书馆专业技术岗位聘用条件》,以业务、工作表现、职称资格为考核要素,对 157 个岗位进行定岗、定级。符合岗位聘用条件,进入相应等级岗位,实现了人事管理由身份管理向岗位管理的转变。人才选拔、使用、晋升全过程坚持公开、公平、公正原则,营造风清气正的用人环境,优者用、能者上,使中层干部、普通馆员都感受到竞争压力,由此产生学习动力,进而提升能力,形成由压力到动力再到能力的良性循环,充分调动了馆员的积极性、创造性,增强了事业发展活力。

多年来,大连图书馆的工作得到了各级领导机关的充分肯定,受到社会各界广泛赞誉。2009 年迄今,全国各家媒体对大连图书馆工作累计报道 537 次,其中,国家级媒体 11 次,省级媒体 10 次,市级媒体 516 次;大连图书馆先后获得国务院业务主管部门及省级党委、政府表彰奖励 4 次,省级业务主管部门表彰奖励 5 次,市级表彰 21 次。

科学规划是事业可持续发展的前提。在未来的事业发展中,大连图书馆将紧紧围绕城市发展、文化发展主题,以《大连图书馆"十二五"发展规划》为抓手,以普湾新馆、高标准古籍书库建设为契机,努力建设地区"信息服务高地、社会教育高地、业务学术高地、人才培养高地",至"十二五"末,一个南北呼应、设施先进、功能齐全、馆藏丰富、服务一流的大连图书馆将矗立在世人面前。

行路致远,砥砺前行中的甘井子区图书馆

　　大连市甘井子区图书馆,让人感受到的不仅是现代、端庄与大气,其浓郁的文化气息,也强烈激发着人们的求知欲望。

　　图书馆坐落于甘井子区虹韵路 129 号,北临大连周水子国际机场,南接环境优美的明珠公园,西毗甘井子区人民政府,东邻城市西部快速大通道,周边有 9、710、716 路等多条公交线路与外界连通,地理位置优越,交通便利。建筑面积 16 322 平方米,藏书总量 53 万余册(件),电子图书 7 万余册,报刊 1500 种,阅览座席 1100 个,网络信息节点 800 个,全馆实现无线网络覆盖。每天 9:00 至 17:00 为图书馆开放时间,设有热线电话 0411 – 86319030,官方网址 www. gjzlib. gov. cn。

　　图书馆之于城市,是文化的标志,是城市的品位。

　　甘井子区图书馆现馆舍由中国科学院院士齐康教授设计,造型独特,整个建筑鸟瞰为双鱼状,在流线型形体的中心,开辟了连续的中庭,既为建筑内部提供共享空间和交流平台,又有利于建筑的采光和通风,体现了开放、绿色的建筑设计理念与现代风格,已经成为甘井子区重要的文化标志性建筑。

甘井子区图书馆

作为区域公共文化服务体系的重要组成部分,图书馆认真贯彻甘井子区委、区政府"执政为民、文化惠民"的公共文化服务方针和理念,实行"全面开放、免证进馆、分层管理"和"借、阅、藏"一体化的服务方式与模式,为地区百姓提供全方位的公共文化服务,最大限度地满足人民群众日益增长的文化需求和信息需求。目前,已发展成为集地方文献资源保护与开发、公众阅读及推广、社会教育和学习、文化艺术交流、信息服务、区域图书馆中心等诸多功能为一体的现代化综合性公共图书馆。

图书馆的前身,是甘井子区文化馆图书室,1981 年 6 月,从文化馆分离后正式命名为甘井子区图书馆。1988 年 6 月,建筑面积 3222 平方米的馆舍在甘井子区华东路 79 号落成,藏书 30 万册,图书馆的社会服务功能开始实现。"十一五"期间,随着甘井子区现代化、国际化中心城区建设的不断推进,区委、区政府做出了全面提升区域文化软实力、实现文化强区的战略决策,并大力推进文化惠民设施建设,2010 年 6 月,图书馆新馆顺利建成,同年 12 月 9 日对读者开放。

在几十年的传承和积淀中,甘井子区图书馆始终坚持"读者第一,服务至上"的宗旨,在渐趋成熟的"服务质量人性化、服务功能多元化"服务理念的指导下,遵循公益性、基本性、均衡性、便利性原则,向广大读者提供全方位的优质服务,深受市民的广泛欢迎。

评价一个图书馆,最主要的不是看它的建筑,而是看它的馆藏与服务。如果说馆藏是硬基础,服务就是软实力。政府持续的财力支持保证了甘井子区图书馆馆藏内涵的不断丰富。仅近 3 年就新增图书20 余万册(件),其中,购置的全套《四库全书》大大提高了馆藏的质量和档次。同时,注重地方文献收藏,大力开展文献征集活动。截至目前,已收藏地方文献 552 种、808 册(件)。自建地方文献数据库集中反映了甘井子区特色,包括网络甘井子、图片甘井子、甘井子名人、甘井子大事记、视频甘井子等。建立专题书架,如家居服饰专架、饮食健康专架、台湾原版图书专架、过刊专架等。重视收藏外文原版图书(此类图书在大连地区只有本馆有收藏)和盲文图书。在不断建设中,甘井子区图书馆逐步形成了实用性强、特色明显、结构合理、动态开放的知识和信息资源体系,充分满足了广大读者多元化、个性化的需求。

甘井子区图书馆举办"书香春节"活动

图书馆之于市民,是知识的海洋,是精神的家园。

为了加强软实力建设,甘井子区图书馆建立了科学的多功能服务体系,按楼层特点合理规划服务区域,设有 20 个服务窗口(一楼:报纸阅览区、视障人阅览室、总服务台、信息中心、读者超市、自学室、展厅。二楼:期刊阅览区、亲子阅读区、少儿阅览区、少儿科技活动室、少儿图书借阅区、多媒体阅览区。三楼:中文图书第一借阅区、中文图书第二借阅区、外文图书借阅区、参考咨询室、报告厅。四楼:地方经济发展专题阅览室、文化大讲堂)。全馆实现无障碍、零门槛,所有文献无偿向社会大众均等开放,免费为读者提供公益文化服务和舒适、休闲的阅读环境。加入大连市数字图书馆"一卡通"工程,实现通借通还,资源共享。开通图书馆网上服务,为读者提供电子图书、期刊、图片、网上报告在线浏览,书刊、地方文献数据库、文化信息检索以及图书续借等服务,读者还可通过网站随时了解图书馆的最新动态。同时,为了真正便利群众、服务群众，甘井子区图书馆将服务功能由馆内向馆外延伸，建立以区图书馆为中心馆，并在街道、社区设立分馆的三级图书馆服务网络，将服务拓展、延伸到社区居民身边，在全区建立了 25 个图书馆分馆，79 个图书流动站，为群众提供了最便捷、最高效的服务。开展数字文化进社区活动，向全区 14 个街道的百姓发放数字资源阅览证 5000 张，居民坐在家里便可以免费阅览 70 000 种电子图书，浏览10 000 张艺术图片，观看 6000 场视频讲座，享受全新信息时代的数字文化生活。

甘井子区图书馆关注残疾人、老年人、未成年人、进城务工人员等特殊群体，为他们提供完善的配套设施设备、知识援助等无差别服务。设立视障阅览室，配备盲人读物、助视器；设置无障碍通道、母婴室、各楼层休息专区、读者餐厅、小型超市等，为读者提供便利；开展送书上门及老年人读书活动；在全区各街道外来务工人员集中的企业建立"职工书屋"，并发放电子图书阅读卡，使外来务工人员足不出户就可以浏览丰富的数字资源，让他们享受家一样的温暖和读书的乐趣。

图书馆立足市民终身学习和全民阅读的主阵地，广泛开展特色服务活动，打造特色品牌项目。每年定期开展"世界读书日""全民阅读月""图书馆宣传周""书香春节""甘井子区家庭读书朗读比赛""寒暑假"少儿读书大赛"等特色主题活动。每周定期举办"文化大讲堂"公益讲座、"市民外语广场""让好书苏醒，让知识对流"图书置换等特色品牌活动，受到读者的喜爱。创办《甘图之窗》，重点展现馆内和基层图书馆的工作风貌，及

甘井子图书馆在全区举办"家庭读书朗诵比赛"

时反映馆员和广大读者心声,成为推动图书馆事业发展的舆论阵地。

今天的甘井子区图书馆,早已不仅仅是一个阅读的场所,而是百姓文化休闲的高雅之所,更是市民所依赖的精神家园。几年来,图书馆先后五次被文化部评为"一级图书馆",被省社科联授予"辽宁省社会科学普及基地",被省文化厅授予"辽宁省公共图书馆服务成果集体奖",被大连市授予"文明单位""文明单位标兵""先进图书馆""巾帼文明示范岗""未成年人思想道德建设工作示范点"等称号。

知识点亮未来,文化承载希望。站在新的起点上,面对新的挑战、新的机遇,甘井子区图书馆人正在探索和思考,精心描绘未来更加崭新的发展蓝图,使图书馆在启迪民智、传承文化,在推进区域公共文化服务均等化和经济社会全面发展中发挥更大的作用,托起明天更多的希望。

文化惠民
——走进中山区图书馆

走进图书馆,你可以轻轻地叩击知识的大门,在知识的世界里漫步,吸吮丰富的营养,感受成长的快乐;走进图书馆,你可以寻觅英雄人物成长的足迹,聆听伟人的谆谆教诲,与大师交友、与真理交友。这里远离了浮躁喧哗的人群,这里是宁静的知识殿堂,这里是中山区图书馆。

中山区图书馆地处中山区政治、经济、文化、旅游、商贸中心,是一所综合性公共图书馆,始建于1960年4月,是大连建立较早的区级公共图书馆。与大连市其他区图书馆不同,中山区图书馆由三部分组成,分别是中南路馆、

中山区图书馆馆容馆貌

二七分馆和桃源分馆。她没有华美宏伟的建筑,也没有秀丽迷人的景色做依托,她用她的朴素、庄严,凭借经年累月的吸纳荟萃,成为知识和信息的密集宝库,为大连市的"文化惠民"做出了积极贡献,赢得了崇高的声望和信誉。

中山区图书馆馆舍建筑总面积为5770.93平方米,主馆中南路馆位于中山区中南路185号,在市内乘坐30、703路公交车可到达。每周开放60小时,双休日、节假日不闭馆,咨询电话0411－82735481。中山区图书馆馆藏纸质图书和数字资源全部实行免费开放、开架借阅。阅览室提供读者座席500余个,方便读者来馆读书和学习。图书

馆采用 Sirsi 系统进行自动化管理,馆内实现无线网络全覆盖。为了方便广大读者借还图书,图书馆还加入大连市"一卡通"工程,实现了图书的通借通还。

图书馆阅览大厅宽敞明亮,外借新书琳琅满目,为读者提供了一个和谐、舒适、宁静的学习环境;二层为低幼借阅区,书籍丰富多样,内容涉及古典文学名著、连环画、科幻故事、神话、语言、童话、笑话、谜语、谚语等多个方面,是开展亲子阅读推广服务的绝佳阵地;三层为青少借阅区、电子阅览室及盲文有声读物阅览室,电子阅览室拥有计算机 89 台,是图书馆开展培训及举办活动的主要场所;四层为宽敞宁静的自学区。

中山区图书馆以"创建学习型城市"为契机,不断打造"无线中山、智慧中山"特色,在满足读者日常借阅图书的同时,还开通了官方网站(http://www.dlzslib.net.cn)和移动阅读服务(服务终端 http://mobile.dlzslib.net.cn),便于读者不出门就能了解馆内信息,浏览馆内电子资源。

"书香中山飘万家,幸福家园靠大家"图书置换活动

作为公共文化服务主阵地,中山区图书馆把"文化惠民"作为自己的主要发展目标,承载着传播知识、传承文明的重任。在为市民提供阅读服务、传播知识的同时,中山区图书馆还博采众议,通过调研、走访等

形式,征求市民意见和建议,为社区居民举办各类阅读、讲座、培训、竞赛、展览等活动。寒暑假系列读书活动、六一儿童节知识竞赛、"世界读书日"大型图书置换活动、元宵节猜灯谜活动、中秋节传统文化讲堂等已成为图书馆每年必办的活动。这些活动丰富了市民和学生们的文化生活,使学生们学习到了知识、增强社会活动能力,进而提升了公共文化素养。

为了更好地诠释"文化惠民"理念,中山区图书馆对弱势群体投注了更多的关注与关心,保障他们享有均等的文化权益。为此,中山区图书馆启动了"你点书,我来送"活动,为有阅读需求的视障读者定期上门送书、换书;通过书籍传递爱心,将公益活动收集到的图书全部捐赠给农民工、外来务工人员

中山区图书馆泰山小学农民工子弟
社会实践活动基地启动仪式

子女以及贫困家庭;为辖区外来务工人员子女搭建辅助型教育平台,在泰山小学和海军广场街道建立了两所外来务工人员子女活动基地。中山区图书馆正通过自己的方式为文化共享和社会进步做出各种努力,承担自身的社会责任。

目前,中山区图书馆正全力打造数字图书馆网络服务平台,大力发展移动图书馆、手机阅读等数字图书馆项目,提升数字资源供给能力和远程服务能力,逐步形成完善的公共数字图书馆服务体系,开展便捷的文化服务。此外,中山区图书馆还积极探索和实践图书馆总分馆制服务模式,实现区、街道、社区三级服务网络,整合公共数字文化资源,构建覆盖全区的公共图书馆一体化的网络服务体系。

开放、发展、创新
——走进旅顺口区图书馆

旅顺口区图书馆位于大连市旅顺口区长春街 3 号,馆舍于 2000 年 11 月 17 日建造,2002 年 1 月 17 日竣工,2 月正式对外开放,建筑面积为 4485 平方米,是旅顺口区人民政府投资兴建的一座综合性公共图书馆。旅顺口区图书馆共分为三层,一、二层为读者服务区,其中一层设有少儿书刊阅览室、报刊阅览室、电子阅览室、报告厅,二层设有借书室、工具书参考咨询室、小型会议室,三层为办公区。图书馆开放时间为 9:00 至 17:00(周一闭馆),法定节假日报刊阅览室开放时间为 9:00 至 15:00,网址 http://lvshunlibrary.com。旅顺口区图书馆是收集、整理各类图书文献并向社会公众免费提供文献服务的公益性文化机构。

旅顺口区图书馆以最大限度满足读者需求为服务宗旨,实行藏、借、阅一体化的服务模式,建立多功能服务体系,设置图书外借室、报刊阅览室、少儿书刊借阅室、共享工程电子阅览室、旅顺近代史文献资料室、视障阅览室、多功能报告厅等 11 个服务窗口,阅览座席为 778 个,年征订各类报刊 600 余种,同时拥有数字报纸资源 50 种,电子期刊资源 100 余种,拥有纸质图书、电子图书等各类型馆藏文献 30 余万册(件),是一个集借阅、视听、检索、培训、网络、展览等各种服务为一体的现代化公共图书馆,全面实现了图书馆工作的自动化管理。旅顺口区图书馆曾连续三次被文化部命名为"一级图书馆",先后荣获"辽宁省文明单位""辽宁省社会科学普及基地""大连市先进图书馆"等多项荣誉。

旅顺口区图书馆的历史最早可以追溯到 1898 年沙俄侵占旅顺后建立的旅大地区第一座公共图书馆——"旅顺普希金图书馆",后更名为"关东都督府普希金图书馆",总面积100余平方米。建馆之后,全部藏书由彼得堡运来,大约有1万册俄文图书,还有一些俄文报刊,海参崴出版的俄文《远东日报》《新西伯利亚》等报纸和杂志。图书馆设馆长1人,工作人员2人,每天开馆8—10小时。以后逐渐增加一些中文书籍,藏书量由1万册增至2万余册。除了借阅图书之外,图书馆还不定期举办报告会、座谈会、演讲等活动。到日俄战争爆发时,图书馆已初具规模。旅顺普希金图书馆从1899年开馆到1904年日俄战争爆发时闭馆,共开馆5年。1905年1月,日俄战争结束,沙俄把旅顺拱手送给日本。1917年4月,日本在原沙俄"将校集会所"建起了辽南第一个博物馆——"关东都督府满蒙物产馆"。1918年10月改称"关东都督府博物馆"。1918年11月日本关东都督府博物馆设立了图书阅览所。这就是日本帝国主义统治旅顺时期的旅顺图书馆前身,其收藏图书种类齐全,藏书量达4万余册。1921年改"关东都督府博物馆"为"关东厅博物馆",馆内仍保留原来的图书阅览所。1925年11月,为了扩大藏书规模,图书阅览所又迁新址,仍属"关东厅博物馆"管辖,改称"关东厅博物馆图书部",设专职馆长1人,管理人员也由原来的3人增至5人。馆舍为地上两层,地下一层。地上的两层,一层为外借室和阅览部,二层为办公室,地下一层为库房,总面积近1000平方米。1927年4月,"关东厅博物馆图书部"更名为"关东厅附属图书馆",但仍由博物馆管理。1928年10月公布了图书馆借阅规则。与此同时,这个图书馆增加了设备,拓宽了图书借阅业务,并在旧市区增设了"借出图书派出出纳所",这个所有管理人员两人,定期到本馆更换新书,增加了读者人数。1929年4月,图书馆从关东厅博物馆分出独立,改"关东厅附属图书馆"为"旅顺图书馆"。至此,旅顺图书馆的藏书已达5万余册,主要收藏满族与蒙古族关系、甲午战争、日俄战争的有关资料。1945年,日本投降后,图书馆由旅顺口区人民政府接管。

旅顺口区图书馆馆舍

在旅顺口区绿色经济区的建设中,旅顺口区图书馆继续坚持"以人为本"的服务理念,积极开展各种社会教育与文化传播活动,先后创办了旅顺"军港潮声"公益文化讲坛、旅顺"读友会"、旅顺"书来书往"图书漂流站、"读书之星"评选活动以及"旅顺人写旅顺""卷卷方志写春秋""一个旅顺口 半部近代史"等特色展柜,创新服务特色,打造文化品牌,提供更优质的服务,努力满足读者日益增长的文化需求。

2010年,旅顺口区图书馆采用了美国Sirsi公司生产的Unicorn管理系统,集藏、借、阅、管为一体。2011年7月,旅顺口区图书馆与大连市图书馆"一卡通"工程成功对接,正式开通。从此,旅顺口区图书馆的读者可凭借"一卡通"图书证在大连市不同的图书馆之间实现通借通还,还可登录旅顺口区图书馆网站进行网上查询、续借和预约服务,利用数字资源图书馆资源平台检索电子资源。

截至2013年年底,旅顺口区图书馆总藏量235 333册(件),其中汉文普通图书219 262册、地方文献812册、报纸合订本2337册、期刊合订本2707册、电子视听文献1160件。旅顺口区图书馆数字资源总量为4TB,种类包含电子图书、音乐图书馆等数字资源。

依据国家文化信息资源共享工程的相关要求和标准,旅顺口区图书馆设立专门机构和人员担负起旅顺口区共享工程的建设和推广任务,先后对旅顺口区11个街道共享工程基层点开展了支中心的技术培训,指导基层建设,积极开展协作协调工作,先后6次开展共享工程业务培训,受训人次 208 人次,有效地推进了本地区文献资源共建共享的建设步伐。

从 2010 年 7 月起,旅顺口区图书馆馆藏纸质图书和数字资源全部实行免费开放、开架借阅。累计周开馆时间 48 小时,双休日、节假日不闭馆。年均书刊总流通 19 228 册次,年均接待读者 61 076 人次。多年来先后建立 5 个图书流通分馆、30 多家图书流通站,配备图书馆流动送书车 1 辆,馆外借阅图书达 88 782 册次。旅顺口区图书馆网站访问量已达 52 428 万次。

旅顺口区图书馆每年举办各种讲座、展览、培训、阅读推广等读者活动十余项。其中,每年定期举办一次的市民"读书月"活动已成为旅顺口区图书馆阅读推广的特色,"军港潮声"公益文化讲坛已成为旅顺口区图书馆对外文化宣传的重要文化品牌。

"军港潮声"公益文化讲坛

在业务和人员管理方面,旅顺口区图书馆根据年初制定并下发业务工作指标责任书的要求,明确各部室的工作职责和主要任务,提出了考核的量化指标,作为部门年度工作考核的依据。各部室按照业务分工,定期或不定期在馆务会上汇报沟通。

在图书馆专业研究领域,多年来,旅顺口区图书馆馆员先后在省级图书馆期刊发表论文十余篇,参加国家省市级各种论文研讨会交流获奖论文 20 余篇。业务辅导部本着提高旅顺口区基层图书馆(室)管理水平和现代化水平的宗旨,加强各街道、社区、村基层图书馆(室)业务建设,使基层单位有条件建立图书流通站,积极推动城乡一体化服务网络建设。近年来,辅导部组织实施的基层业务辅导专题达十余项。定期组织全区基层图书馆(室)业务集中学习,通过电话回访和解答咨询的形式增进与基层图书馆(室)的沟通,及时解答工作中的疑问,建立旅顺口区图书馆基层辅导 QQ 群,不断探索新的工作模式,开展基层业务工作。

旅顺口区图书馆为了明确工作职责,进一步规范服务和管理行为,近年来,逐步修订和健全了《旅顺图书馆规章制度》,以制度规范服务行为,做到人人有责,事事有程序,不断减少工作盲点,从而把图书馆的服务和管理逐步纳入科学和规范的轨道。做到业务、人事、财务、档案、统计、消防、保卫各方面工作都有章可循,不断促进图书馆工作健康、有序的发展。

在资金管理方面,一方面旅顺口区图书馆馆内注重开源节流,压缩不必要的开支,把有限的资金用在刀刃上;另一方面,积极向财政争取资金,用于图书馆基础业务建设。

2014 年,倡导全民阅读首次被写入政府工作报告。围绕全民阅读,旅顺口区图书馆将不断采取创新的服务方式与手段,整合公共数字文化资源,推广阅读,激发市民参与阅读活动的积极性。同时,旅顺口区图书馆将不断完善图书馆数字资源建设,努力给广大市民提供全新的阅读方式及海量的数字资源。逐步实现数字阅读覆盖全民、数字图书免费共享和文化资源开放体验,进一步提升文化惠民的能力与水平。

随着旅顺口区全域城市化进程地不断推进以及公共文化服务体系示范区建设的不断完善,旅顺口区图书馆全体馆员将继续保持"团结向上,求真务实"的工作精神,以不断丰富和满足滨城百姓文化生活内涵为目标,努力为公众提供更多、更优质的阅读文化服务,让文化惠民的阳光照亮旅顺滨城的每一个角落。

古莲之乡

——走进普兰店市图书馆

1962 年,时任中国科学院院长郭沫若赋诗咏赞《古莲绽新花》:"一千多年前的古莲子呀,埋没在普兰店的泥土下。尽管别的杂草已经变成泥炭,古莲子的果皮也已经硬化,但只要你稍稍砸破了它,种在水池里依然进芽开花。"从此普兰店有了"莲城"的美誉。

孛兰路是普兰店市一条以古老的地名命名的街道,普兰店市图书馆便位于孛兰路北段 32 号。

普兰店市图书馆现馆舍建于 1996 年,建筑面积为 3600 平方米,有阅览座席 550 个,馆藏文献 28 万册。每天开放时间为 8:00—16:40,周六、日及节假日均开馆。公交车 101、103、105、106、201、202 路在图书馆附近均有乘降站。

普兰店市图书馆馆舍外景

现已开通官方网站(http://www.pld-library.net.cn)和电话 0411-83177162。普兰店市图书馆建筑主体为五层仿古墨绿色琉璃瓦建筑,坐北朝南,各层面积自二楼往上依次递减,主体楼顶为六角型莲花宝顶,紧扣"莲城"主题。因此,有人也把普兰店市图书馆称为"莲城图书馆"。普兰店市图书馆是普湾新区(普兰店市)地区中心馆,辖区下设 23 个乡镇馆和 250 多个农家书屋,服务人口 92 万,是地区人类文化遗产保护、科学情报传递、开展社会教育、开发智力资源、提供文化休闲的主阵地。

普兰店市图书馆原名"新金县图书馆",1956 年 6 月建于新金县貔子窝镇中心街,1963 年随县政府迁往普兰店镇商业大街,与文化馆合署办公,仅有面积为 200 平方米的五间瓦房。1981 年 6 月商业大街馆舍落成,建筑面积为 1100 平方米。1991 年撤县建市后,更名为普兰店市图书馆。1996 年 12 月现馆舍竣工,次年 3 月投入使用。

多年来,普兰店市图书馆秉着"文化为民、文化惠民"的服务理念,逐年积累,滚动发展,不断更新改造设施设备,优化美化借阅环境,大幅度增加馆藏数量,收集地方文献,开展服务品牌创建,以宣传周、世界读书日、寒暑假为契机开展内容丰富、形式多样的读书活动,引导市民走进图书馆,利用图书馆,受益于图书馆。

普兰店市图书馆在新增藏量采购中,注重结合本地区经济社会发展特点,处理好科研与休闲、藏与用的比例关系,优先增加农业、轻工业文献藏量,特别是本地区服装、电器、啤酒等优势产业方面的专业文献,加大地方文献收集,组织二次文献编辑,突出为经济服务,突出提高市民科学文化素质和精神文明建设。

普兰店市图书馆是第一个加入大连地区一卡通工程的成员馆,文献信息实现了采访、编目标准化管理,文献资源实现免费开放借阅。馆内设置有报刊阅览室、盲文借阅室、科技咨询室、电子阅览室、自修室、综合借书室、少儿阅览室、少儿借书室、青少年科普基地、影视厅、市民大讲堂等服务窗口。阅览室设有老年人、残障人和外来务工人员阅览座席,借书室设有外来务工人员借阅专架,改造、更新了特殊人群必备的设施设备。开展电话续借、电话预借、送书上门、文献检索、代找代查、解答咨询、课题服务、文献复制等服务,为地区学习型社会建设发挥了积极作用。

近年来,普兰店市图书馆采用"请进来与走出去"相结合的方式,不断提升公共文化服务水准,打造特色文化服务品牌,先后创建了"爱心育苗""科普基地""市民大讲堂""图书馆分馆"等品牌服务。

创建"爱心育苗"工程品牌服务,既强化了阵地建设,又完善了未成年人思想道德建设工作,构建了学校、家庭、社会"三位一体"的教育网络,引导寒暑假学生的流向,为促进未成年人全面健康成长做出了积极的贡献。

普兰店市图书馆开展元宵节谜语竞猜读者活动

创建"科普基地"服务品牌,普及科技,服务三农。利用馆藏资源,编印三种二次文献剪辑资料,服务农业、服务农村、服务农民,每年共编印剪辑 18 期,印发科技资料近 2 万份,参加科普大集 6 次,跟踪服务 20 项,解答咨询 800 多条,建立科技服务站 6 个,科技图书流动站 26 个,流动图书 3 万多册,建成全市农村服务网络,扩大了服务覆盖面,使服务贴近实际、贴近农民。

以科普基地为阵地,组织开展少儿科技制作、举办基本科学素养知识竞赛、开展科普展品和仪器动手体验、举办科普知识图片展或科普新书展等活动,引导青少年阅读科普图书,不断提高科学素养。

普兰店市图书馆在农村小学
分馆开展读者活动

创建市民大讲堂公益服务。聘请专家农艺师到田间地头,亲自传授各种农业知识,开展各种种植养殖技术讲座;结合未成年人的认知特点,邀请著名学者来馆做"读书与做人""未成年人礼仪""中小学生社会道德""中小学生遵纪守法""学习雷锋报告会"等讲座;面向市民开展"电脑操作讲座""女性健康讲座""心理讲座""科普讲座"等。

建立分馆品牌服务,延伸服务触角。普兰店市图书馆在农村小学建立了5个分馆,针对学生阅读需要配送图书、期刊3万余册,还定期在分馆开展形式多样的读者活动,如阅读推广、集体阅读、读书知识竞赛、读后感征文、读书心得交流、新书采购意见征求等活动,丰富了农村少年儿童文化生活,开拓了他们的视野。

随着实现普湾新区与金州新区合并成立"金普新区"(国家级新区)的行政区划重组,普兰店市图书馆与金州区图书馆、开发区图书馆共同成为即将建成的普湾新区大连图书馆分馆。普湾新区大连图书馆占地45 400平方米,建筑面积39 933平方米,建成后将成为"金普新区"中心馆,服务31个街道,近百万人口,城市功能的提高必将使普兰店市图书馆如一枝出水的莲花,为新区、为莲城增添一抹亮丽。

辉煌的"五个"图书馆
——走进瓦房店市图书馆

瓦房店市图书馆位于北共济街 3 段 25 号,现在这座图书馆是于 1993 年建设起来的,建筑面积 3700 平方米,馆藏图书 56 万余册,周开放时间 60 个小时,拥有阅览座席 360 个,联系电话 0411 – 85636007。

远远望去,瓦房店市图书馆矗立在市中心的街心公园之中,一条蜿蜒的小河在面前流过,周围郁郁葱葱的梧桐树和青松簇拥着图书馆大楼。这是一座四层仿古建筑,墨绿色的琉璃瓦飞檐而出,让人不由想起庄重、神圣的知识殿堂。

瓦房店市图书馆馆舍

拾步进入图书馆,随手便可拿到《瓦房店市图书馆简介》。上面介绍了瓦房店市图书馆(原复县图书馆)创建于 1978 年 6 月,前身是复县文化馆图书组。创建之初,只有 200 平方米,藏书仅有 1 万余册。多年来,瓦房店市图书馆一直坚持"读者第一,服务至上"的服务宗旨和"以人为本"的办馆理念,快速、稳定地发展瓦房店市图书馆事业,得到广大市民的认可和赞许。现在，瓦房店市图书馆拥有馆藏文献56万余册，其中电子文献19万册，持证读者2万余人，被文化部评定为"一级图书馆"。

走进馆舍大门，首先映入眼帘的是一座大型云石景观石，上面雕刻着"阅读，积聚正能量"，让刚踏进图书馆的读者有一种积极向上的感受。一楼大厅左侧展柜里摆放着国家级非物质文化保护遗产——辽南皮影和辽南剪纸，右侧展柜摆放着《瓦房店人才文库》书籍和家谱。展柜展出的书籍和物件反映了瓦房店地区的文化底蕴和瓦房店市几百年的历史。

瓦房店市图书馆内景

大厅右侧是报告厅，在这里举办的"市民传统文化讲堂"系列活动总是能吸引大批读者。走出报告厅，便可来到综合阅览室。阅览室安静、明亮、舒适，共有400余种期刊报纸供读者阅读，是令人十分惬意的阅读场所。走进少儿部，一排排整齐的书架上，摆满各种类型的图书，每个书架旁都有小读者和家长们在认真仔细地挑选喜爱的书籍。同时，少儿部还为幼儿开设了半封闭的活动区，里面配备了低幼读物和专供低幼儿童玩耍的区域。看到祖国的花朵能够在这样一个环境中成长和学习，让家长们感到万分欣慰。

走上二楼，左侧是读者服务工作部，右侧是自学室、多媒体阅览室和办证处。读者服务工作部是向成人读者提供图书外借和阅览的部门，宽敞、绿意和书香是读者们对这个部门的第一感受。尽管读者络绎不绝，工作人员却始终保持微笑，有条不紊地接待每一位读者。自学室、多媒体阅览室和办证处则使人产生一种重返校园的错觉，百余个座席无一空缺。一边是学生们在安静、明亮的环境下埋头苦读，另一边则有二十几个读者在电脑前认真听辅导老师讲解电脑知识。在图书外借室,总会寻到一个安静的角落,让人捧起一本喜爱的书,置身于舒适的环境里,瞬间沉醉在物我两忘的境界之中。

现在的瓦房店市图书馆无论从设施、环境,还是服务水平都已经达到发达城市图书馆的水平,并逐渐形成了独具风格的特色服务、活动服务和品牌服务,如"兵妈妈"报告团、市民传统文化讲堂、"国学"进军营、"爱心"读报团、少儿吟唱团等。这些

"市民传统文化讲堂"活动现场

服务都已成为瓦房店市、瓦房店市图书馆一张张闪亮的文化名片,部分服务受到中央电视台、《解放军报》《辽宁日报》《大连晚报》等新闻媒体报道。

图书馆的发展与进步离不开全体员工做出的巨大贡献,他们用自己辛勤的汗水和不懈的努力给全市读者带来良好的阅读环境和高质量的服务。面对即将到来的"十三五",瓦房店市图书馆更加明确地描绘出"五个图书馆"的发展蓝图,即学习型图书馆、服务型图书馆、知识型图书馆、信息型图书馆和创新型图书馆。在今后几年的工作中,瓦房店市图书馆将把增加开放面积和加快建设数字图书馆作为工作努力的方向,这样才能接纳更多的读者,更加方便、快捷地为读者提供优质服务。

温馨的心灵家园
——走进庄河市图书馆

作为庄河市标志性的公共文化设施——庄河市图书馆,地处市中心,位于市政府北侧,新华路南段 7 号,建筑面积 5065 平方米。庄河市图书馆现为一级图书馆,是庄河地区科学、文化、教育机构的重要组成部分,以及文献信息搜集、典藏、流通、服务、馆际互借、辅导协作的藏书和交流中心。

庄河市图书馆现有藏书 15 万册,阅读座席 500 个,年接待读者 15 万人次,年借阅图书 12 万册次,每周开馆 56 小时。庄河市图书馆以打造舒适的借阅环境、提供全方位的服务为宗旨,在全市搭建了以市图书馆为中心,包括乡镇图书馆、社区书屋、市图书馆城区分馆、农家书屋、中小学分馆、农家大院书屋的覆盖城乡的图书馆网,最大限度地满足不同层次人群对读书的需求。目前,庄河市图书馆的文献采访、编目、流通管理等业务工作全部实现计算机管理。先进的服务手段、丰富的服务内容和科学的管理方法使庄河市图书馆成为市民读书学习的殿堂。

庄河市图书馆采用大部制设置。少儿活动中心包括少儿外借、少儿阅览、少儿自习、低幼活动、亲子园地等,成人活动中心包括成人外借处、成人阅览、成人自学区、工具书查询室等。此外,还设有采编部、公共电子阅览室、共享工程活动室、市民文化大讲堂、网络与辅导部等。

庄河市图书馆紧紧抓住内部窗口建设和外部基层服务工作,做好"内外两条线,服务全方面"。

内部窗口拥有 15 万册藏书供读者选择,近 500 种报刊,集中央、地方重点报刊之大全,满足了市民增长知识、学术研究、阅读娱乐的需求;4000余种工具书,满足了市民解疑答难和查阅特殊文献的需求;典藏200余种报刊和500余种地方文献,可追溯服务至20世纪50年代。另有阅览自学座位500个,让广大读者拥有一片学习净土,让假日中的孩子们拥有第二课堂,找到完全属于自己的学习空间。

对外做好"双服务"。庄河市图书馆把服务阵地拉长,将服务对象从城镇、社区延伸至乡镇、村、中小学、军营、文化大院,形成图书馆服务的全覆盖,使国家倡导的服务农村、服务基层工作得以实现。庄河市图书馆通过送书进基层、举办形式多样的读书活动等全方位服务工作,使不同的服务对象真正受益。据不完全统计,几年来,庄河市图书馆为基层送书年均万册以上,开展活动年均10次以上,在庄河地区产生深远的影响。

几年来,庄河市图书馆初步形成了以"书香滨城、学无止境"为主题的全民读书月活动、市民文化大讲堂活动、农家书屋、中小学少儿图书馆讲演比赛和征文活动、农家书屋培训工程等具有代表性的、有影响力的品牌活动,为充分发挥阵地资源,吸引更多市民走进图书馆,搞好地区文化建设服务起到了积极的作用。

庄河市图书馆,是广大市民和读者终身学习的"大学校",是孩子们的"第二课堂"。这里的大门永远敞开,全体员工将以饱满的工作热情和文明规范的服务,让这里成为所有读者最温馨的心灵家园。

人流、书流、物流、信息流
汇聚的文化洪流
——走进大连开发区图书馆

大连开发区图书馆是大连开发区标志性文化建筑之一,总建筑面积2.8万平方米,2007年7月26日正式开馆。现有阅览座席1289个,计算机183台,50M宽带接入,采用Interlib图书馆集群管理系统。2009年,首次参加全国公共图书馆评估,被评为"一级图书馆",2013年再次获评为"一级图书馆"。

远眺馆舍,上升的广场中拔地而起的玻璃宫殿内,隐约可见空间网架体系的有力支撑,由七个阶梯状体块依地势跌落而组成的图书馆造型寓意通往知识殿堂的阶梯式屋顶,与雍容华贵的圆形歌剧院孔雀开屏式的屋顶交相辉映,彰显出整体建筑富丽堂皇、高贵典雅的气质和个性鲜明、卓尔不群的风度。

大连开发区图书馆馆舍

大连开发区图书馆的服务功能定位于面向市民、面向社区、面向政府、面向企业、面向学校提供多学科、多种文献载体的借阅及文献检索服务,同时提供智力开发、社会教育、学术交流、文化展示、职业培训及文化休闲等公益性的社会服务。

2009—2013 年,大连开发区图书馆新增藏量购置费 300 万元。截至 2013 年年底,大连开发区图书馆总藏量 81 万册,其中纸质图书 61 万册,电子图书 12 万册(件),中外文报刊 2000 余种,每年新增藏书 8 万册;数字资源总量为 9.8T,包括电子图书 9 万余种、电子期刊 8000 余种、音频资源 5 万余种、视频资源近 3 万部、图片资源 1 万余件,形成庞大的数字资源库群,内容涵盖哲学、法律、经济、教育、医学、工业技术、艺术、体育、文学、历史等几十种学科资源,几乎囊括了现有的所有学科门类。目前入藏中外文图书 419 350 种、813 425 册,中外文报刊 2930 种,视听文献 4766 种。

2011 年 5 月,大连开发区图书馆在东北地区首家引入 RFID 自助借还系统及设备,实现图书自助借还。2012 年年初,实现馆内无线网络全覆盖。2014 年,自动化管理系统由 IlasII 系统升级改造为 Interlib 图书馆集群管理系统,充分适应了大连开发区公共图书馆服务和发展的需要。

大连开发区图书馆主体建筑分为地下一层、地上五层,内部呈阶梯式金字塔型结构,业务功能布局采用国际上流行的藏、查、借、阅一体化开放服务模式。服务区域划分为:报刊阅览区、青少图书借阅区、社会科学图书借阅区、自然科学图书借阅区、多媒体阅览区、专题文献阅览区、盲人阅览室、读者活动中心、自习区等。此外,为发挥图书馆传播知识、继续教育职能,还设有国学培训教室、艺术培训教室、展览厅、报告厅;为开启少年儿童智力,设有低幼阅览区、少儿文献服务区、未成年人绿色上网区;为方便读者休闲、娱乐,设有超市、餐厅等配套服务设施。

2007 年 7 月开馆后,大连开发区图书馆实行对外免费开放,平均每周开放 61.5 小时。2009—2013 年,年均读者流通量为 1 470 987 人次,年均书刊外借量为 717 561 册次。2013 年,开通与大连市图书馆的馆际互借服务。建有社区、学校、企业、机关、部队、幼儿园等图书馆分馆 39 个。大连开发区图书馆年均网站访问量为 211 008 次,通过网上资源浏览、论文检索、视频观看、考试模拟等多种形式,满足各个层次人

大连开发区图书馆免费公益讲座
"市民文化大讲堂"活动

群的学习需求。2009—2013 年,大连开发区图书馆年均举办讲座、展览、培训、阅读推广等读者活动 150 余场,年均参与人次 6 万余人次。

大连开发区图书馆常年举办丰富多彩的读者活动,其中"市民文化大讲堂""春节名家现场送春联""元宵节灯谜有奖竞猜""重阳书寿敬老书法大赛""《三字经》深读精讲""千人读书分享"等品牌活动深受群众欢迎,吸引了大量市民参与。

2007 年至今,大连开发区图书馆共获得各种表彰、奖励 31 次,其

大连开发区图书馆
"春节名家现场送春联"活动

中,文化部表彰、奖励 2 次,省级部门表彰、奖励 4 次,其他奖励 25 次。

未来三年,大连开发区图书馆将以"内涵发展和质量提升"为目标,加强馆藏资源建设,力争将大连开发区图书馆建设成为新区文化信息中心和市民休闲娱乐中心,为政府机关、企事业单位和广大市

民提供信息服务和智力支持。积极拓宽图书馆服务范围,到 2017 年,建成覆盖城乡、资源共享的公共图书馆网络,通过先进的服务手段、现代化的技术,把图书馆的资源与服务延伸至基层。举办各类品牌文化活动,引导社会形成良好的读书风尚,提升市民的文化素质。加强国际交流与合作,在与美国、韩国等国家和地区图书馆建立友好合作关系的基础上,进一步与国际知名图书馆友好往来,在服务和管理上与国外图书馆接轨,打造国内一流、国际先进的图书馆。

百年书香 绽放金图
——走进金州图书馆

　　乘上 103 路公交车,在一〇八中学站下车,向北步行百米,便来到了金州新区永安大街 888 号,金州图书馆就坐落在这里。其建筑面积达 8313.60 平方米,拥有阅览座席 520 个,计算机 126 台,现有藏书 256 683 册。每周二至周日(8:30—16:30)免费对外开放,想了解更多信息和获取服务可以登录官方网站(www.jztsg.com),或拨打服务电话 0411 – 87868819。

　　金州图书馆毗邻金州青少年宫、金州博物馆,东望一〇八中学,南侧与新建的金州区公共汽车站遥相呼应。独特的地理位置形成了良好的文化传播圈,方便为各个层次、各个年龄、各种类型的读者服务。远远望去,金州图书馆好似一本横卧的大书,等待人们翻阅其中的智慧,外形简单又不失大气,樱花红的大理石包裹在外,增添了一份淡然与宁静。楼体的正面呈现阶梯状图案,静静地讲述着"书籍是人类进步的阶梯"。作为城市文化内涵和文化品位的重要象征,金州图书馆一直极力为广大市民提供新的娱乐休闲方式与场所、传播优秀的科学情报,努力扮演好市民"第二大课堂"的角色。

金州图书馆馆舍

　　金州图书馆创办至今已百年,最早始建于 1916 年,由曹德鳞、王永江、曹世科等人创办"金州简易图书馆",1932 年迁入刘心田纪念馆内,同时易名"金州南金书院图书馆"。1949 年 11 月,藏书全部移交旅大图书馆。1956 年 6 月 30 日,正式成立"金县图书馆",为全国首批县级图书馆。"文化大革命"期间停馆。1981 年复馆。1987 年撤县改区,称为"金州区图书馆"。2010 年 4 月,金州区和大连开发区合并,更名为"大连金州图书馆"。

经历了百年的风雨变迁,金州图书馆一直本着"读者至上,服务第一"的办馆理念,近年来,图书馆不断深化服务意识,大力加强图书馆阵地服务,推广流动服务,向基层、社区、学校延伸服务触角,不断完善公共图书馆服务网络和功能。目前,已经建立流通站 10 家,并与金州沈联干休所建立了馆外服务点,与大连市一〇八中学义工社团等多家单位建立长期合作关系,开展多项活动。

2012 年加入一卡通工程服务网络,参与统一联合编目,实现通借通还、馆际互借、网上预借等推广服务,对本地区图书馆服务网络实施规划并参与管理,取得良好成效。

千年古城金州可谓是大连历史文化之根,其发展过程中留下的文献资源弥足珍贵,保护并传承这些文化便成为图书馆工作的重中之重。1916 年至今,金州图书馆通过民间搜集、捐赠等形式积存了一批古籍。现存古籍(包括民国时期文献)大约 6000 余册。2012 年,设立了金州图书馆古籍特藏室。

近几年,金州图书馆向 84 家农家书屋配送图书 10 余万册,不定期进行调查与指导,进而提升农民朋友的精神文化生活,实现农村的文化共享。

金州图书馆内古韵十足又不失时尚气息的内部设计吸引着读者在此择席而坐,品味书香。这里共分四层,有少儿借阅室、成人外借室、期报刊阅览室,全部采用开架阅览方式。每个阅览区外的存物箱,加之点缀在阅览区的绿植,让每一位读者都能体验到图书馆贴心的服务和舒适的环境。

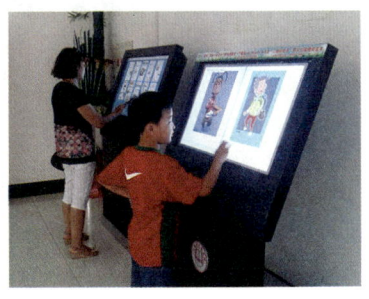

读者正在使用触摸屏阅读机

金州图书馆的业务系统采用 SIRSI 系统,由专人对文献资源进行采访、编目、流通,很大程度上降低了资源丢失以及损坏造成的影响。

除了传统的纸质图书阅读方式,电子阅读越来越受到读者的青睐。一楼共享大厅的两台触摸屏阅读机总是吸引读者驻足。通过指尖的点击、滑动就能获得自己想要的知识,还可以将喜欢的图书"扫进"手机,打造属于自己的"随身图书馆"。

细心的读者会发现,视听阅览室就设在图书馆门口,免去了视障人士上楼的不便。卫生间里还设置了视障人士专用坐便与扶手,极力为视障读者打造了一个无障碍的空间。

展厅和报告厅是图书馆举办大型读者活动的重要场所。在金州图书馆,一、二层的展厅,已经举办了多场面向社会的大型展览,三楼的报告厅经常与学校、企业、社会合作举办各类读书活动,今后还将邀请名家进行讲座,逐步扩大图书馆的服务范围与社会影响力。

古籍保护工作一直是金州图书馆的重要工作内容。先进的专业工具、完善的保护政策,确保了古籍保护以及推广工作的顺利进行。目前,已完成古籍的整理编目及登记造册工作。地方文献《易原窥馀》(王永江著)已完成数字化加工,并全部制作函套。

金州新区红旗小学在金州图书馆举行"诵读国学经典　传承华夏文明"
国学经典诵读活动

现阶段,金州图书馆已开通了微博,实现了网上续借、二维码借书,电子资源也日益丰富。许多读者不禁感叹:现在的图书馆真是越来越先进,越来越时尚!通过网络平台与读者互动,借助科技让读者更好地享受阅读,逐步成为金州图书馆打造特色与创新品牌的努力方向。

百年沧桑的金州图书馆让走过的风雨为她沉淀了历史,让沉淀的历史为她积累了前进的力量。这力量,让她的传统纸质文献与数字化信息兼收并蓄、共放异彩;这力量,让她的古籍网站建设不断加强;这力量,让她的虚拟信息服务依托网络传播技术更加丰富、深入;这力量,让她与市内各图书馆、流通站、学校等机构的联系更加紧密;这力量,让她满足社会需求的文献信息服务能力,强,再强!可以相信,金州城市图书馆在迈向未来的发展中,将与当地的经济、政治、文化协调互动,以文化自觉和文化自信步入下一个百年辉煌!

落入寻常百姓家
——走进沙河口区图书馆

连续五次被文化部评为"一级图书馆"的沙河口区图书馆位于大连市沙河口区西南路726号。馆舍面积6324平方米，馆藏图书43万余册，其中，纸质文献37.9862万册，电子图书4万册，电子期刊3000种（册），阅览座席396个。全馆开设少儿书刊借阅室、成人图书外借室、成人报刊工具书阅览室、电子阅览室、自学室、盲人及盲文有声读物阅览室等多个服务窗口，拥有13家分馆。实行藏、借、阅合一的大开间、敞开式服务布局，体现了现代化图书馆服务工作的开放性、多元性、多层次性。跟随着时代的脚步，沙河口区图书馆在坚持传统服务模式的前提下，充分利用网络媒介打造了更为广阔的读者服务的平台，先后建立了沙河口区图书馆官方网站（http://www.dlshklib.com）、微信公众平台（微信公众号 shklib）、新浪官方微博、QQ读者群（254807234）等。开设图书馆联系电话0411-84502142、84502143，每周开放60小时，双休日、节假日不闭馆，乘坐31、33、37、39、505、701路等公交车均可到达图书馆。

沙河口区图书馆东临大连市交通大学，西临辽宁师范大学，再加上环绕在图书馆四周的中小学校，共同构成了沙河口区文化教育中心。有围墙的大学与没有围墙的大学图书馆——相得益彰，让西南路大街时时散发着浓郁的书香气味。同时，图书馆与青少年科技中心连为一体，预示着一代科技天骄将在这里腾飞。楼前广场一尊名为"聆听"的塑像，告诉人们在这里可以聆听智慧的声音，感受知识的魅力。楼内大厅及楼梯的墙面上一幅幅古今中外名人画像，让读者一走进图书馆就置身于浓厚的文化氛围之中，优雅、闲适、恬静的环境深深触动每一位读者的心灵。

沙河口区图书馆馆容馆貌

56 年的风雨历程,让沙河口区图书馆成为了时代变迁的见证人。她的前身是沙河口区文化馆图书阅览室,创建于 1949 年 4 月 1 日,面积约有 25 平方米,藏书只有 200 册。1960 年在原图书阅览室的基础上,建立了沙河口区图书馆。1989 年,区政府决定将建筑面积为 2600 平方米的黑石礁西村 11 号区政府新建招待所划归图书馆使用,从此沙河口区图书馆获得了新生,开始走向稳步发展。1997 年区政府与文体局投资 177 000 元,从深圳图书馆购置了"图书馆自动化集成管理系统"(ILAS),使图书馆实现了采访、编目、流通自动化管理,从此告别手工操作时代。2001 年冬,一所充分体现城市特色和时代精神的现代化大型公共图书馆——沙河口区图书馆新馆拔地而起。这是一座庄重厚朴的知识殿堂,这是一座为每个沙河口人架起的进步阶梯。新的馆舍、新的起点、新的机遇,让沙河口区图书馆充满了新的希望、新的生机和新的挑战。实践"一流的馆舍,一流的藏书,一流的队伍,一流的服务"的办馆理念,成为沙河口区图书馆服务于民,方便于民的动力和鞭策,正是这种动力推动着沙河口区图书馆的服务走向了大众,走向了社区,走进了百姓的家门口,使"文化惠民"由一句口号变成了现实。

当你漫步于沙河口区的街道、小巷,你会发现不同规模的大大小小图书馆、图书室比比皆是,每个社区的办公楼内都会有那么一个小小的,却十分安静的角落,这个角落里有书、有报、有刊,是社区居民最喜欢光顾的地方。沙河口区人口68万,分布在9个街道,89个社区。人口众多,居住分散,让许多热爱读书的人对全区仅有的一所公共图书馆望而生叹。服务的局限性制约了图书馆职能作用的发挥。面对服务的缺欠,沙河口区图书馆人拿出了他们勇于创新、敢为人先的精神,本着以人为本、公平服务的思想理念,积极探索图书馆服务的新模式,延伸服务触角,拓展服务领域,变"静态服务"为"动态服务",率先在全省建立了以区图书馆为总馆,街道建分馆、社区建图书室——总分馆制三级公共图书馆服务网络。在街道、政府、部队、医院、养老中心等建立了13个分馆,在89个社区建立了社区图书室,在20个社区养老中心、外来务工人员集中地建立了爱心图书室,图书馆的服务覆盖全区。

"夕阳红"电脑培训

"好书,能带给你梦想;好书,能帮你找到实现梦想的路径;好书,让你一生受益;好书,让你终生无憾",这是一位读者在参加沙河口区图书馆"佳书感悟"读书征文活动中发出的感叹。自2008年第13个世界读书日起,沙河口区图书馆纪念世界读书日

"佳书感悟——读书征文活动"已举办了七届。七届"佳书感悟"共收到征文3600余份,已成为沙河口区全民读书活动的一个品牌,推动了沙河口区全民读书活动的广泛深入开展。连续4年的"夕阳红"老年电脑免费培训,为中老年朋友架起了与远在外地儿女沟通的桥梁,也

让中老年朋友跟上了时代的步伐。

　　图书馆的未来将是数字时代、互联网时代。以信息高速公路和多媒体技术为标志的信息技术革命将图书馆推向自动化、电子化和数字化的发展方向。沙河口区图书馆将在迅猛发展的数字图书馆时代,整合馆藏资源,打造社区图书馆(室)数字平台,让图书馆服务真正走进百姓家门口,真正实现不出家门便可享受到公共图书馆服务的宏伟蓝图。

海岛的文化使者
——走进长海县图书馆

长海县地处黄海北部,由岛屿组成,陆域面积 119.24 平方公里,海域面积 7720 平方公里,县辖 5 个乡镇,人口 72 800 余人。长海县图书馆就位于县城所在地大长山岛镇。

长海县图书馆馆舍

长海县图书馆是一所综合性公共图书馆,成立于 1950 年。1978 年独立建馆,面积 400 平方米。随着人们对知识的渴求和社会的发展,长海县图书馆的发展逐渐落后于本地区的总体发展。为此,长海县委、县政府决定新建一所功能完备、设施齐全的现代化图书馆。长海县图书馆新馆坐落于大长山岛镇塔山 D 园 3 号,1999 年 11 月破土动工,2001 年 10 月竣工,2002 年 2 月举行了新馆开馆典礼仪式,占地面积 1615 平方米,建筑面积 2565 平方米,阅览座席 200 余个,全馆藏书全部开架借阅。新馆设有 6 个部门:采编部、少儿外借部、成人文学外借部、成人综合外借部、电子阅览室和辅导部。

近几年来,长海县委、县政府十分重视图书馆事业的发展,加大投入力度。2012 年财政补助经费 171.5 万元,其中购书专项经费 16 万元(含 3 万元报刊费),新增馆藏购置费 16 万元。截止到 2012 年年底,长海县图书馆总藏量 9 万余册。计算机 36 台,其中供读者使用 20

台。现有职工 8 人,全部为大专以上学历。2004 年和 2009 年,长海县图书馆两次参加全国公共图书馆评估定级工作,并被评为"二级图书馆"。

多年来,长海县图书馆坚持科学管理带队伍、科学管理求发展,并取得了较好的效果。采取按编聘用、按需设岗的方式,遵循公开、平等、择优的原则,建立以聘用制为核心的岗位管理制度,实行"全员岗位聘用",按需设岗,择优上岗,优胜劣汰。制定年度业务工作管理目标和考核考勤制度,按照馆员在履行职责中的德、能、勤、绩进行全面考核,每月对职工进行考核。以上举措增强了职工的工作责任感,促进了图书馆业务水平的提高,使图书馆的服务管理工作跃上了新台阶。

多年来,长海县图书馆始终坚持"读者第一,服务至上"的服务宗旨,秉持"开拓创新、真情服务"的办馆理念,实行全年免费开放,为广大读者提供高效、均等的服务。2012 年,长海县图书馆图书外借 15.4 万册次,接待读者 16 万余人次。

让每个人都走进图书馆,推行图书馆免费开放,真正惠及百姓。2010 年,长海县图书馆实行公共空间设施场地、服务项目全部免费开放。免费开放不仅方便了读者,提高了读者的到馆率,更重要的是实现了图书馆公益性的回归,实现了公益性文化资源全民共享,保障人民群众文化权益的具体实现。

小学生暑期"智力拼图"活动

突出人性关怀,为特殊群体服务。一直以来,长海县图书馆坚持为行动不便的残疾人送书上门,增订老年人喜爱阅读的报刊品种,以"未成年人思想道德教育基地"为平台在青少年中开展各种活动,为特殊群体提供知识帮助,已成为长海县图书馆的特色服务工作。

开展全民阅读活动,培养阅读兴趣。为充分发挥图书馆在公共文化服务体系中的积极作用,在全民阅读活动月、图书馆服务宣传周期间,长海县图书馆利用"4.23 世界读书日""五四"青年节等开展多种形式的阅读活动。2012 年,长海县图书馆共举办各类读者活动 22 次,参加活动人数达 10 519 人次。

受地理位置与交通条件的影响,长海县图书馆主要是以阵地借阅服务为主,读者流动量不大。为进一步扩大服务受众范围,长海县图书馆不断拓展服务内涵和方式,着力加大基层服务力度,切实走进乡村、走进社区、走进学校、走进工地、走进工棚、走进农家书屋,自 2012 年至 2014 年上半年,共开展各类服务 60 余次,开创了基层文化工作的新局面。

走进农村,走进渔家。现阶段,长海县正处于区域性旅游大开放、大开发、大发展的历史性时期,吸引了众多游客进入长海县。为此,长海县图书馆深入渔家调查,根据游客的需求,为游客提供地方文献、历史资料等文献服务;结合海岛区域特点和实际情况,开展科技图书下乡服务,让广大渔农民不断得到文化上的充实,用知识武装头脑,感受先进科学和现代文明。

走进农家书屋。长海县图书馆克服岛屿分散、交通不便的困难,为全县农家书屋开展辅导和培训。2012 年至今共开展集中和分散式辅导 5 次,培训 56 人次,有效提高了农家书屋专业管理人员的业务素质。

走进学校。为加强未成年人思想道德建设工作,长海县图书馆除了在馆内开展未成年人活动以外,还深入各乡镇中小学校开展活动。2013 年,大连市少年儿童图书馆在长海县 3 所学校建立了少儿分馆。为充分发挥大连市少年儿童图书馆的资源优势,长海县图书馆工作人员不辞辛苦,跨海乘舟对学校负责分馆工作的老师进行培训,两年来共下乡开展培训和辅导 18 次,使少儿分馆尽快投入使用,让海岛的孩子们也像城里人一样享受到优秀的文化资源,切实将加强和改进未成年人思想道德建设工作落到了实处。

走进工地、进走工棚。开展为农民工服务是对外来务工人员上门服务的重要举措。2014年，先后3次为农民工开展安全施工意识讲课，让他们树立责任重于泰山的意识，克服麻痹大意的思想。

几年来，长海县图书馆逐步形成了实用性强、特色明显、结构合理、动态开放的知识和信息资源体系。注重地方文献征集工作，做到"专门经费、专柜管理、专人负责、专门目录"，目前已收集地方文献373种、724册。加大数字化建设力度，采访、编目、

图书馆馆员正在培训"义务小馆员"

流通、检索等全部实现自动化；2011年8月加入大连市数字图书馆"一卡通"工程，实现通借通还，资源共享；实现馆藏中文文献书目全部数字化，外购数字资源总量达4.2TB；2012年上半年，成功通过中国互联网信息中心域名注册，建立长海县图书馆网站，让读者随时了解图书馆最新服务动态，在线浏览电子图书、文化信息共享工程等数字资源。

未来几年，长海县图书馆将本着"读者至上、服务第一"的服务宗旨，发扬改革创新、求真务实精神，健全管理制度，凝聚团队力量，坚持图书馆正确的发展方向，不断拓展服务功能，提高馆员的综合能力，发挥图书馆的潜能，开展创新服务，探索服务工作新途径。到2020年，力争使馆藏总量达到20万册，年接待读者12万人次，文献年借阅16万册次。在现代化的条件下，长海县图书馆将建立完善的地方文献保障体系，通过计算机应用、文献数字化以及远程通信技术实现地方文献数据库资源共享。

与书为伴，给梦想插上智慧的翅膀
——走进大连市少年儿童图书馆

　　"你给了我想飞的愿望，你给了我能飞的翅膀，无论我走到天涯海角，我的人生之旅是从这里启航"，这是一位喜爱读书，又始终关注大连市少年儿童图书馆建设与发展的长者，在五十年馆庆时饱含深情写下的一段话。这也道出了那些曾在少儿图书馆里与书为伴，度过自己童年时代的人们的心声。

　　大连市少年儿童图书馆，坐落在大连市区中心的人民广场附近，北临市政府，西毗市青少年宫，东、南两侧是居民区，周边路经的十余条公交线路设有车站停靠，使得家住市内四区的市民，无须换车即可抵达，交通非常便利。该馆是大连地区最早成立、也是唯一一所面向城乡少年儿童（学龄前儿童、中小学生）、教育教学工作者及家长提供文献阅读和知识咨询服务的社会文化教育机构。前身

大连市少年儿童图书馆外观

是日本南满洲铁道株式会社在电气游园(西岗区更新街 1 号,原大连动物园)中心建立的报纸杂志阅览室,始建于 1913 年 6 月 3 日,建筑面积 241 平方米。而后几易其名,1956 年 3 月,经旅大市人民政府批准,被命名为"旅大市少年儿童图书馆",服务对象为中小学生和教师,馆藏文献 35 153 册。现馆址位于大连市西岗区纪念街 1 – 1 号,建筑面积 6480 平方米,是一幢红瓦黄墙、中心为玻璃屋顶大厅、具有欧派风格的建筑。

　　大连市少年儿童图书馆整体建筑分为地下一层,地上两层,局部四层。在服务布局上采取国际通行的借、阅、藏、咨一体化全方位大开架的文献流通服务模式,依据读者年龄特点和业务功能梯次化划分服务区域,利用馆舍空间和现代化设备,突出舒适性和便利性;地下室设有基藏书库和分馆图书调拨书库,一层设有低幼借阅室、悦读宝贝亲子体验中心、明德英文图书馆、视听资料借阅室、学习体验区、科普活动室、总服务台、办证处及分馆图书调配室等窗口;二层设有小学借阅室、中学借阅室、综合阅览室;三层为培训教室;四层是报告厅。无论是整体环境还是内部功能,都能体现出现代化基础上的童趣与知识相结合的特点,最大限度方便读者利用。外借书库宽敞、明亮,并设置桌椅,让读者随时浏览图书;阅览室环境舒适温馨,全部采用适合少儿的低矮书架,按学科或内容划分区域,便于读者按需选择,并重点建设、精心布置了具有时代特点、适合读者新需求的特色服务窗口;大厅还设置了自助查询机、LED 系统和电子读报机、自助还书机等;2012 年起,大连市少年儿童图书馆实现了无线网络全覆盖。全馆实现无障碍、零门槛,所有馆藏文献无偿向未成年人读者

大连市少年儿童图书馆小学借阅室

及家长、教育工作者均等开放，免费为读者提供公共文化服务。开通网上图书馆，为读者提供电子图书、期刊、自建数据库在线浏览。读者通过网站（www. greengarden. org. cn）、公众微信平台（服务号"大连少儿图书馆"），了解图书馆最新动态。

大连市少年儿童图书馆现馆舍于 1997 年 12 月 27 日正式开馆。2008 年进行较大规模的馆舍维修升级改造工程后，馆舍使用面积增加了 800 余平方米。截止到 2014 年 11 月底，大连市少年儿童图书馆总藏量达到了 144. 4 万册，持证读者约 11. 5 万人，年接待读者 115. 7 万人次。馆内有 505 个阅览座席，馆外建有 108 个分馆（馆藏地）、60 个流通站，配备了 1 辆流通服务车。2014 年，新增藏量购置费 360 万元，新增藏量 20. 3 万册。在以往四次评估中，大连市少年儿童图书馆均被评为"一级图书馆"。

2008 年，大连市少年儿童图书馆实现了以 Interlib 图书馆集群管理系统为基础的图书馆数字化和资源共享。数字资源总量已达 12 万种，22 万册（集），总容量为 16TB。自建数字资源包括互动电子书、馆藏期刊数字化建设、视频点播系统及有声读物，还外购了如中小学阅览室、中少快乐阅读平台、博看期刊平台、外研社外语平台等当下广受读者欢迎、内容齐全的数字资源，以远程、快速、全面、有序、智能、优质六大服务特色，给读者带来全新的电子阅读体验，形成了以目录管理为核心、以互联网为运行环境的图书馆资源体系。

大连市少年儿童图书馆始终坚持"读者参与、读者受益、读者满意"的服务理念，以免费服务为基本点，坚持"开放、共享、平等、公益"的工作方针，坚持"主动、开放、专业、便利"的读者服务工作方向，努力满足不断变化、多元且个性化的读者需求，立足于做实事、做成事、做广大读者满意的事，充分利用先进技术设备，不断完善借阅服务功能，相继推出多项便利读者的服务措施，提高服务效率。

大连市少年儿童图书馆采取总分馆开馆时间相互交错的作息制度，即周三到周日总馆开馆，周一到周五分馆开馆，目前总分馆开馆时间已达到了 365 天无闭馆日，平均每周开馆 56 小时。

大连市少年儿童图书馆从 2006 年就与大连市慈善总会志愿者分会取得联系开展志愿者服务项目,志愿者队伍主要来自社会各企事业单位、本市部分大专院校及重点高中、本馆小读者中招募的"义务小馆员"和个人志愿者。大连市少年儿童图书馆积极组织开展了多项公共图书馆志愿者服务活动。2014 年,共组织开展文化志愿者服务工作 222 次,660 人参加。

在做好读者服务工作的同时,大连市少年儿童图书馆还积极努力打造读者服务品牌,总分馆服务体系建设和馆内读书活动就是其中重要两项。

大连市少年儿童图书馆的总分馆服务体系建设始于 2008 年,针对大连地区边远、涉农地区少儿阅读资源匮乏,中小学图书馆(室)藏书存量少且陈旧的现状,在市财政、文化、教育等部门支持下,以"构建具有大连特色的少儿图书资源全域共享服务体系"为目标,以选择先进合理的技术路线为基础,确定了构建"总馆—分馆—流通站—流动车"总分馆服务体系的发展思路。规划利用 5 年的时间,依托计算机技术、网络技术、通信技术等高新技术的结合,在全市城乡建立以总分馆制为主体(市少儿图书馆为总馆、城乡中小学校为分馆)、图书流通站及流动车为辅助的、资源覆盖侧重涉农、边远地区的少儿图书资源服务的网络体系。这个创新举措不仅突破传统图书馆建设模式,有效地节约建设投入和管理成本,提高图书资源的使用效率,最重要的是将全市少儿文献资源放在统一服务平台上进行流通,将服务的触角延伸到全市城乡各中小学校,实现少儿文献资源利用的最大化和最优化,满足全地区广大未成年人不断增长且个性化日益突出的多样化阅读需要,真正贯彻实施了图书馆"为人找书、为书找人"的读者服务宗旨,让偏远地区未成年人也享受到公共图书馆的免费开放服务,真正实现"普遍均等服务"的长远工作目标。经过几年的努力,大连市少年儿童图书馆的总分馆集群化服务体系已形成一定规模,实现了"一馆办证,多馆借书;一馆借书,多馆还书"的服务模式。2011 年分馆工作建设正式列入"大连市政府为民办 15 件实事"之一。

截止到 2014 年年底，大连市少年儿童图书馆共在大连地区建立 108 个分馆（馆藏地），偏远涉农地区分馆达 81 所，占总量的 85%。各分馆总馆藏达 80.71 万册，配送图书 138 万册次，相当于用 5 年的时间，建设了一个规模在 2 万平方米的少儿图书馆；设立智能书屋（自助借还机）8 个；分馆、图书流通车、智能书屋持证读者已达到 4.98 万人，借还图书 141 万册次，偏远涉农地区有近 10 万未成年人受益。已建图书流通站 60 个，5 年间为图书流通站送书 780 余次共计 24 万册，借阅图书 36 万册次。载有 2500 余册的图书流动车定时定点巡回服务，自 2010 年 10 月投入使用以来，已开通服务点 5 个，出车服务 306 次，借还图书 3.72 万册次。

大连市少年儿童图书馆对常年坚持开展的、深受读者欢迎的阵地活动进行整合，积极开展六大系列阅读推广活动，更加突出了活动内容的导向性、参与对象的指向性和活动策划的规范性，主要包括阅读欣赏系列活动、阅读指导系列活动、阅读辅导系列活动、培训系列活动、展览系列活动和"悦读宝贝亲子"系列活动。其中，阅读欣赏系列活动是从图书赏析的角度，引领小读者对某部图书进行具体评析，帮助小读者加深对书中内容的理解，培养他们的阅读感知能力、提高他们的审美情趣及阅读素养水平等，阅读内容主要有中外经典文学欣赏、优秀少儿英语展播等；阅读指导系列活动是以图书馆利用教育内容为主，活动方式更注重小读者的个人体验，从中感悟和掌握利用图书馆的技能，主要有义务小馆员实践活动、小读者采购团、新读者专题培训等；阅读辅导系列活动侧重阅读技巧、方法及阅读成果交流的介绍和讲解，通过专题讲座、专题活动、板报宣传等方式，让小读者学会如何丰富个人阅读经验，提高个人的阅读水平，主要有新书推荐、专题书评、主题书展、少儿朗读艺术沙龙等。每年年初，大连市少年儿童图书馆都会对读者活动进行精心周密的策划，并在图书馆馆网站和新闻媒体上进行发布，让读者能够根据自己的意愿和喜好来选择适合自己的阅读活动。孩子们通过参加活动，阅读能力和自主学习能力都得到了很大提高，变"阅读"为"悦读"，在读书活动中获得了乐趣，学会读书，爱上读书。

读者踊跃参与读者服务中心阵地活动

此外,由大连市少年儿童图书馆承办的大连市"共创明天"读书系列活动,由市文明办、文广局、教育局、科协、团市委、青教办等部门主办,自1995年开始每两年举办一届,每届一个主题,主办者始终坚持"读书、启智、助学、育德"的宗旨,以强化家庭亲子阅读、营造书香社会为目标,通过策划经典诵读、开设家长学校、举办读书讲座、评选书香家庭等内容丰富、形式多样、易于读者参加的主题活动,引导广大未成年人及家长走进图书馆、利用图书馆,不断扩大图书馆的吸引力和影响力。整个读书活动形式多样,内容丰富多彩,活动主题明确,互动性、参与性、实用性强。活动贴近社会热点、符合少年儿童的生理特点和心理特点,突出健康、快乐的理念,集知识性、趣味性、实用性于一体,引起了社会广泛关注。活动规模逐年增大、参与面逐年广泛、社会效益逐年提升。截至目前,共有来自近30多万个家庭、600所中小学校的80余万人次参与活动,其中年龄最大的读者74岁,最小的只有7岁,是大连地区内容最丰富、参加人数最多,影响最广泛的大型读书活动之一,先后5次获得辽宁省公共图书馆服务成果奖(一等奖3次,二等奖2次),并已成为大连市少年儿童文化活动的一个重要品牌,受到广大少年儿童及家长、老师们的欢迎,也得到了上级主管部门和全国同行的肯定和好评。

近年来,大连市少年儿童图书馆相继获得"辽宁省文明单位""全国红领巾读书读报奖章活动先进集体""全国文化工作先进集体""读者喜爱的图书馆"和"辽宁省家庭教育工作先进集体"等多项荣誉称号。2010年4月,获得中图学会颁发的"'全国少年儿童阅读年'最佳表演呈现奖"。2010年11月,获得大连市精神文明办、大连市建设学习型城市领导小组办公室联合颁发的"大连市全民阅读示范点"称号。2011年1月25日至26日,大连市文化广播影视工作会议召开,大连市少年儿童图书馆荣获"2009—2010年度全市群众文化'双百'活动先进单位"。2011年8月,获得由中图学会和中图学会阅读推广委员会青少年阅读推广委员会联合颁发的"'中山杯'全国青少年故事大赛优秀组织奖"。2012年5月8日,被《图书馆报》授予"少儿阅读专刊理事单位"称号。2013年,荣获全国图书馆联合编目中心2012—2013年度"数据质量优秀奖";荣获中国图书馆学会颁发的"'全国家庭亲子阅读推广月活动'优秀案例征集评选活动"二等奖;荣获中国图书馆学会"'未成年人服务论坛'案例征集活动"优秀奖;荣获"汇聚百姓梦,共圆中国梦"大型公益活动"大连十大助梦爱心企业"称号。2014年,荣获全国图书馆联合编目中心2013—2014年度"数据质量优秀奖""数据质量监督奖"。

大连市少年儿童图书馆将继续秉承"开放、共享、平等、公益"为宗旨,以保障青少年的基本文化权益为己任,以读者满意率为衡量工作的重要标准,以总分馆服务体系为平台,大力推进大连地区少儿图书资源全域共享工程,遵循"读者参与、读者受益、读者满意"为服务理念,开拓创新、锐意进取,为打造文化强市,建设更有质量、文化更具品味的富庶美丽文明幸福的大连,做出更大的贡献!

鞍山市

满载书香的钢城列车

——走进鞍山市图书馆

书声琅琅香阵阵，随风布散满钢城。鞍山市图书馆是辽宁地区创办较早的公共图书馆之一，其前身为满铁鞍山图书馆，成立于 1919 年，时隔 18 年改称鞍山市立图书馆。1948 年 5 月 5 日，鞍山市图书馆正式成立。

鞍山市图书馆是一辆满载书香的列车，不徐不疾行驶于钢城文化的历史长河。

鞍山市图书馆成立后，几易馆址，1989 年迁入现馆舍，总建筑面积 12 960 平方米，坐落于鞍山市繁华的胜利路南段，朝有晨光之熹微，暮有灯火之阑珊。在经过了近一个世纪的积累和沉淀后，鞍山市图书馆现有馆藏文献 140 余万册，古籍 26 355 册，其中善本 358 册。馆藏珍品以清代政、经、医、文等文献，地方文献，满铁资料，家谱资料为主。馆藏文献学科门类齐全，涉及中、英、日三个文种，馆藏体系完善而富有特色。

鞍山市图书馆馆舍建筑风格简单朴素，错落有致的外形设计寓意着"书籍是人类进步的阶梯"。走进鞍山市图书馆，一楼大厅正中的孔子像让人不由想起了"学而时习之，不亦说乎？有朋自远方来，不亦乐乎？人不知而不悦，不亦君子乎？"的君子

鞍山市图书馆馆舍

品行,"学而不思则罔,思而不学则殆"的治学之道。贴心周到的服务和静谧的阅读环境,平淡了城市的喧嚣与浮躁。在这里,无论是爽朗的清晨,还是漫长的午后,啜一杯香茶,捧一本好书,只求岁月静好,现世安稳,人生乐得自在。

鞍山市图书馆是一辆满载书香的列车,蜿蜒徘徊行驶于钢城文化的知识长廊。

作为鞍山地区中心馆和国家一级图书馆,鞍山市图书馆始终秉承"读者至上,服务第一"的宗旨,充分利用丰富的馆藏文献资源,为广大读者提供优质、免费的公益服务。

鞍山市图书馆现开设了自助图书馆、基藏外借处、电子阅览室、报纸期刊阅览室、未成年人阅览中心、专题文献阅览室、盲人阅览室等对外服务窗口,吸引了广大读者络绎不绝地来到图书馆阅读与学习。在人民群众精神文化需求日益扩大的时代里,鞍山市图书馆尽最大的努力满足大众读者的文化需求。年接待读者 22 万余人次、外借图书近 41 万册次的不俗业绩,承载着广大读者朋友对知识文化的强烈渴求,更饱含了鞍山市图书馆全体工作人员的辛勤汗水。

沿着楼梯一路向上,漫步在图书馆的长廊之间,品读着古今中外名人名言,观赏着楼层之间的汉字起源与发展图文展,犹如遨游在知识的海洋,深深地接受着文化的熏陶。如若细心,还可以发现两个外借书库的区别——一边依然保留着传统的借阅形式,借书和还书时读者需要持读者证将图书交由工作人员处理;另一边则启用了自助借还机,读者只需持有读者证,便可自行办理图书的借阅、退还以及续借手续。在传统借阅与现代化借阅之间,鞍山市图书馆展示出近年来积极探索的成果,让读者切身感受到科技发展为图书馆事业带来的巨大变化。

鞍山市图书馆是一辆满载书香的列车,停停走走行驶于钢城文化的坐标车站。

2008 年起,鞍山市图书馆在建立总分馆制基础上,率先建设了地区图书馆统一技术平台和总数据库。之后,开通了鞍山地区市馆与县市区公共图书馆的"一卡通"通借通还业务,将各县区馆并入"一卡通"联合借阅系统管理,8个党政军企分馆、100个社区图书馆、68家社区书屋、38个农家书屋、5个学校图书馆先后成为"一卡通"系统的家庭成员。读者在"一卡通"系统内的县区馆办理读者卡,便可以到

社区书屋并入"一卡通"联合借阅系统

成员馆借还图书。目前,各个图书馆可供读者借阅的文献资源总计超过300万册,读者持"一卡通"读者证还可免费阅览40TB的数字资源,10万册电子图书轻轻松松走出了图书馆,进入了各个社区,实现了"小馆舍、小馆藏、大资源"。

"一卡通"系统的建设与完善为鞍山地区资源共建、馆藏共享工作画上了浓墨重彩的一笔。在今后的工作中,鞍山市图书馆还将以建立和发展"图书馆联盟"为工作重点,以鞍山市图书馆为主体,联合鞍山地区高校图书馆、党校图书馆及各中小学校,共同推进"一卡通"系统建设,实现公共图书馆与高校图书馆的文献资源共享,进一步推进基于大图书馆概念的业务辅导与培训工作,让图书馆真正走近中小学生身边,让广大钢城市民从小就培养起爱读书、好读书、读好书的阅读习惯。

2008年起,鞍山市图书馆还尝试着进行本地区图书馆间文献资源的协作协调工作和特色图书馆群建设。2009年,鞍山市图书馆开始为7个县区图书馆订阅期刊和报纸,并实行文献资源的协调配送,根据每个分馆的实际情况为其配送一定数量、具有地区特色和分馆特色的文献资源。几年来,已初步形成了铁东馆以商贸经济为主,铁西馆以法律法规为主,立山馆以中小企业发展为主,千山馆以农业、旅游为主,

海城馆以农村经济、地域经济为主,台安馆以种植养殖为主,岫岩馆以岫玉、历史等为主的地区特色图书馆群布局,在钢城的每一寸土地上,文化之光星罗棋布,书香氤氲,浩如烟海。

鞍山市图书馆是一辆满载书香的列车,细心周到行驶于钢城文化的读者心间。

"全国全民阅读示范基地""省社会科学普及示范基地""市社会科学普及示范基地",新时代的图书馆文化建设,除了馆藏文献资源的基础建设工作之外,面向读者广泛开展阵地活动、网络活动,以及走出图书馆开展社会活动也是积极履行图书馆公共职能的重要形式。鞍山市图书馆每年开展鞍山文化大讲堂,为弱势群体服务、为领导决策服务、特色主题展览等读者服务活动 80 余项,近 10 万人参与,各类活动异彩纷呈,广大读者耳熟能详。

在"鞍山文化大讲堂"活动中,鞍山市图书馆秉承无门槛无限制的原则,到馆读者可以随意入席。每月第一、三周的国学讲座老少皆宜,在国学之风盛行的今天,主讲老师如沐春风的声音与细致入微的讲解,犹如为读者心中注入一壶剔透的清泉,播种下洋溢着暖意的正能量。每月第四周的《黄帝内经》讲座同样吸引着众多读者,主讲老师对《黄帝内经》的讲解,令读者对我国传统医学精华有了更为深入的研究,对自己的身体状况与治疗有了更加及时的了解。每月第二周的心理学讲座侧重于现代家庭的亲子教育和中高考学生的减压减负辅导,是现代家庭家长与孩子的福音。

熟悉图书馆的读者还会发现,林立在图书馆一楼大厅的展览板和鞍山市数字图书馆的网上展览也会定期推陈出新,有低碳节能环保的宣传,有中华民族传统节日的系列图文,有新版图书的推荐与介绍,有养生知识与中华传统文化。在图书馆与网上图书馆的展览活动中,鞍山市图书馆力求形式新颖、内容丰富、主题鲜明,既要满足大众读者的爱好与需求,还要引起更多读者的兴趣。

一年之计在于春,每年的 4 月、5 月,"鞍山市读书节"与"图书馆服务宣传周"都是鞍山市图书馆不可或缺的大型特色活动。届时,鞍山市图书馆全馆上下联动，举办了形式多样的大型文化活动，例如面向全市的征文和答题活动，举办一系列更具特色的专题讲座等，力求调动广大读者读书的积极性，普及更多的信息知识。

鞍山市图书馆"全国公共图书馆
服务宣传周活动"现场

鞍山市图书馆是一辆满载书香的列车，优雅悠扬行驶于钢城文化的网络空间。

数字图书馆建设与服务推广是现代图书馆发展的主流方向之一。鞍山市数字图书馆建设工作自 2005 年起步，迄今为止馆藏各类数据库 20 余个，电子图书 15 余万册，电子资源总量达到 40TB，积极开展了网上个性化服务活动，实现了虚拟服务与阵地读者服务、活动的有效连接，为提供全面、优质的读者服务起到了积极的推动作用，先后荣获了"国家数字图书馆建设推广工程试点单位""公共电子阅览室工程试点单位"的称号，被评为开展文化共享工程工作的"全省先进单位"。

随着数字化建设不断推进，图书馆数据库建设迎来新的时代，进入鞍山市图书馆数字图书馆网站，读者活动的通知跃然眼前，左侧是鞍山市图书馆整理与采集的鞍山地域文化、网上图片与多媒体展厅，右侧是鞍山市图书馆当日的重要新闻、"我的图书馆"登录界面以及与图书馆相关的重要链接。只要在"我的图书馆"登录界面输入读者证号与密码，便可登录到持证读者的个人信息管理界面，无论是借还书日期，还是图书检索，均一目了然。在数字资源统一检索平台中，无论图书、期刊、学位论文、报纸还是视频，读者只要在输入框内键入自己想查找的内容，便可查阅到馆藏数据库内的检索结果。

在使用者越来越多、利用率越来越高的发展趋势下，数字图书馆建设日渐成为鞍山市图书馆文化建设的重点。在纷繁芜杂的网络世界中，为广大读者在忙碌的工作与生活之余提供一处休憩的驿站、开拓一片心灵的绿洲，这不仅是广大读者共同的期待，也是鞍山市图书馆不断加强数字化建设的动力与目标。

阿根廷最伟大的诗人、小说家博尔赫斯说："如果真有天堂，天堂应该就是图书馆的模样。"图书馆素有"藏书万世，天下共读"之称，不仅是古今典籍的汇集地，还是引导全民快乐阅读的重要场所。充分发挥推进公共文化服务体系建设、丰富人民精神文化生活等方面的作用，是任何一个图书馆不可推卸的职责和必须履行的义务。在今后的工作中，鞍山市图书馆将继续引导并促进广大读者好读书、读好书，在全社会营造热爱阅读、尊重阅读、崇拜阅读的良好氛围，充分发挥图书馆在推进社会主义文化强国建设、提高全民公民道德素质和丰富人民精神文化生活等方面的重要作用，不断提升鞍山市图书馆在读者心目中的形象与地位，使广大读者进一步了解鞍山市图书馆的服务规范和内容，更好地享受优质服务。

鞍山市图书馆是一辆满载书香的列车，每一次历史沿革与变迁发展、每一份知识信息的共享与传播、每一处自上而下纵横交织的分馆建设、每一场读者服务与活动，都仿佛是一个个停靠的站点。它时走时停，将馥郁芬芳的书香散播在钢城的每个角落，让文化在钢城的土壤上生根发芽，让文化在钢城人民的心中传承与发扬，为建设"文明鞍山"贡献一份自己的力量，让"文明鞍山"在滚烫的铁水与沁人的书香中盛开出鲜艳的花朵，结出丰硕的果实。

书香钢城　文化铁东
——走进铁东区图书馆

　　铁东区图书馆始建于 1980 年,经过三十多年发展历程,馆舍面积达 2774 平方米,阅览座席 430 个,计算机 50 台,10Mpbs 宽带接入,现有藏书 20 余万册,年接待读者 15 万余人次,具有 Interlib 图书馆自动化集成管理系统,设有报刊阅览室、外借处、少儿阅览室、电子阅览室、自修室、采编室、微机室、办公室、鞍山作家书库、过刊室等部门,实行全年无闭馆日,每周开馆 60 小时,设有对外服务电话(0412 - 8773921),并开通了铁东区图书馆网站(http://www.aslibrary.com),服务覆盖全铁东区 56 万人口,是铁东区文化中心和精神文明建设的重要阵地。在全国县级以上公共图书馆评估中,铁东区图书馆被定级为"一级图书馆",是鞍山地区文化信息资源共享工程县支中心。

　　铁东区图书馆地处鞍山市文化中心,位于鞍山著名的烈士山公园脚下,群山环绕的铁东区图书馆是全区唯一一家综合性的公共图书馆。多年来,铁东区图书馆坚持正确的办馆方向,牢牢树立全心全意为读者服务的理念,立足当前并创造性地开展工作,在馆风、馆容及服务工作方面走在了行业的前列,在履行政府职能、维护群众的基本文化权益、提高群众科学文化素质、活跃群众文化生活方面起着重要

铁东区图书馆馆舍

作用。

为发挥图书馆的社会职能,促进铁东地区文化和学习型社会的建设,铁东区图书馆结合实际,切实增强工作的实效性,不断提高整体服务水平,提升馆员服务能级,建立健全服务规范,建立完善的科学管理体系,以求真务实的工作理念真正实现"一流的管理,一流的环境,一流的业绩,一流的服务"。

2013 年,铁东区图书馆建立以资源共享为目标,以提高服务水平为目的的图书馆"一卡通"服务网络,实现全区 14 个街道办事处、14 家高标准图书室、6 家农家书屋"一卡通"服务网络全覆盖。全区实现通借通还,极大地方便读者就近利用图书馆,使图书馆"以人为本"和"读者第一"的服务理念得到切实体现。

铁东区图书馆全面实现馆藏文献数字化建设,地方文献资源独具特色。为扩展服务功能、扩大服务领域,铁东区图书馆开设了电子阅览室,集阅览、咨询、培训、服务等现代化功能为一体,读者可以充分利用网络资源。铁东区图书馆地方文献资源建设在省内同级图书馆中处于领先水平,特色资源"鞍山作家文库"共收藏了 260 多位鞍山籍作家的各类文学作品 3872 部。

2013 年社区书屋建设工作启动以来,铁东区图书馆将社区书屋建设作为一项重要的惠民工程,从"建、管、用"入手,强力推进"书香钢城·文化铁东"社区书屋建设工作,高标准、规范化地全面完成了首批 28 家社区书屋的建设任务。

2009 到 2012 年,铁东区图书馆发挥地区图书馆的社会教育职能,开展了 72 次专题讲座、培训活动及"忆光辉历程、看发展成就、促文明和谐"等 5 次文献展览活动,31 600 余人次参与其中。同时,在图书馆"服务宣传周""全民阅读月""世界读书日"期间,依托铁东区图书馆网站这一现代平台,以各种形式扩大图书馆服务宣传。

倡导全民阅读活动,提高城市文化品位是推动铁东区文化建设的一项长远任务。铁东区图书馆充分发挥文献资源优势,开展以"同享书香 共建文明"为主题的全民读者活动,组织开展向社区、学校赠送优秀图

书、免费办理借书证、印发
《全民读书倡议书》、读书
征文等一系列阅读推广活
动 24 次，有 2500 人参与，
在全社会营造一种人人读
书的良好氛围。开展全民
读书进社区"学习型家庭"
"学习型个人"及"书香社
区"评比活动，使读书之风
成为一种社会时尚。

"鞍山作家作品展"活动现场

　　"少年强则中国强"，
铁东区图书馆为青少年开展一系列的"爱读者、读好书"活动，并利用馆
藏开设专题阅览书架，推荐经典读物，为青少年创造出良好的读书文化
氛围，大大激发了青少年的爱国热情，增强了青少年为祖国的繁荣富强
而努力学习、勤奋工作的责任感和使命感。

　　多年来，铁东区图书馆始终坚持"面向大众，服务基层"的服务理念，
不断提升自身综合实力，充分发挥一级图书馆的优势，为鞍山市公共图书
馆事业的发展起到了积极的作用。未来，铁东区图书馆将进一步丰富馆藏
资源、拓宽服务领域、提高服务水平，为读者营造一个更加舒适、优美并富有现代气息的环境氛围，以优质的服务和优雅的馆舍帮助每一位读者在知识的海洋中畅游，使铁东区图书馆的服务能力和社会影响与日俱增，让越来越多的人走进图书馆，利用图书馆，把图书馆作为终身学习的第二课堂。

铁东区图书馆举办少儿演讲比赛

小方寸　大世界
——走进铁西区图书馆

无论是夏日的酷暑，还是寒风的凛冽，从来都不能挡住人类求知的渴望。改造后的铁西区图书馆以崭新的面貌出现在铁西区交通路99号，相伴着永乐公园，就这样朝逢细露，暮映斜阳，迎来络绎不绝的爱书之人。

铁西区图书馆馆舍

2010年，铁西区图书馆被评为"二级图书馆"，馆舍面积1500平方米，设有外借室、阅览室、少儿阅览室、电子阅览室（盲人阅览区）、自修室等，阅览座席600余个，坚持每周免费开放56小时。截止到2012年，总藏量5万余册（件），其中图书1380种，报刊177种。在这里，图书馆人用严格的工作程序保证了馆藏文献的连续性、完整性。尽管馆藏量有限，铁西区图书馆还是在文献资源建设逐渐形成了自己的特色——以法律法规为主要内容的藏书格局。

这里是读者方寸之间尽显大千世界的地方。走进铁西区图书馆，宛如走进了知识的殿堂，畅游在知识的海洋。阅览室宽敞舒适，窗明几净；书架上摆满了图书、报纸、杂志，应有尽有，琳琅满目；电子阅览室为读者提供了电脑，供读者在网上冲浪。在安静的午后时光，随手抽出一本书，静下心来细细品读。浩叟童稚手不释卷的执着与孜孜不倦的坚持,怎能不让人想起庄子"吾生也有涯,而知也无涯"的感叹,和鲁迅先生"我倘能生存,我就要学习"的深自惕厉……

铁西区图书馆就像一个"永不关门的图书馆",通过采用智能书架的管理方式,集办证、查询、预约、借书、还书、续借等功能为一体,读者可以在任何时间段内办证、借书、还书,甚至打个电话 0412 – 8853658 就能查阅图书。

2009 年 3 月,铁西区图书馆电子阅览室正式免费对外开放。这里配备计算机 45 台,8TB 的存储设备一套,专线 10 兆光纤接入,其中供读者使用的计算机 40 台、检索专用计算机 3 台;这里整合了共享工程、网络资源和本馆资源供读者使用,并与鞍山市图书馆和辖区内基层服务点实现了资源共建共享。这里有专门的管理制度和未成年人使用规则,使电子阅览室能够实现科学化、规范化管理。在服务方面,电子阅览室每年有计划、有安排,尤其对弱势群体服务制订具体的服务方案,能够为青少年、农民工提供更加健康、便捷的网络文化服务。

电子阅览室内特别开设了盲人阅览区,设有盲人专用通道,购进 200 本盲人专用图书,并有 2 台电脑方便盲人查阅,极大地开拓了特殊群体的视野。整个电子阅览室业务系统使用由广州图创计算机软件开发的图书馆集群管理系统 Interlib,为实现全市公共图书馆"一卡通"工作奠定了基础。

启智学校师生走进图书馆

铁西区图书馆 2009 年 4 月起已停止收取外借图书办证工本费,全免费向读者开放。每年外借册次约 14.3 册,年流通总人次 4.3 万人次。图书、报刊实行开架借阅,并积极利用宣传展板、网站、书展等

建筑工人参观图书馆

形式进行书刊宣传活动。根据读者科技与经济建设需要,积极提供馆藏和网上服务,开展电话预约,续借等形式的服务;经常开展送书上门、送书进社区等服务,先后为铁西区特殊群体、启智学校、留守儿童、农民工等开展赠送图书、放映电影、棋类比赛等活动;每年定期展示宣传展板、摘编信息,为领导机关决策与社会事业发展提供信息服务;积极举办各种形式的讲座、报告会提高铁西图书馆的知名度和认知度,为社会弱势群体开展"温暖爱心工程"活动;每年举办至少4次业务培训,提高辖区内社区书屋图书管理员业务水平。

随着鞍山市文化建设事业的飞速发展,铁西区图书馆,亟须百尺竿头,更进一步。于是,在亮丽非凡的影院、书店等各种文化景区内,屹立起一座庄重厚朴的知识殿堂,让整个钢城弥漫着浓浓的书香,为每一位钢城大地的儿女架起了渴望获取知识的桥梁!

"三层""四进""促阅读"
——走进立山区图书馆

立山区图书馆坐落在立山公园北侧,西临安静而温馨的水源小区。少了繁华与喧闹,立山区图书馆在城市一隅,享受着得天独厚的幽静。

立山区图书馆成立于1988年,是立山地区唯一的公共图书馆,2008年以来,上级政府对立山区图书馆总投入92万元。2008年,区政府对立山区图书馆进行改扩建,新建成的立山区图书馆面积达2000平方米,新增卫星接收设备,新配图书管理系

立山区图书馆馆舍

统,新建广域网、局域网,新进微机、服务器,增设电子阅览室、报告厅,形成了以功能区、业务区、办公区为主体,结构完备、功能齐全、设备先进的新型城区图书馆。目前,立山区图书馆藏书总量为67 357册,年订阅报刊百种以上。2009—2012年,共获得地市级表彰13项,区级表彰12项。

近年来,在市区政府的正确领导下,立山区图书馆坚持以"读者至上,服务第一"为服务宗旨,不断提高业务能力,逐步完善管理办法,努力拓宽服务领域,坚持阵地建设和文化服务同步走、一起抓,取得了可喜成绩。

强化社区图书站建设。制定了《街道、机关、社区图书站建设标

准》，由区委宣传部、区文体局牵头推动实施，把全区街道、机关及社区分为三个层次，分三年建设完成图书站，初步形成了以区图书馆为龙头，以街道、机关图书站为主干，以社区图书站为节点的全区图书馆、站三级网络，全区图书活动硬件体系初步形成。

立山区图书馆为读者举办计算机技能培训班

助推"四进社区"。坚持调研在前，急民所需，每年选取道德、法律、健康、生活四个方面常识各 100 条，编印成宣传单，送到社区居民手中，多年来已累计送出各类常识 4000 条，逐渐形成了立山区独具特色的"四进社区"工程。

抓好群众性读书活动。紧跟市图书馆全民阅读主旋律，坚持把全民阅读的各项活动通过网络节点输送到社区，让大家充分感受文化带来的精神愉悦；坚持一个街道一个品牌，支持镇街图书站推广符合自己特色、顺应居民要求的特色读书活动，最大限度地调动居民的积极性，努力扩大读书活动的覆盖面；抓好节日文化，特别是充分利用元宵节、劳动节、中秋节、国庆节等重大节日和民族节日，开展视频展播、图片展览、主题征文、有奖猜谜等各项活动，不断促进群众读书活动的广泛开展，努力为居民群众提供精神上的文化

迎春猜灯谜活动

消费。

　　加快省市区图书馆联网进程,实现图书资料的资源共享,不断丰富馆藏资源种类,定期开展文化信息资源共享工程内容展播,深化服务内容……想读者之所需,急读者之所求,广大群众的精神文化需求就是立山区图书馆发展的不竭动力,必将推动立山区图书馆在公共文化服务的道路上稳步前行。

以人为本　服务大众
——走进千山区图书馆

　　千山区图书馆坐落在美丽的杨柳河畔,鞍山城驿堡北,位于千山区旧堡路49号。千山区图书馆成立于1978年,馆舍建筑面积800平方米,内设书库、采编室、个人外借室和综合阅览室等多个科室,阅览座位154个,馆藏总量15.2万册,全年对外开放,借阅程序全部实现计算机网络化管理和"一卡通"借阅。2013年,千山区图书馆成立了电子阅览室,为读者提供方便、快捷的信息查询和网上漫游,充分体现了现代图书馆的管理服务模式。目前,千山区图书馆全年接待到馆读者约3.7万人次,流通图书约10.1万册次。经过几代馆长和馆员们的共同努力,千山区图书馆在全国县级以上公共图书馆评估中被评为"三级图书馆",并被鞍山市文化局评为"先进图书馆""全民阅读活动优秀组织单位"和"送书进军营品牌奖"。

千山区图书馆馆舍

服务是本质、创新是动力、人文为先导、管理为准绳,是千山区图书馆坚持不懈的办馆理念。

一直以来,千山区图书馆就在思考一个问题,为什么办馆、办什么样的馆、怎样办馆? 立足于历史与现状,千山区图书馆提出了"服务理念、创新理念、人文理念、管理理念"。千山区图书馆注重服务,积极倡导"为人找书,为书找人",无条件地满足社会和读者对文献的需求,做到"读者至上、服务一流";注重创新,建立良好的图书馆人才观,激发图书馆人服务于人的崇高使命感和工作积极性与创造性,坚持"以馆员为根本",培养馆员"爱馆、敬业、自强、创新";注重人文,关注从人的价值到人与书、人与社会的和谐,时刻弘扬"爱馆、爱书、爱人"的图书馆精神,彰显"以人为本"的理念;注重管理,用理性的观念指导行为,实施全面的质量管理,争创鞍山学习型图书馆。

馆藏丰富,品类齐全,古今中外,集精结粹,千山区图书馆以农业科技和文化旅游文献资源打造独特的风格。

随着现代科技的发展,信息量的急剧增多,未来图书馆之间的界限将日趋模糊,通过互联网建设的"虚拟馆藏"将成为主流。在藏书方面的差别也将逐渐消失,过时或无用的资源将随时被删除。未来图书馆必须是具有鲜明个性的,是具有特色信息资源的大书库。有鉴于此,千山区图书馆在做好馆藏文献建设的同时,还注重挖掘特色资源。它的"特"表现为藏书类型多、注重多载体资料的收集,除图书、期刊、报纸等传统印刷型资料外,电子出版物、网络信息等现代载体形式的资料也尽可能收集齐全;它的"特"表现为藏书的新颖性,反映了学术研究的最新动态、最新成果;它的"特"还体现在馆内书籍以农业科学技术及文化旅游为特色,品种和数量在全市公共图书馆中名列前茅。

精神休憩和补充知识的乐土,千山区图书馆是读者的家园。

千山区图书馆秉承"以人为本、服务大众"的服务理念,在社会文化服务方面努力承担起社区活动中心、学习辅导中心、社会资讯中心、参考研究中心等责任,敞开图书馆的大门,不分年龄、种族、性别、宗教信仰或社会地位,向所有人奉献最真诚的服务。千山区图书馆开设了少儿阅读区、残疾人专用阅览室和阅览座席。为老年读者、下岗职工、农民工提供优越便利的条件，免费为他们办理图书证，方便借阅，为重点服务对象送书上门。千山区图书馆积极开展流动服务站建设，组织送书下乡、送书进企业、送书进军营、巡回放映科技录像等活动。目前，全区共有镇、村、社区

"三下乡"活动——走进汤岗子大龙岭村
举办图书消夏晚会

图书室 62 个，下设图书流动站 15 个。流动图书站的建设，直接把政府的关怀送到群众中去，受到群众的广泛欢迎。今后，千山区图书馆还将不断建设和发展基层分馆和建立更多的流动图书站，让越来越多的群众能够享受到图书馆的服务。

多种多样的社会活动也为千山区图书馆的读者服务工作增色不

千山区第四届读书活动
——为大屯镇后英佳苑社区书屋赠送图书

少，每年定期组织知识讲座 2—3 次，培训活动 2—3 次，组织展览活动 3—5 次，还有不定期的推广阅读活动，让更多的人参与，让更多的人因此受益。

形式多样、丰富多彩的特色活动，在一定程度上缓解了千山区图书馆经费不足带来的供需矛盾，提高了文献资料的利用率，提高了服务质量，也为

读者查阅特定资料提供了方便,大大节省了读者的时间,最大限度地满足了读者的各种需要。

在未来图书馆中,信息服务将会受到公益性和产业性两种机制的综合控制,有价值的信息必然会成为信息产业中的商品。

未来的千山区图书馆,会是一个庞大的信息超市,让用户在海量的信息中乐此不疲的"自选",而图书馆员则是读者们的最佳"导购"。千山区图书馆将不断致力于深层次的信息加工,使图书馆信息服务方式向着社会化、市场化和国际化的方向发展,用独具风格的特色馆藏,为读者提供最有价值的信息和最贴心的服务。

玉都文化的摇篮
——走进岫岩满族自治县图书馆

群山环抱中,有一座山城——玉都岫岩;碧水环绕的玉都,有一座图书馆——岫岩满族自治县图书馆。她是知识的海洋,她是知识的宝库,伴随玉都岫岩人民走过风雨,走过四季。岁月无痕,当我们蓦然回首,回味曾经的风雨历程,总有朴素而真诚的记忆在时空中停留,正是她,为全县人民高擎知识的火炬,托起文化的梦想。

追溯历史,穿越时空,我们回望着岫岩图书馆的成长。早在1916年7月,岫岩图书馆的前身——岫岩教育公所图书馆室便已成立。几经鼎盛,几番沧桑。1978年,岫岩县图书馆成立;1981年,正式更名为岫岩满族自治县图书馆,在岫岩镇阜昌路建成新馆;2008年,按照县政府的统一部署,搬进了县财政局大楼;2014年,迁至政府大街西侧的信访综合大楼,总面积为1200平方米。

目前,馆内有阅览座席200多个,馆藏文献8万余册,设有3个行政办公室、1个业务中心、7个对外窗口和1个自修室,常年免费对外开放,接待全县各类读者,满足了玉都人民对文化知识的需求,丰富和活跃了人民群众的文化生活,在精神文明建设中起到了不可或缺的作用。

读者在新阅览室内阅读

作为县内唯一的公共图书馆,多年来,岫岩图书馆秉承着"读者第一,服务至上"的理念,为全县50万人的读书、科研咨询提供服务,建立起图书馆与读者之间紧密联系的桥梁，及时了解读者需求，提供各种主动的、有针对性的服务。通过不断丰富馆藏资源、组织丰富多彩的阅读活动，千方百计地吸引读者，倡导读者形成良好的阅读习惯，营造阅读氛围，切实提高了到馆率和借阅率。

为拓宽服务领域，提高服务水平，岫岩满族自治县图书馆2014年5月搬迁至新馆址后，购置了大量新书，更新了设备，为读者营造了一个更加舒适、优美并富有现代气息的环境氛围。宽敞、整洁、明亮的阅读环境，丰富、多样、前沿的阅读资源，吸引了一批又一批的读者。

爱读书的人爱书，求真知的人爱图书馆。每个读者都是岫岩图书

馆领导班子为县武警中队流动站送书

馆人的朋友，工作中也有许多读者经常带给图书馆人深深的感动。农民读者甫文梅，视书如命，与图书馆有着不解的情缘。现在，她的家里有一个专门供邻居街坊看书的小屋，各种书籍不管新旧，整齐地摆放着。岫岩图书馆得知这一消息，便主动把这个平凡的小书屋发展成图书流动站，用图书、用服务回报这样一位爱书之人。甫文梅的书屋，只是岫岩图书馆延伸服务的一个缩影。截止到2014年年初，岫岩图书馆在全县已经建立了6个图书流动站，服务触角已延伸到武警部队、消防部队、学校、街道社区。岫岩图书馆预计在2014年年底建成10个流动站，并长期为各流动站免费轮换图书。2014年，为深入贯彻党的群众路线教育实践活动，岫岩县图书馆开展了文化进社区专项行动，将图书、杂志亲自送到读者手中，拉近了与读者的距离，受到了广大读者的普遍欢迎。

岫岩县图书馆"文化进社区"现场

多年来,岫岩县图书馆在开展群众性的读书活动以及为县党政领导决策提供智力支持、促进地方经济社会发展方面做了大量工作,先后获国家、省、市各级表彰奖励70余次。每年举办大型读者活动5至10次,多次被评为鞍山地区公共图书馆"全民阅读活动优秀组织单位"和鞍山地区公共图书馆"全民阅读活动品牌奖"。

时代赋予图书馆人机遇和挑战,社会赋予图书馆人责任和义务,只要我们胸怀事业,与时俱进,必将迎来岫岩图书馆的美好前景和未来!

辽畔明珠　文化领航
——走进台安县图书馆

　　依傍辽河畔,有一座百年古县名叫台安。在这个富饶的鱼米之乡,坐落着一个年轻现代的图书馆——台安县图书馆。她是知识的海洋,是人生的殿堂,她承载 38 万台安人民不再"面朝黄土背朝天",转而"面朝大海,春暖花开"的梦想。白驹过隙,她已经陪伴我们经历四十多载春秋,书写四十余个年华。作为县级公共图书馆,她是台安县文化、教育、科学事业的引路者和先驱,为实现台安"小县城大梦想"的宏伟蓝图画上浓墨重彩的一笔。

　　她虽然年轻,但文化底蕴却已然丰满。时光倒流,回首昨天,她的成长浮现眼前。几间存放图书的办公室就是她最初的模样,那时的她被称作是台安县文化馆图书室;1976 年伊始建成一所 800 平方米的大瓦房,正式更名为台安县图书馆,从此台安县图书馆的名字一直沿用至今;1996 年元月,一座 1540 平方米共计 4 层的新馆大楼正式竣工;

时光荏苒,2013 年台安县图书馆迁至县文化中心 B 座 1 层,建筑总面积达 1500 平方米。

台安县图书馆新馆全貌

　　现在的台安县图书馆景色优美,环境怡人,交通便利,设施周全。馆内藏书 8 万册,以文学作品、地方文献为主。干部职工 12 人,其中本科学历以上 4 人,中级职称 6 人,人才队伍正朝着年轻化、高学历化方向发展。全体工作人员秉承"读者第一、服务至上"的理念，让每一位到馆读者都能乘兴而来，满意而归。本着看书借书"零门槛""免费、平等、无障碍"的原则，图书馆敞开大门，欢迎所有读者前来免费读书、借书。

读者在报刊阅览室读书

台安县图书馆设施齐全，共设有 5 个对外服务窗口，包括报刊阅览室、少儿阅览室、外借室、电子阅览室和多功能室。在报刊阅览室读者可以免费品读 176 种中文期刊、47 种报纸，查阅地方文献；在外借室可以免费阅览图书，凭证借阅开架图书；在电子阅览室可以检索和下载多种数据，阅读和查询电子文献、互联网信息，欣赏影视节目，获得计算机培训指导；在多功能室可以定期参与知识讲座，观看科教影片；小朋友们可以在少儿阅览室阅读儿童书籍、报刊，在学校之外汲取知识。

独乐乐不如众乐乐，为了方便县城之外的乡镇居民读书，丰富乡镇居民农闲生活，她无私相助，在全县 17 个镇场街道、153 个行政村建立 163 所农家书屋，并提供图书、期刊等读物，尤其是与农业活动息息相关的读物，深受农民朋友好评。

书中自有颜如玉，书中自有黄金屋。书是人们最贴心的朋友，书是人们最好的老师。为了让更多的人享受书籍带来的乐趣，体验读书的益处，台安县图书馆不仅敞开怀抱吸引读者走进来，还积极深入县直干部职工以及百姓群众中去。2014 年 5 月至 6 月，台安县图书馆举办了读书月主题系列活动，在台安掀起一股读书热潮。5 月 26 日，为全县高考考生举办的"积极心理，超越梦想"心理大讲堂拉开了读书月活动的序幕；5 月 30 日举办的"知感恩·行孝道"主题小学生故事大王比赛,使读书月活动继续升温;6 月 26 日举行的"弘扬台安精神,推动全面阅读"县直机关干部读书知识竞赛,把读书月系列活动推向一个新的高潮。

领导与获奖选手在台安县直机关干部读书知识竞赛上合影

经过多年的岁月积淀,台安县图书馆陪伴广大读者走过了数十载似水年华。在生机勃勃的初春,她营造人间四月的美妙;在烈日炎炎的盛夏,她带来沁人心脾的微凉;在硕果累累的金秋,她分享成功的喜悦;在白雪皑皑的寒冬,她驱散凛冽刺骨的严寒。

大浪淘沙始见金,一拨又一拨的图书馆人在台安县图书馆里奉献了青春、走过了而立不惑,只因我们热爱公共图书事业。经过我们共同的努力奋斗,如今的台安县图书馆宛若辽河畔的一颗璀璨珍珠、无尽夜空中闪亮的启明星,在台安县蓬勃发展的文化事业中熠熠生辉。我们胸怀建设更美图书馆的梦想,而筑梦者有我也有你!

浸润辽河文明，积淀深厚文化
——走进海城市图书馆

　　海城市，自燕秦开始置县，素有"辽左重地"之誉。在这座拥有两千多年历史的文明古城里，海城市图书馆缓缓走过五十年的风雨历程，逐渐发展成一座以人文社科文献为特色、兼具自然科学的多学科综合性公共图书馆，形成了比较先进的办馆理念、日臻完善的科学管理手段及人性化的服务模式。

　　海城市图书馆始建于1960年8月，是海城市唯一一座公共图书馆。海城市图书馆原属文化馆的一个图书组，在南门里三义庙旧址，1960年8月从文化馆分开后独立建制。当时配有工作人员4人，藏书20 000册，阅览室和书库总面积为270平方米。随着事业发展，图书馆读者队伍不断壮大，藏书逐渐增多，到1965年已有馆藏文献10万册。1966年"文化大革命"，加之1975年海城地震，图书馆库房被震坏，先后共损失图书7万册，实际藏书量只剩下3万册左右。1982年9月1日图书馆不慎失火，外借库被烧，馆藏图书遭受严重损失。从此图书馆又搬迁至三学寺东院，面积约200平方米。1983年6月，海城市图书馆大楼破土新建（现太和广场），1985年竣工，面积1308平方米。图书馆大楼建成后，标志着海城市图书馆事业的发展进入了一个崭新的阶段。2004年5月，市政府要在图书馆所在位置建设太和广场，所以图书馆迁至原海城市人民银行，总面积约2780平方米。时任辽宁省委书记、省人大常委会主任闻世震同志为图书馆题写了馆名，并欣然题词"切实办好图书事业，满足群众文化需求"。经过几个月的内部改建，2004年11月，海城市图书馆正式开馆。

　　2010年11月，按照市政府城市改造整体规划，海城市图书馆由中街搬迁至位于海城市东柳村71号的市政府综合办公楼内，馆舍面积由原来的 2780 平方米增加到 3400 平方米,成为集成人和少儿读者服务于一体的开放式公共图书馆,网址 http://www.hctsg.com,联系电话 0412 - 3232915,市内乘坐 25、26 路公交车终点站直接到达。

海城市图书馆外借书库

在 1994 年、1998 年文化部两次公共图书馆评估定级工作中先后被评为"三级图书馆""二级图书馆",自 2004 年起,连续三次被评为"一级图书馆"。

截至 2012 年 12 月,海城市图书馆总藏量为 106 831 种、207 132 册,其中电子文献藏量 36 549 种、36 655 件,数字资源总量约 4.07TB。海城市图书馆在馆藏建设中更加注重地方特色、人文特色,从 20 世纪 60 年代起坚持收集党报党刊,并建立地方文献书库,重点对海城籍作家出版的图书及族谱进行收藏。2009 年,海城市图书馆开始使用图创 Interlib 图书馆管理系统。2013 年加入了鞍山市地区馆之间的联合借阅"一卡通"服务,实现了通借通还、联合编目的协作协调工作。

海城市图书馆图书外借处

目前,海城市图书馆已经成为海城市的文献信息中心,在海城的文化、教育和科研中发挥着重要、积极的作用。全馆设有外借室、采编室、报刊阅览室、电子阅览室、工具书阅览室、少儿阅览室,分别承担书刊流通、采访、分编、典藏、阅览及信息服务和现代技术服务等工作，各部门各司其职、相互协调、规范管理，保证了图书馆基本功能正常发挥。

一直以来，海城市图书馆始终坚持"读者至上，服务第一"的服务宗旨，不断探索出服务工作的新内容、新手段、新方法，实现读者服务工作的多元化发展，为全市广大读者提供优质的公益性社会文化服务，让读者走进图书馆就像享受一次愉快的精神之旅。

海城市图书馆现有阅览座席 310 个，实行所有服务项目免费面向社会公众开放。为满足老城区读者阅读需求，最大限度地方便读者利用文献信息资源，海城市图书馆于 2011 年在中街开辟了报刊阅览室，实行免证阅览。

海城市图书馆坚持每年组织读者开展讲座、读书征文、读者座谈会、小读者联谊、新书宣传、送书下乡等系列活动，深受社会各界好评，取得了非常好的社会效益。平均每年组织各种活动 40 余次，约有 2 万余人参与到活动中来。通过媒体广泛宣传，让更多的人能通过图书馆服务宣

海城市图书馆开展绘画活动

传，进一步了解图书馆、走进图书馆、利用图书馆，使广大读者充分了解馆藏状况和基本功能，并掌握文献信息资源的检索方法；每年 5 月，围绕图书馆宣传周主题，开展多种形式的宣传、服务活动，扩大图书馆的社会影响力。

回首过去，展望未来，海城市图书馆还存在着有待完善的地方。未来，海城市图书馆将以新馆建设为突破口，以改革创新为动力，继续完善馆舍建设和配套设施建设，全面提升图书馆的管理水平和服务质量，加快图书馆的自动化、网络化、信息化、数字化建设步伐，进一步提高服务质量，不断完善管理制度，使海城市图书馆工作再上新台阶，给广大读者打造一个优雅、舒适、温馨的读书环境。

多姿多彩的绚烂童年

——走进鞍山市少年儿童图书馆

鞍山市少年儿童图书馆是国家二级图书馆,成立于 1981 年 10 月,位于铁东区胜利南路 45 号甲,坐落在美丽的人民公园北侧,是鞍山地区少儿文献信息中心、未成年人阅读活动中心、各类型少儿图书馆(室)、中小学图书馆业务辅导与研究中心。现有工作人员 30 余名,内部设有采编部、辅导部、外借部、少儿阅览中心和办公室 5 个部门。

鞍山市少年儿童图书馆现有藏书 20 余万册,期刊 300 余种,报纸 51 种,除收揽了古今中外儿童文学作品外,还为中小学生提供大量的学习参考书和丰富的科普读物,为家长和教育工作者准备了丰富的家庭教育、学校教育和社会教育等方面的图书,为幼儿提供了趣味横生、图文并茂的连环画和低幼读物。每年平均有 2700

鞍山市少年儿童图书馆馆舍

多名中小学生办理借阅证。儿童阅读环境的开放性是少儿图书馆与生俱来的特征,这种开放性体现在对社会所有儿童的开放,自由利用图书馆而不受限制。少儿图书馆是履行公共服务职能的公益性文化场所,面向所有少年儿童无条件开放、无偿服务、免证阅览、免费借阅,对所有读者一视同仁,没有任何门槛。这在很大程度上减少了由于教育资源不均衡、家庭经济条件差异造成的少年儿童阅读环境差别,体现了社会的公平。同时,开放性也体现在资源开放,即图书馆的馆藏向读者开放。首先,少儿图书馆建设的基本原则之一是兼顾各学科文献的入藏,通常没有重点学科的考虑,因而文献资源学科齐全、品种丰富,具备满足不同兴趣、不同个性、不同阅览水平的少年儿童需要的资源保障。其次,少儿图书馆文献资源的来源正当、内容健康,具备让少年儿童自主选择、自由阅读的基本条件。此外,开放性还体现在开架服务上。少儿图书馆是全天开架服务,小读者们每天都可以到馆随意浏览、学习、借阅。开馆时间为上午8:30至下午4:30。除周一内部整理闭馆一天,全年做到无节假日全天开馆,服务电话为0412-5538149。

鞍山市少年儿童阅览中心于 2002 年 12 月 5 日建成,使用面积1600 平方米,设有中小学生阅览室、低幼阅览室、盲人阅览室、电子阅览室等 7 个服务窗口,可同时容纳 500 名少年儿童阅览。阅览中心提供了内容齐全的 VCD 盘、录像带、录音带等电子资料,以及可以开展演讲、儿童卡拉 OK 演唱、知识竞赛等的活动场所。阅览中心设立了全国首家盲人阅览室,并为盲人读者提供免费接送服务。2003 年,鞍山市少年儿童图书馆、联营公司、鞍山市女杰联合会、正大律师事务所共同发起成立了"盲人文化家园"。盲人文化家园以盲人群体为服务主体,为盲人提供文化普及、学习交流、心理咨询、法律援助、家长指导等服务。成立伊始,鞍山市少年儿童图书馆就把为全市盲人提供阅览服务纳入本馆工作。十余年中每逢助残日、盲人节都会举办相关的活动。

为关注贫困地区及特殊群体中的少年儿童,鞍山市少年儿童图书馆实行在农村偏远地区建立分馆的服务政策。先后在岫岩县兴隆经济区中心小学、台安县高力房镇中心小学等建立了 30 多家分馆,为各分馆配置图书共计 5 万册,价值 70 余万元。所配置的图书全部为新购图书,内容包括中华传统美德故事、科幻小说、科普读物、中外名著等,深受孩子们的喜爱。分馆的建立,帮助贫困学校解决了由于经费不足而严重缺乏课外读物的难题,让贫困家庭的孩子们拥有了自己喜爱的图书,满足了少年儿童想读书、多读书的愿望,同时也使文献利用率得到了很大提高。

鞍山市少年儿童图书馆在市委、市政府领导下，在市文化局具体支持下，为发展鞍山市少儿图书馆事业，为更好地开发少年儿童智力，培育"四有"人才，积极开展了丰富多彩的阵地活动，多次组织大型系列活动。辽南三市"马良杯"少儿书法大赛是鞍山、营口、辽阳三市新

"马良杯"少儿书法大赛获奖作品展

闻广电出版局主办，三市少年儿童图书馆承办的青少年书法盛会。自1986年以来，鞍山市少年儿童图书馆先后联合市人民保险公司、市软硬笔书法家协会、市青教办、市铁西区少年宫、市委党校、《千山晚报》等单位组成了鞍山市人保财险"马良杯"少儿书法大赛。这些协办单位的积极奉献和鼎力资助使得活动薪传火继，越办越红火，生命力越办越顽强。至今，书法大赛已连续举办28届（1986—2013年），是鞍山市少年儿童图书馆的"文化老品牌"，成为鞍山市精神文明建设中的一道亮丽风景。"马良杯"少儿书法大赛历经28年，深受广大少年儿童的喜爱，培养了上万名少儿书法爱好者，其中有5000多人在比赛活

山南小学分馆"永远的雷锋"主题藏品展览现场

动中获奖，5名少儿的书法作品两次参加中国——日本尼崎市少儿书法作品展，为鞍山地区争得了荣誉。通过此项活动，鞍山市少年儿童图书馆不仅与营口、辽阳二市建立了文化交流与合作，还把活动推向国际。2003年，韩国

友人参观孩子们展出的作品后无不为中国书法界的新秀赞不绝口。28 年来从未中断的"马良杯"少儿书法大赛在加强青少年的道德建设、营造良好的学习氛围、展示三市青少年的艺术风采方面发挥了重要作用,真正促进了少儿文化的繁荣与发展。

鞍山市少年儿童图书馆将用一流的服务和丰富的文献资源,把少年儿童图书馆真正化为知识的喷泉,让这奔腾四射的泉水滋润每一个孩子的心田。

抚顺市

市民的"大书房"

——走进抚顺市图书馆

巨大的玻璃幕墙、开放式的设计、全通透的玻璃间隔、全新的设施、全区域 Wi-Fi 网络覆盖……一座美丽的、功能齐全的、现代化的抚顺市图书馆新馆位于抚顺市四个市辖区中人口数目最多的顺城区,地处抚顺地区的政治、经济、文化交流中心,地理位置优越,北望造型新颖的雷锋大剧院,南靠风景秀丽的人民广场,西邻庄严肃立的市政府大楼,东接高楼林立的城东高尚住宅新区。新馆建筑为时尚新颖的扇形风格,景色宜人、环境清幽,每一个可以利用的空间均设有休闲沙发供市民学习、休息。无论是纸质图书的自助借还、电子图书的自助借阅还是库客音乐角,都体现了图书馆人性化的服务理念,是读书学习的理想场所。

抚顺市图书馆新馆大楼

抚顺市图书馆始建于 1952 年 11 月 5 日,当时馆名为"抚顺市人民图书馆",馆舍面积 1100 平方米;1954 年改名为"抚顺市图书馆",

馆舍在新抚区东六路 1 号;1974 年馆舍迁至新抚区永宁路市劳动公园西侧,馆舍面积为 3150 平方米;1992 年市政府开始投资兴建占地8000 平方米、建筑面积 15 000 平方米的现代化综合性图书馆大楼;2001 年 6 月馆舍迁至顺城区浑河北路 4 号;2014 年 4 月迁入现馆址,2014 年 5 月 16 日正式对外服务,建筑面积 10 000 平方米,现有阅览座席 502 个,在职职工 81 人,内部机构设有业务办公室、阅览部、外借部、信息部、读者活动部、少儿部、采编部、地方文献办、党务人事部、行政办公室。

建馆以来,抚顺市图书馆始终坚持"读者第一,服务至上"的服务宗旨,以"团结,进取,热忱,奉献"为馆训,提出努力将图书馆打造成市民的"大书房"。树立藏以致用、以读者为中心、以需求为导向的新观念,加强读者服务意识,强化主动服务的观念,走出馆门,把借阅、办证、数字资源推广送到机关、学校、部队、农村,提升服务品质,扩大服务半径,为读者提供充满人性化的服务,从心理上拉近与读者的距离,使读者真正感到图书馆不仅是查阅文献资料的场所,而且是漫漫求知路上一个温馨的家、充电加油的驿站。2009 年,抚顺市图书馆晋升为"二级图书馆"。

截至 2013 年年底,抚顺市图书馆已有藏书 90 万余册,其中盲文图书 1299 册、古籍 38 728 册、古籍善本 635 册、报刊 65 936 件、开架书刊 39 万余册、少儿文献近 4 万册、电子图书 71 026 册、地方文献近3000 册;网上数字资源 60 万 GB。图书以读者喜爱的社会科学为主入藏,每年用购书经费的 20% 购买数字资源,主要在本馆网站上应用,用购书经费的 20% 购买报刊(包括成人报刊和少儿报刊)。

时光荏苒,历经六十余年,抚顺市图书馆积累了大量的宝贵文化资源。在馆藏近 4 万册古籍文献中,明嘉靖七年(1528)《余冬序录》六十五卷和清康熙刻本《近思录集解》十四卷入选第一批《辽宁省珍贵古籍目录》,填补了抚顺市图书馆历史的空白。第二批省级珍本囊括清乾隆四十年(1775)《吴诗集览》二十卷、补注二十卷以及《吴诗谈数》二卷、拾遗一卷;清乾隆三十二年(1767)《慈溪黄氏日抄分类》九十七卷以及《古今纪要》十九卷;清乾隆四十年(1775)《七修类稿》五十一卷、续稿七卷;清雍正《明史稿》三百十卷、目录三卷;清乾隆《乐善堂全集》定本三十卷。此外,类书有唐代《北唐书钞》、宋代《太平御览》、明代《永乐大典》、清代《古今图书集》等影印本和木刻本30余种;丛书有上海商务版《四部丛书》,以及近年影印出版的《四库全书》等大型丛书900多种;百衲本《二十四史》、清康熙殿版《康熙字典》等研究我国古代历史的珍贵资料,旧中国出版历史最久的《申报》和《盛京时报》等18种。期刊藏有民主革命时期出版的革命期刊《每周评论》《先驱》《前锋》《向导》《新青年》,以及周恩来同志主编的《觉悟》,还收藏了1904—1948年出版的综合性期刊《东方杂志》等,是研究我国现代政治、经济、文化史不可或缺的重要资料。

城市特色文化是一个城市区别于其他城市所独有的特殊价值,是这座城市的生命活力和独特魅力所在,地方文献资源是前人留给我们的具有地域性的文化遗产。为了加强地方文献的入藏工作,抚顺市图书馆专门成立了地方文献办,负责地方文献的征集、编目、加工,并建立了全市行之有效的征集网络,在网站上建立了捐书馆专栏,定期发布为图书馆捐献图书的社会各界人士和企事业单位。重点收藏了《抚顺市志》《抚顺年鉴》《抚顺县文史资料》和抚顺籍作家出版的书籍等珍贵的抚顺地方文献资料,列为专门藏书。

在丰富的网上数字资源中,有中国艺术教育课堂收录的中国画、书法、陶瓷等艺术品的信息资源,地方文献全文数据库已数字化的地方文献500余种,超星名师讲坛的视频专题124 759集、课程7409门,环球英语多媒体资源库的近400门课程、超过9000课时视频,博看网的3000余种电子期刊,超星数字图书馆收录了50余大类、数十万册电子图书和300万篇论文,读秀学术搜索数据库的330万种中文图书、10亿页全文资料、元数据2.5亿条。

目前,新馆图书报刊的藏、借、阅主要分布在一、二楼。一楼分布着社科图书、科技图书;二楼分布着少儿报刊、图书、成人报刊、电子图书自助借阅;三楼主要是公共电子阅览、音乐角、电子阅报、地方文献阅览、古籍和工具书查阅、综合档案等。

随着图书馆事业的不断发展与探索，抚顺市图书馆越来越注重给读者提供更加方便快捷的服务。新馆的布局和设施都秉承着"读者第一"这一理念，在为到馆读者进行服务的同时，在全市4个区建立了分馆，定期进行图书更换，并在馆网站上为全球读者提供海量数字资源全文在线阅读、免费下载服务。为了延伸服务触角还将工作开展到农村、社区、机关、部队、学校和弱势群体中。

抚顺市图书馆积极开展了"信息下乡"活动，更好地为新农村建设添砖加瓦，先后到抚顺县马圈子乡、兰山乡、新宾县木齐镇、南口前镇

抚顺市图书馆到清原县开展信息下乡服务

等地，开展了"信息下乡"活动，发放《农村实用技术信息》，为农民科学种植、养殖做出了积极努力。历史上首次在全市4个区分别选取条件优越的4个社区建立分馆，实现抚顺地区的市、县、区图书通借通还。抚顺市图书馆会将此项工作持久地开展下去，实现覆盖全市"通借通还"的读书网络，更加便捷有效地将图书推广到市民中去，使图书馆的服务更加贴近百姓，方便市民。为积极响应"在全市领导干部中开展读书活动"号召，抚顺市图书馆分别在抚顺市委、抚顺市政府和新抚区政府、新华街道、市人大等地开展现场办理借书证、现场借阅服务，春节期间在市委、市政府开展迎新春猜谜活动；针对官兵求知欲望强烈，买书、借书不方便的实际情况，抚顺市图书馆开辟了新的服务领域，分别与抚顺市便衣侦查支队、抚顺市武警支队、两个驻抚部队等单位进行了共建签字仪式，建立了图书流动站，为他们配备各类图书，以此丰富官兵的文化需求和军营生活，为科技拥军提供有力的资源保障；为推动校园文化建设，丰富师生精神文化生活，抚

顺市图书馆在本市大中小学校园内开展了教师读书活动、学生读书活动,提高了学生的思想觉悟和文化底蕴,营造了书香校园的氛围,对全市每个学生的健康成长产生深远的意义;每年助残日,抚顺市图书馆都与残联联合举办残疾人先进事迹报告会、残疾人文学创作研讨会、盲人电影观摩会等丰富多彩的活动,为残疾人奉送贴心温暖的服务;重视对农民工的文化关怀,定期向农民工兄弟捐赠图书,让他们在紧张辛苦的工作后能够多读一些书,提高自身修养,同时还关注农民工子女的精神世界,在寒暑期开办"惠民大讲堂"大型公益讲座,讲座内容涉及书法、美术等各方面,旨在让农民工的孩子们享受到更多优秀的公共文化资源;儿童是祖国的未来,"少年强则中国强",抚顺市图书馆一直注重对少年儿童的文化培养,"读书伴我成长"演讲比赛、文化援助贫困儿童活动、"我身边的雷锋"小话剧表演比赛等活动不胜枚举,活动让全市小读者体会到读书的快乐,成长的乐趣,使图书真正成为孩子们的良师益友。

多年来,抚顺市图书馆围绕人性化、规范化、数字化打造全新的现代化图书馆,率先引进了手机图书馆、库客音乐角、电子阅报屏系统和图书自助借还机等先进电子设备,为市民阅读、休闲提供了良好的环境和优越的条件,并形成了以"读书节"为龙头的一系列品牌活动,受到社会各界的普遍赞誉,连续多年年均接待读者超过百万人次以上。

"手机图书馆"是抚顺市图书馆延伸图书馆服务时空,增加与读者互动、扩大外延服务的新途径。市民的手机只要具有上网功能,都可以通过访问手机图书馆网址,随时随地访问图书馆的资源,方便灵活,不受时间和空间限制。库客音乐角是抚顺市图书馆为读者开辟的一个休闲区,方便读者欣赏高雅音乐,了解音乐知识。库客音乐共汇聚了 9000 多位艺术家、100 多种乐器的 56 万首世界经典曲目,并配备有丰富的文字资料介绍,在潜移默化中提升了市民的音乐素养,丰富了市民的业余文化生活。电子阅报屏系统模拟报纸翻阅,共含 20 种电子报纸,数据自动下载,更新及时,字号可根据需要调整,为读者提供了耳目一新的阅报服务。自助借还系统包括电子图书自助借阅机和图书自助借还机。电子图书借阅机装有 2000 本独家授权的电子图书，每月更新 100 册，可通过多点触控进行操作，读者只要用手指轻轻触摸显示屏上的图片就能实现自助借阅，将图书下载到手机进行阅读。图书自助借还机是可对流通资料进行扫描、识别、借阅和归还处理的设备系统，十几秒钟便可完成自助式的图书借还、续借、查询等操作。

"读书节"是抚顺市图书馆最具特色的文化活动。从 2008 年开始，抚顺市图书馆以"4.23 世界读书日"为契机，在每年 4 月至 6 月，举办全市大型公益讲座、读书报告会、著名作家见面会等一系列读书节公益活动，旨在传播文化、提高市民素质。现已举办的七届"读书节"始终坚持创新服务理念，开展了 110 余项读者活动，参与人次达 120 余万人，满足了各行各业不同人群的阅读需求，形成了具有拿得出、叫得响的文化品牌活动。抚顺市图书馆已经连续两年被国家评为"全民阅读先进单位"，连续多年被辽宁省文化厅授予"辽宁省公共图书馆服务成果一等奖"，被中共辽宁省委宣传部授予全省服务群众服务基层文化建设工作"品牌文化活动"，被中共抚顺市委宣传部授予"2008 年度全市宣传思想工作创新奖"。

抚顺市图书馆开展全市全民阅读推广活动

此外,抚顺市图书馆经过不断的积累与开发,逐步建立了"浑河讲坛""百姓风采书画摄影展""读书·惠民活动"、读者沙龙活动等多项品牌活动。

"浑河讲坛"是抚顺市图书馆创办的内容涉及政治、经济、法律、历史、文化、民俗等各个领域的公益讲座,以聚焦百姓话题、紧扣时代热点、体现时代追求为特点,通过专家理性分析、客观评论,为市民释疑解惑、开阔视野。目前,已经成为"辽海讲坛"的一部分。

百姓风采书画摄影展是抚顺市图书馆为百姓搭建的一个展示自己才华的展览平台,现在已经坚持了十多年。每个月都为读者举办书法、美术、摄影等展览,如"迎新春少年儿童书画展""全国书画名家作品邀请展""马建国个人书法展""关长胜个人满族剪纸展"等,每次展出的作品形式多样、内容丰富,具有强烈的时代气息,吸引了很多市民前来参观,为喜爱书画的读者朋友们提供了相互学习和交流的平台。

"读书·惠民活动"也是抚顺市图书馆品牌活动之一,旨在为不能经常走进图书馆的市民提供文化服务,使读书活动更加贴近市民,走进市民的生活。活动主要通过流动办证、流动借阅、科技信息下乡、公益讲座等,变"坐馆"为"行馆",把服务触角向农村、社区、机关、部队以及弱势群体延伸。

抚顺市图书馆诚邀社会各界人士,组建读者沙龙,建立固定的读者群,定期组织专题读书活动和专题文艺论坛,为读者提供读书交流的平台。

自"上古结绳而治,后世圣人易之以书契"开始,图书就记录着华夏文明。在漫长的历史长河中,图书馆担负着保存人类文化遗产、开展社会教育、传递科学情报、开发智力资源和文化娱乐的社会职能。抚顺市图书馆将不断开拓创新、拓宽服务领域,以丰富馆藏资源为基础、以数字图书馆为发展方向,将围绕人性化、规范化、数字化打造一个全新的现代化图书馆,为广大市民提供优质服务,努力将图书馆打造成市民的"大书房",为建设幸福美丽抚顺做出更大的贡献。

满乡图书馆
——走进新宾满族自治县图书馆

　　新宾满族自治县图书馆（以下简称新宾县图书馆）位于新宾镇西出口开发区内，依托美丽的苏子河畔，环境优美，交通便利。图书馆建筑面积 1000 平方米，馆藏文献 6 万余册，阅览座席 166 个，每周开放达 56 个小时，设有读者热线电话 024－55022522，全力满足本县读者的需求。新宾县图书馆是集文献借阅、信息咨询、培训教育于一体的县级综合性现代化图书馆，1997 年被评为"三级图书馆"，是新宾县区文化交流、文献信息资源传播的中心。

　　宣统三年（1911）三月，新宾建立图书馆，名为"通俗图书馆"，附设于劝学所内，馆务由劝学所长兼管，内有馆役 1 人。民国七年（1918）并入劝学所内，民国十七年（1928）迁于县街河南庙产院内，易名为"兴京县立图书馆"，民国十九年（1930）七月改称"新宾县立图书馆"。当时藏书 151 种，共计 3474 册，全年经费为现大洋 1500 元，馆长由教育局长兼任。东北沦陷时期，县立图书馆订有《万有文库》和杂志、小说数种，内有藏书 1200 种。设馆长 1 员、馆役 1 人，其馆务由县教育局兼管。1949 年 3 月，成立新宾县群众教育馆。是年，群众教育馆改称文化馆，馆舍迁置今兴京街启动路，占房 2 间，次年增至 3 间，面积 70 平方米。直至 1962 年，馆务均由县文化馆兼管。1963 年，从文化普及、农业科学种田和工业技术革命的需要出发，正式成立"新宾县图书馆"，隶属于县文化部门领导，为全省首批组建的 4 个县级图书馆之一，馆址依旧，内设馆长 1 人、馆员 2 人。1982 年，馆舍迁入新宾镇河南新建图书馆楼，面积 854 平方米。1985 年，正式更名为"新宾满族自治县图书馆"。2007 年，新馆落成并对外开放。如今的新宾县图书馆可以使读者穿越时光拥抱经典，亦可放眼世界纵览信息。作为公益性的文化服务机构,能帮助读者实现对知识信息的所有美好憧憬。

因地处满族气息浓郁的满乡,新宾县图书馆新馆在建筑上也沿袭了一些满族建筑的风格。新馆的建筑俯视效果成 U 型,建筑形象简洁而有力,蕴含着"知识就是力量"的深刻文化内涵。新馆采用开放灵活的藏、借、阅、查一体的新型服务模式,除特定文献及特殊文献,其他藏书全部对读者开放,且实行开架借阅。为更好地为广大市民服务,新宾县图书馆不断拓展服务,延伸服务功能,设置了多个读者服务窗口,包括成人图书外借室、儿童图书借阅室、成人报刊阅览室、电子阅览室、资料查询室、办证接待处等,可为读者提供图书、期刊借阅,报刊阅览,课题检索,解答咨询,信息服务,代查服务,自修服务等,并不定期举办讲座、培训、展览、读者交流等活动。在自动化、网络化建设方面,采用小型图书馆自动化软件,实现了全馆业务管理自动化和办公自动化,完成了全馆网络综合布线,并接入 10 兆光纤宽带为读者提供快捷的网络服务,实现免费 Wi-Fi 馆内全覆盖,方便读者在馆内的各个

新宾满族自治县图书馆于 2014 年 12 月
在电子阅览室开办老年人电脑培训班

方位都可以享受快捷的网络服务。此外,为方便读者,阅览室允许读者带包入内,电子阅览室为读者提供免费的打印、复印服务,阅览室及休息大厅免费为读者提供饮用水服务,可让读者充分感受到人性化的服务,使读者到馆学习、研究、活动、休闲各得其所。

新宾县图书馆现有藏书 6 万余册,以综合性图书为主,重点收集清史资料。现有古籍 2000 余册,包括《皇朝文献通考》《清鉴易知录》

《清史列传》《皇朝经世文》等130余种、影印本《鲁迅日记》、缩印百衲本《二十四史》等。在古籍馆藏中,清史资料尤其丰富,如《清朝全史》《爱新觉罗宗谱》《清实录》等。另外,图书馆还重点收藏了新宾地方文献资料,列为专门藏书。其中,《新宾满族自治县志》《清永陵志》《兴京旧事》《新宾朝鲜族志》及各种满族文献,是研究新宾历史、名胜、古籍、风土、人情、地理概貌的重要资料。馆藏地方文献中,重点收藏了抚顺籍作家傅波、新宾籍作家曹文奇、谢良等人的作品,是新宾县图书馆的特色馆藏。经过多年的积累和发展,逐渐形成文学、经济学、艺术、教育学、农学等多学科兼容、多载体并存的馆藏体系。

新宾县图书馆不仅以丰富的馆藏资源为广大读者提供了丰富的精神食粮,而且还举办丰富多彩的公益讲座及特色读者活动,深受社会各界欢迎。

自2009年开始,新宾县图书馆坚持主动为人大和政协"两会"提供会前提案资料查询服务、会中文献信息服务,共办理借阅证200余个,书刊借阅4000余册次;通过送书到敬老院、监狱,举办老年人计算机培训班等活动,让特殊人群平等地享受图书馆各种服务;通过图书流动站服务,为乡镇小学、留守儿童、社区百姓、武警官兵等定期送书上门,被百姓亲切地称为"身边的图书馆";自2006年开始,到农村集市上把自办的《科技与信息小报》送到农民手中;为最大限度地拓展公益性图书馆的服务功能,方便读者阅读,开通了数字期刊阅览室,有200余种电子期刊免费供读者阅读;通过全县青少年书画展、满族剪纸展、文艺表演、器乐大赛等活动,给全县青少年提供了展示自己的平台。

展望未来,新宾满族自治县图书馆将继续坚持"以人为本"的服务宗旨,通过阵地服务、网站信息传输、各种系列公益讲座及丰富多彩的读者活动凝聚读者,为不同层次的读者提供不同的信息服务,通过高质量的服务和丰富的资源吸引读者走进图书馆使人生更加充实,使生活充满睿智。

宾至如归的读者乐园
——走进抚顺县图书馆

抚顺县图书馆位于抚顺市顺城区永安小区 3 号楼,地处繁华的宁远街与城区主干道新城路交汇处,有 1 环路,14、807 路等十余条市内公交线路途经此地,由城东、南站等中心区到图书馆仅需十余分钟路程,交通十分便利。抚顺县图书馆建筑面积 350 平方米,馆藏各类图书 4 万多册,报纸、杂志 50 余种,每周一至周五的 8:30 至 17:00 常年对外开放。

民众图书馆是抚顺县境内最先成立的图书馆,始建于民国十八年(1929)十一月,馆址位于原千金寨新市街,馆舍 15 间,藏书 520 种、3106 册。至 1936 年,藏书 2912 种、6648 册,杂志 21 种、3997 册,馆舍增至 17 间。1937 年设立抚顺市,该图书馆随即划归抚顺市管辖。1979 年,抚顺县文化馆图书组从文化馆分离,独立建制,成立了抚顺县图书馆,编制 5 人,藏书 2 万册。1985 年,抚顺县图书馆由抚顺市高山路迁至北关街文化楼内办公。2011 年 8 月迁入现址,并于 2013 年投资 20 万元增设了 100 平方米的电子阅览室。

虽经多次迁移,抚顺县图书馆始终没有远离城区,拥有人数众多、需求各异的读者群体。一直以来,抚顺县图书馆以"全心全意为社会大众服务"为办馆理念,牢牢把握正确的发展方向,以公益性为统领,紧跟形势发展,不断适应新情况、新变化、新需求,创新思维,增强服务意识、提升服务技能,不断为广大读者提供高效优质服务,最大限度地满足乡村百姓日益增长的文化需求。

目前,通过政府财力支持和自身努力,抚顺县图书馆的藏书量由建馆初期的几千册增至近 5 万册,年订报刊量由不足 10 种增至 50 余种。馆藏图书以文学、教育以及种养殖技术等类图书为主,以政治、历

送书下乡走基层

史、地理、生活等类图书为辅,形成了种类齐全、重点突出的藏书体系,能够适应各层面读者的需求。同时,抚顺县图书馆还面向社会公众提供文献资料查阅、书目检索、文化信息资源网上浏览以及知识讲座等特色服务。

抚顺县图书馆外观古朴素雅,内部清静安逸,是一座东西延展、坐北朝南的砖混平房式建筑。抚顺县图书馆设有藏书区 4 间、读者阅览室 1 间、办公区 1 间。藏书区使用面积 150 平方米,集中分布在馆舍西侧,内置钢质书架,图书按类摆放,方便读者查阅;办公区使用面积 30 平方米,位于馆舍东侧;读者阅览室位于办公区与藏书区之间,使用面积 50 余平方米,读者座位 40 个。此外,设在县新华书店三楼的电子阅览室使用面积 100 平方米,可同时满足 40 人上网查阅资料。读者阅览室和电子阅览室还为到馆读者免费提供开水,并备有纸、笔等文具。

建馆三十多年来,抚顺县图书馆在全心全意为社会大众提供优质服务的同时,立足本职,从实际出发不断改进服务方式方法、拓宽服务领域,借阅环境得到改善,服务措施得到增强,实现了"让借阅者高兴而来满意而归""让阅读者坐得安稳、读得开心"。近年来,抚顺县图书馆不断简化借阅手续,增设电话免费查询业务等服务项目,图书借阅量、各类阅览室利用率逐年攀升,累计借阅图书超过 3 万多册次。

抚顺县图书馆除了满足各类读者日常图书借阅需求外,常年参与在全县范围内开展的文化下乡惠民活动,以乡村百姓实际需求为导向,及时把各类科技图书送到乡村百姓手中,并为部分重点种养殖专业户提供科技跟踪服务。同时,摘录、汇编《实用科技信息小报》向乡村百姓传授科学生产、生活技能。此外，每年在"世界读书日"前夕开展"图书进机关""图书进社区"以及"图书进校园活动"。为巩固"图书进校园"活动成果，抚顺县图书馆在县职业高中特别设立了流动图书站，随时更新书目，

走进农民朋友身边

不断增加图书数量，使"图书进校园"活动常年发挥出积极的效果。截至目前，抚顺县图书馆共开展送科技图书下乡活动 100 余场次，累计送图书 1 万余册，受惠群众遍及全县各学校、社区和村屯。

为提高农民书屋管理水平，提高其社会服务效益，抚顺县图书馆为全县农家书屋设立了服务热线，随时提供管理业务咨询、现场业务指导以及图书周转使用等多项服务，真正使农家书屋成为县级图书馆延伸服务的阵地。同时，通过农家书屋及时反馈乡村群众需求，不断充实新内容，与时俱进、与百姓同存共享，切实保障农家书屋发挥出自身应有的作用。

随着抚顺县生态文明建设工作的不断推进，读者队伍的不断扩大，全体抚顺县图书馆人将励精图治、创新思维、迎难而上，进一步加强基础设施建设，力争到"十三五"时期，馆舍使用面积突破 500 平方米，大幅增加藏书种类和数量，达到藏书总量 6 万册以上，努力把图书馆办成人们汲取知识营养的精神宝库和大众文化娱乐休闲的场所，为美丽乡村建设凝聚共识，为全县经济建设与发展提供源源不断的精神力量。

浑河源头的知识宝库
——走进清原满族自治县图书馆

美丽的山水城市清原坐落于长白山余脉龙岗山支脉。这里生态环境优良,交通便利,还有国家 4A 级景区,可谓天蓝气爽、物华天宝、人杰地灵。清原满族自治县图书馆位于清原镇浑河南路 48 号,地处清原满族自治县中心,与城建大厦隔桥相望。清原满族自治县图书馆(以下简称清原县图书馆)隶属于县文体局,2005 年被文化部评为"三级图书馆"。2011—2012 年被市委、市政府授予"市级文明单位",2011—2013 年被县委、县政府授予"县级文明单位"等多项荣誉称号。

清原县图书馆成立于 1979 年 1 月,馆舍面积 1800 平方米。现有藏书总量 8.5 万册,其中电子图书 1000 种、2.8 万册,电子期刊 120 种。每年采购入藏新书 1500 种,报刊 120 种。书刊文献开架比例为 80%。常年开展地方文献征集工作,地方文献专柜陈列,设有独立账目,并配有专人管理。馆内现有正式职工 11 人,下设采编室、辅导部(信息部)、外借处、综合阅览室、少儿阅览室、少儿影院、电子阅览室、资料查询室和讲座室等业务部门。共有阅览座席 150 个,其中少儿阅览室座席 50 个;共有计算机 30 台,其中供读者使用的计算机 25 台,10 兆宽带接入,全面实现自动化管理。开馆时间为周一至周六的 8:00—

2008 年启用的文体中心大楼
(图书馆位于 1、4 和 5 层)

12:00、13:00—17:00,每周对外开放48小时。

当前是我国推进公共文化服务体系建设的重要时期,公共图书馆作为公共文化服务体系的重要组成部分不可忽视。现阶段,清原县图书馆以搜集、保存文化遗产,传播科学文化知识,提供科研服务信息,活跃全县人民文化生活为主要职能,将把握好机遇期,不断提升技术应用水平,充分发挥公共图书馆在加快构建学习型社会、提高全民文明素质和保障人民群众基本文化权益方面的积极作用。

在建立健全设施网络的基础上,清原县图书馆进一步通过多种形式延伸图书馆服务,提高图书馆服务获取的便捷性,积极拓展公共图书馆的社会教育职能。为积极推进公共数字文化建设,加快构建公共数字文化服务体系,清原县图书馆于2014年开通了清原县图书馆数字期刊阅览室(网址 http://qymzst. vip. qikan. com/text/text. asp,登录号:qytsg),是图书馆狠抓软件建设、以信息化建设促进地区文化发展的重要举措。读者可以随时随地使用计算机、手机等电子终端设备登录数字期刊阅览室,阅览涉及时政新闻、文学文萃、健康生活、教育教学等多个领域的120余种电子畅销刊物,所有电子期刊可实时更新。清原

2014年开通的数字期刊阅览室

县图书馆还将不断增订更多种类电子刊物,使数字期刊阅览室更加贴近人们的生活,更加密切人与人之间思想、感情的交流,更好地满足新时代人们对文化生活的更高要求,以便更好地满足广大读者需求,为全县读者服务。

为推进文化惠民工程,拓展公共图书馆的服务内涵,清原县图书馆在全县各乡镇及部队建立15个图书流动站,方便了全县人民的阅

读。图书流动站的建成，在一定程度上推进了文化建设，既解决各乡镇图书种类单一、购书经费短缺的问题，又达到传播科学文化知识和图书资源共享的目的，逐步拓展流动图书的覆盖面，让图书更广泛地在人群中流动起来，提升城市的软实力，为扎实推进建设花园城市做出新的贡献。

清原县图书馆本着人性化的原则，不断改进和提高服务方式和服务水平，开展了各项特殊读者服务活动，如为残疾人送书、开办老干部电脑培训班、为进城务工人员免费办卡及设立专架、为青少年开展第二课堂活动等。同时，根据农民春耕秋收特点，收集大量种植、养殖方面的科技信息，每年自主编印《为您服务》科技小报 10 000 余份，在农村集市中免费发放到农民手中，帮助农民及时获取科学知识，走致富捷径。科技辅导部的同志多年来一直奔走于本县各乡镇，为养殖户提供各种书刊、资料，带去最新的养殖技术，每年直接或间接为养殖户增加收入多达数百万元。

每年科普大集免费发放自
主编印的《为您服务》科技小报

为更好地发挥第二课堂的积极作用，清原县图书馆坚持为在校学生开展了丰富多彩的读书活动，对学生开阔视野、培养阅读习惯、提高阅读能力、加速学生整体素质的提高起到了极大的作用。

清原县图书馆是一片沃土，培育出知识之花，结出了智慧之果；清原县图书馆就像一汪清泉，洗涤着人们的灵魂，滋润着人们的生命。走进图书馆，让思想走进深刻纯净；走进图书馆，让生命愈加丰盈生动！

本溪市

弘敷文化　开拓创新　服务社会
——走进本溪市图书馆

本溪市图书馆位于本溪市平山区东明路 2 号,建筑面积 11 000 平方米,藏书 75 万册,阅览座席 600 多个,全年 365 天开放,网址 http://www. bxlib. com. cn,电话 024 – 42807124。

本溪市图书馆现馆址位于市中心,人民文化宫广场南侧,地处人流稠密的繁华地带。大楼整体为高低层结合布局,主体高 14 层,占地 3656 平方米。外墙由白色大理石装饰,楼顶与门楣以墨绿色琉璃瓦点缀,沿街立面采用塑钢通透门窗,中西结合、稳重宽敞,色彩协调统一,设计理念为打开的图书,是本溪的地标型建筑。

本溪市图书馆大楼主体

本溪市图书馆是本地区最大的市级公共图书馆,是本溪地区文献信息和地方文献的存储、交流中心,具有助推区域政治、经济、文化发展,保障市民文化阅读需求的功能,也担负着地区图书馆协作协调的任务。

本溪市图书馆与中华人民共和国同龄。1948 年 10 月,本溪解放,党和政府十分重视文化事业建设,1949 年成立了本溪市文化馆,设有一个图书室,对外称本溪市图书馆,标志着本溪市图书馆的成立,地处当时的市区中心溪湖区。建馆伊始,本溪市图书馆面积 9 平方米,藏书 2000 册,工作人员 2 名,服务窗口 1 个,开展对外借书服务,每天平均接待读者 40 人次。1953 年,本溪市图书馆在原来本溪市文化馆图书室的基础上独立建制,工作人员增加至 16 名,藏书 30 057 册,书库和借书处移至原溪湖剧场附近,馆舍面积 120 平方米,建立健全了借阅制度,扩大了服务范围,建立企业、农村、街道图书流动站 51 个,开展送书服务。

1960 年,伴随着本溪市城区的扩建和城市中心的转移,面积 2900 平方米的本溪市图书馆在平山区胜利路建成,同年 5 月 1 日正式开馆。馆内设有外借处、普通阅览室、儿童阅览室、毛泽东思想研究室、技术革命参考资料室,工作人员增加到 30 名。1966 年,"文革"开始,图书馆工作陷于停顿。1976 年,"文革"结束以后,本溪市图书馆恢复开馆,并逐步走向正轨。

1994 年,在市委、市政府的关怀和支持下,一座建筑面积万余平方米、可容纳百万余册图书的现代化图书馆落成并试开馆。从此,本溪市图书馆事业有了突飞猛进的发展。以后,经过几次装修改造,本溪市图书馆于 2003 年 10 月 24 日全面开放,实现了由传统封闭型向现代开放式管理的历史跨越。

多年来,本溪市图书馆始终坚持"读者第一,服务至上"的宗旨,顺应时代的变化、传播先进的思想文化,不断拓展、积淀,形成了与时俱进、弘敷文化、开拓创新、服务社会的办馆理念,取得了丰硕的服务成果。先后被中国图书馆学会授予"全民阅读活动示范基地"、省委宣传部和省社科联授予"科普宣传示范基地"、省档案局授予"省档案管理一级单位"、辽宁省图书馆学会授予"先进学会"等光荣称号。

通过多年的积累,本溪市图书馆现拥有 75 万册藏书(其中少儿藏书 10 余万册)。除广泛收藏社会科学、自然科学书籍外,本溪地方文献收集较全。特别是围绕本溪三大产业结构,重点收藏有关钢铁加工、生物医药、旅游等方面的书籍文献,并较为系统、完整地收藏了国内外重要的文献检索工具书和大型工具书,基本形成了符合本溪经济、文化发展的藏书体系。为满足读者的现代化阅读需求,本溪市图书馆还购置了很多电子资源和网络数据库,数据光盘 1.5 万片,读者可使用的网络资源包括:万方数据库、中国知网、博看网、龙源网等电子期刊网,中研网、公众文化服务平台、时夕乐学网、时夕乐考网等 16 个网上数字资源平台。

在读者服务工作中,本溪市图书馆始终坚持"读者至上,服务第一"的宗旨,全年 365 天免费为读者服务,每年接待读者 20 多万人次,书刊流动 30 多万册次。实行全方位开架借阅,藏、借、阅一体化管理体制。服务窗口 20 余个,阅览座席 600 个。

本溪市图书馆藏书布局采用三线典藏制。新到馆书刊、社会科学与自然科学图书、少儿书刊及过刊合订本分布于各个对外服务窗口;工具书、地方文献、政府公开信息分布于参考咨询室,供读者查询;特藏文献和下架书刊设专门书库管理。

在对外服务方面,本溪市图书馆的主要服务内容包括以下几种:

外借服务:设有社会科学、自然科学借阅处,新书借阅处,少儿图书借阅处,过刊过报借阅处及成人办证、少儿办证处,过刊过报办证处 8 个窗口,并设置了阅览桌椅,提供图书借阅服务。

阅览服务:设有杂志阅览室、报纸阅览室及少儿期刊阅览室 3 个服务窗口,提供阅览服务。

参考咨询服务:设有地方文献阅览室、工具书阅览室、政府公开信息阅览室及参考咨询处 4 个服务窗口,提供参考咨询服务。

电子阅读查询服务:设有电子阅览室,采用云技术管理,满足读者电子阅读、网上查询的需求。两台触摸屏电子报刊阅读机摆放在一楼大厅,提供电子报刊阅读服务。同时,开通"掌上图书馆"暨本溪市图书馆网站手机版,使读者可以通过手机点读自己喜爱的电子期刊。登录本溪市图书馆网站,读者还可以浏览新书推荐、活动预告,实现图书的查询及续借等功能。

此外,本溪市图书馆还设有展厅、自学室、复印室,常年为各种文化展览、自学自习、文献复制等服务。主要门廊及各个服务窗口和部室均设有实体导读标示,采用白底蓝字,统一、醒目、美观、大方,触摸屏电子报刊阅读机内还设有电子导读地图。

在搞好常规服务的同时,本溪市图书馆还举办了丰富多彩的读者报告会、知识讲座、读者读书成果奖评选活动及新书展、艺术品展等展览活动。全国首创的山城十大藏书家评选活动始于1990年,现已进行到第十届。新春征联和迎新春灯谜大赛活动也坚持开展二十多年。同时,本溪市图书馆还积极开展的定题跟踪、信息咨询、代查代译、网上检索、文献复制等服务,也已成为本溪市经济建设中一支重要力量。

在多年的服务工作中,本溪市图书馆坚持"读者第一、服务至上"的宗旨,积累了宝贵的经验,形成了一系列的特色服务项目和品牌。

弘扬中华传统文化,举办节庆文化活动。新春征联活动是本溪市图书馆一项具有悠久历史的特色活动。1990年,本溪市图书馆首次组织发起了新春征联活动,从此一发而不可收。每届新春征联,历时2个月,刊发应征楹联10余条,应对者100余人,评出获奖作品50余副。迄今,共举办了23届新春征联大赛颁奖联谊会。迎新春灯谜大赛是本溪市图书馆另一项新年活动,至今已举办11届,每年大赛由本溪市谜语国手自制谜语40条,评出获奖者30余人。这两项活动是本溪市图书馆新春佳节期间的主打活动,具有鲜明的特色,弘扬了传统文化,丰富了市民节日生活。随着新春征联活动和迎新春灯谜大赛活动的火热开展,本溪市图书馆还积极组织楹联、谜语这一民间文化活动进军营、进社区,普及广大民众撰写楹联、编

第二十三届新春征联大赛颁奖联谊会现场

谜、制谜基础知识,活跃市民文化生活。此外,本溪市图书馆越来越重视网络的作用,每届的楹联、谜语活动,都在本馆网站、甚至全国知名的谜联专业网站上刊发,并吸纳了一些贴有文学标签的 QQ 群的成员参与活动,使活动的知名度日益扩大,参加活动的人员进一步向年轻化转化,积累后续力量。

倡导读书求知,举办本溪山城十大藏书家评选活动。本溪山城十大藏书家评选活动是本溪市图书馆的传统型活动,成为本溪市图书馆的读者活动品牌。这项活动发起于 1990 年,为全国图书馆界首创,引起了强烈反响,《中国文化报》对此进行了报道。这项活动每届评出 10 名藏书家,到目前为止,已举办了 10 届,共评出 100 位藏书家。应广大藏书爱好者的建议,结合图书馆的服务功能,2013 年 11 月 24 日,成立了本溪市藏书爱好者学会。学会的成立进一步激发了市民的读书学习热情,鼓励市民养成藏书、读书的习惯,引导市民的文化消费,开发利用民间文献资源,对促进本溪文化繁荣和文明进步起到积极的推动作用。

定期举办公益讲座、读者活动,弘扬传统文化。举办公益讲座活动是图书馆向人们提供知识服务、开展社会教育的具体途径和方式。这种载体不仅使得社会公众乐于参加、易于接受,同时合理配置了社会人文资源,对建设、推动学习型社会的形成起到积极的作用。为丰富山城本溪的文化生活,弘扬中华民族传统文化,本溪市图书馆作为"辽海·本溪讲坛"的阵地,经常举办各种主题讲座和传统文化公益讲座,尤其是为了吸引更多楹联谜语爱好者,普及楹联谜语

本溪市第十届"十大藏书家"颁奖仪式暨藏书爱好者学会成立大会现场

知识,每月最后一个周六还特别举办楹联、谜语月末研讨活动,深受读者的欢迎。

2002年10月,本溪市机构编制委员会批复,将市少年儿童图书馆并入市图书馆。至此,本溪市图书馆将"服务孩子,促进阅读"纳入工作理念,努力为全市少年儿童营造一个健康、和谐、愉快、宽松、自由的课外学习第三空间。少儿读者活动主要遵循以少儿读者为中心的原则,提倡广泛参与、讲求实效、力求创新。多年来,利用春节、"六一"儿童节以及寒暑假,开展了许多寓教于乐的少儿读者活动,"书香沁校园,快乐读书行"读书节活动、"放飞梦想,快乐成长——本溪市图书馆与小读者相约共庆儿童节""红领巾相约好书"集体阅读活动、"少儿剪纸艺术"系列讲座等,都是本溪市图书馆着力打造的适合少年儿童特点的公益性活动。

读者的需求是图书馆服务工作的指针,符合读者需求特点的活动才能保持旺盛的生命力。因此,挖掘读者需求,寻求服务契合点,是读者活动兴盛不衰的原动力。正是因为本溪市图书馆的活动符合社会的需求,所以赢得了读者的广泛、热烈的支持。借助这个优势,本溪市图书馆定会将其读者活动打造成为有一定规模受众和有固定活动时间的系列活动,进而成为图书馆读者活动的品牌。

服务民众的文化阵地
——走进溪湖区图书馆

溪湖区图书馆坐落于本溪市溪湖区后石路 23 号,建筑面积 500 平方米,阅览座席 60 余个,馆藏图书 34 000 册,25 台电脑,开设电子邮箱 736788884@qq.com,联系电话 0414 - 45836235,每天开馆时间为 8:30—17:00。2014 年,政府投资新增书架 15 组 30 节,新购图书 3500 余册,总价值 13 万元。

溪湖区图书馆全貌

溪湖区图书馆始建于 1974 年,当时面积为 70 平方米,藏书 12 000 多册,工作人员 4 名。1988 年 5 月,溪湖区图书馆搬入新馆,馆舍面积为 830 平方米,藏书 20 700 册,工作人员 4 名。2006 年,区政府投资改建、装修图书馆,馆舍面积 500 平方米,内设采编部、辅导部、外借部、阅览室等,藏书 34 000 册,工作人员 5 名。全馆职工本着"以人为本、读者至上"的开馆理念,为广大读者服务。

溪湖区图书馆依托资源共享优势,在本馆及 2 个乡镇、4 个社区开展网上电子图书借阅。读者可通过网络借阅文化部全国文化信息资源建设管理中心的 10 000 余种文学、政治、法律、经济、农业科学方面的电子图书。

溪湖区图书馆开展阅读活动

溪湖区图书馆开展暑期青少年读书活动

2008 年以来,全区共建立流动图书室 20 家,共投入图书 6000 余册,几年来累计接待读者上万人次,流通图书 21 000 册次,解答读者咨询 400 余次。2013 年,建立 10 个社区书屋,并已全部达标;2014年年底,还将再建成 17 个社区书屋。

2008 年,建立 4 家农家书屋;2009 年建立 9 家农家书屋;2010 年,在省、市文化主管部门的支持下,积极参加农家书屋建设工程,新建农家书屋 5家,悬挂统一的标牌,建筑面积均达到 40 平方米以上,配备了书柜和桌椅、电脑、电视机、DVD 等设备及各类图书共 4752 种、27 000 余册,音像制品 600 余种,并对所有图书进行了分类、排架,安排兼职图书管理员负责图书借阅和管理,建立健全了农家书屋管理制度和借阅制度,建立了借阅台账,保证固定的开放时间,坚持每年举办 1—2 次农家书屋图书管理员培训班。此项工作的开展深受读者的欢迎和认可,不仅为农村增添了文明和谐的乡风民俗,切实解决了广大农民"买书之难,借书之难,看书之难"的问题,成为本区农民的精神家园、加快致富的加油站,是新农村建设的一道亮丽风景线。

溪湖区图书馆是溪湖区唯一的公共图书馆,也是本溪市四城区中唯一拥有服务阵地的图书馆。溪湖区图书馆充分利用阵地服务优势,积极开展文献收藏、借阅、管理工作及社区、乡镇村业务辅导工作,并取得了不俗的成绩:1999 年被评为"三级图书馆",2001 年获市"科技成果二等奖",2003 年获市"民族团结进步模范集体",2004 年获市"'三下乡'活动先进单位",2008 年获市"'三下乡'活动模范集体",2009 年在市图书馆开展的"我与图书馆"征文活动中荣获"优秀组织单位奖",2010 年连续七年获区"'综治'工作先进集体",2013 年被辽宁省社会科学界联合会命名为"首批辽宁省社会科学普及基地"。

衍 水 书 香
——走进本溪满族自治县图书馆

在辽宁东部山区,清澈蜿蜒的太子河上游,有一个美丽富饶的地方——本溪满族自治县。在本溪县小市镇中心街 170 号,矗立着一座顶楼为帆船造型的建筑,象征着勤劳智慧的本溪县人民在知识的海洋里扬帆起航,携手并肩共创美好的明天。这,就是本溪满族自治县图书馆。本溪满族自治县图书馆地处县城中心地段,那里交通纵横交错,周围有县政府以及电信、工商、工会等办公楼环绕,文化氛围浓厚,并且靠近县政府广场和财富广场,也是一个放松心身、陶冶情操、提升文化修养的好去处。

本溪满族自治县图书馆建于 1975 年。2001 年,本溪县政府投资建设了图书馆新馆,新馆共分五层,建筑面积 1501 平方米。2002 年 3 月 10 日,本溪满族自治县图书馆新馆正式对外开放。

本溪满族自治县图书馆全貌

本溪满族自治县图书馆有阅览座席 262 个,设有文化信息资源共享工程本溪县支中心。馆内设置采编部、业务辅导部、科技信息部、外借阅览部、现代化技术部 5 个业务部门,并设有图书借阅室、报刊阅览室、青少年阅览室、科技特藏室、多功能报告厅、电子阅览室、自学厅 7 个服务窗口。截至 2013 年

12月,本溪满族自治县图书馆藏书11.5万册,本地区人均占有图书0.35册,每年增订中文报刊260余种。图书馆坚持以读者为中心,利用丰富馆藏为读者提供图书借阅、报刊阅览、资料查询等文献资源服务的同时,注重开发现代网络数字资源,根据县域经济文化事业发展需要,为本县广大民众、政府、企业等提供文献信息资源共享服务。

本溪满族自治县图书馆现有在编人员13人,其中馆长1人,副馆长2人;在编人员全部为大专以上学历,其中本科学历2人;中级职称7人,初级职称5人。

"十一五"时期,随着国家对图书馆事业扶持力度的不断加大,本溪满族自治县图书馆的办馆条件和服务环境有了较大改善,购书经费由原来的每年3万元增加到8万元。为满足广大读者多样化的学习需要,图书馆购置了全新的服务设施与设备,

书法比赛展览

建立了图书馆自动化网络管理系统,基本实现了图书馆业务管理和馆内办公自动化网络化。

为发挥图书馆传播知识和社会教育的职能,本溪满族自治县图书馆始终坚持"以人为本、读者至上"的管理理念,积极为广大读者创造良好的学习环境和休闲空间;注重传统与现代服务功能的融合,实行藏、借、阅、查一体化的服务模式,馆藏书刊全部免费对外开放。现有持证读者2000余人,年均接待读者9万多人次,年均借阅书刊16万多册次,年均解答读者咨询1000余条。

为扩大图书馆的社会影响,本溪满族自治县图书馆常年坚持举办图书馆服务宣传周等系列服务宣传活动,主要有图书展览、读书征文、知识讲座、解答咨询、读者座谈、送书上门等;每年"4.23世界读书日"

小学生"读书与写作知识"讲座

及"全民读书月",坚持组织开展读书宣传活动。为引导青少年多读书、读好书,提高文学修养、写作水平和演讲水平,主动走进校园开展"读书与写作知识"讲座,并利用寒暑假举办读书征文、故事演讲、诗歌朗诵等活动,同时在学生寒暑假期间免费给青少年播放爱国主义电影;定期举办读者座谈、优秀读者评选等活动,实现了图书馆与读者的良性互动。

为促进新农村文化建设,满足基层群众的学习需求,本溪满族自治县图书馆坚持面向社会开门办馆,积极参与基层图书馆网点建设。"十一五"期间,本县已建成乡镇文化中心图书室 7 个,村级图书室 98 个,社区图书室 11 个。以县图书馆为中心,覆盖全县城乡的图书馆服务网络体系基本形成。同时,本县乡镇社区、农家书屋共接受文化信息资源共享工程接收机顶盒 1501 个,文化信息资源共享工程已覆盖全县各乡镇社区及农家书屋。本溪满族自治县图书馆常年开展送书下乡活动,年平均为乡镇社区及农家书屋、部队、敬老院等图书流动点送书 2000 余册次。为提高乡镇社区图书室及农家书屋管理与服务水平,多次组织全县各乡镇社区及农家书屋图书管理员开展业务培训活动,培训图书管理员 100 多人次,促进了全县乡镇社区及农家书屋管理与服务工作水平的提高。

本溪满族自治县图书馆连续多次被县委宣传部及县文广局评为"先进单位";2005 年被文化部评定为"二级图书馆"。职工们积极参与图书馆业务培训及图书管理理论知识的学习,近 10 年来已先后有10 多篇业务论文在国家及省级图书馆研讨会上获奖。

以真诚打造品牌，以特色推进发展
——走进桓仁满族自治县图书馆

　　桓仁满族自治县坐落于辽宁东部浑江岸畔，五女山下的桓仁镇。桓仁满族自治县图书馆地处县城中心地带，整体建筑由玻璃镀面，造型别致。建筑面积 2000 平方米，阅览座席 160 余个，馆藏图书 46 981 册。每天开馆时间为 8∶00—17∶00，开设电子邮箱 tsg2246@163.com，联系电话 0414－48236156。桓仁满族自治县图书馆是我县唯一的公共图书馆，在做好文献收藏、借阅、管理以及科技跟踪服务和乡镇村业务辅导等服务的同时，承担着为全县 30 万广大读者提供文献信息服务的社会职能。

桓仁县图书馆全貌

　　桓仁满族自治县图书馆前身是桓仁县文化馆图书室，当时有管理人员 2 人，藏书 1 万余册左右，大部分图书以文学为主。1979 年，桓仁满族自治县图书馆建馆。在上级主管部门和县政府的支持下，图书馆在办公环境、开馆条件、人员结构、藏书结构方面都有明显的改善,特别是藏书体系在学科、专业、载体文献、地域文化方面都做了很大调整,22大类图书俱全,真正成为一个综合性图书馆。2014年年初,桓仁满族自治县图书馆搬入新馆,全馆职工以崭新的姿态、崭新的精神面貌迎接读者,本着"以人为本、读者至上"的开馆理念,为广大读者提供更加优质的服务。

近年来,人们渐渐注重对历史文化和民族文化的传承和发展。为挖掘文化资源,传承历史文脉,桓仁满族自治县图书馆在现有藏书基础上,加强对地方文献的收集工作,截止到2013年已征集地方文献1000余册,围绕县政府提出的文化名县、经济强县发展战略做出了有益的工作。在满足广大读者阅读需求的同时,桓仁满族自治县图书馆重点抓好科技跟踪服务、课题服务、农家书屋建设、社区书屋建设和农村电子图书阅览室建设等工作,对推动地方经济的发展起到了一定的作用。

桓仁县图书馆读者活动现场

桓仁满族自治县图书馆新馆的服务大厅为500平方米,采取开架阅览,进行一站式服务。根据不同读者和特殊读者的需要,还开设了图书借阅处、电子图书阅览室、少儿阅览室、成人阅览室、成人自学室、少儿自学室,方便更多的读者。

桓仁满族自治县图书馆时刻牢记"读者至上,服务第一"的宗旨,用真情的服务换来读者量的成倍增长。加强馆员自身修养,一切行动按照图书馆文明服务公约,做到统一着装,文明用语。重点抓好特色服务项目,免费为残疾人、县武警中队、消防大队官兵办理借书证,并为他们送书上门,定期轮换藏书;为县内20余家企业建立职工书屋,定期进行交流;利用现有条件扩大服务领域,在全县筹建农家书屋 106 个,每个农家书屋的藏书均在 1700 余册,每年举办 1—2 次农家书屋图书管理员培训班;建立农村电子阅览室 6 家,建立社区书屋 21 个,现已有 4 家达标,2014 年年底又建成 7 家;不断完善地方文献馆藏建设,丰富抗日斗争史、抗联、民俗、满族文献等方面的资料,为繁荣地方文学作者的创作提供可靠的史料依据。

电子图书与数字资源的出现与推广给纸质图书阅读带来了冲击与挑战,同时也为图书馆事业的发展带来巨大的机遇。现阶段,桓仁满族自治县图书馆首先要做好自我推介和宣传,让全社会更多的人走进图书馆,了解图书馆;其次要打造自身特色,要有吸引读者的图书和视频资料,特别是建设以民族文献为主要内容的特色藏书体系。坚持真诚服务、充实特色资源,桓仁满族自治县图书馆一定会迎来广阔的发展前景,图书馆的未来一定会更加美好。

丹东市

"古老"图书馆里"书的故事"

——走进丹东市图书馆

在博尔赫斯看来,"肉体终将消失,而心灵的产物——图书馆却会永存"。爱书人在图书馆里,如鱼儿在海洋里畅游般自在欢快。那是"和你在一起"的温馨浪漫,那是站在巨人肩上的"骄傲自豪"。因为,"读一本好书,就是和一个高尚的人谈话"。丹东市图书馆用百年的沧桑见证了博尔赫斯心中图书馆的模样。

一、走进图书馆

今天,前往丹东市图书馆的读者,能在这座 30 余载的建筑中感受到浑然天成的书卷气,游走在这里总能发现她蕴含的厚重文化。新与旧、古与今、传统与开放融成一体,汇聚而成一卷"书的故事"。

丹东市图书馆外景

来到丹东市振兴区春三路 29 - 1 号,这座 3826 平方米的"L"型建筑,就是丹东市图书馆。在这里,每天早上 8 点 30 分,爱书的读者准时涌入,在明媚的阳光下翻阅"图书馆的历史",沉淀烦扰的心境。806 022 册藏书让人感觉置身书海。这里有电子文献 66 913 件,古籍 31 613 册,善本 1117 册,其中 17 种古籍入选辽宁省《珍贵古籍保护名录》。难怪许许多多的读者常常一坐就是一天,直到晚上 5 点,才放下手中的书报,恋恋不舍地离开图书馆。

丹东市图书馆外表虽然陈旧,却一直受到年轻人的喜爱。每逢假期,图书馆便成了返乡大学生、初高中生学习的天地。正是由于年轻力量的注入,图书馆处处洋溢着青春活力。414 个阅览座席和 40 个电子阅览座席总是一座难求,每一间阅览室都是满满的读者。如果没时间亲临,想预约查阅书刊目录的读者还可以拨打电话 0415 - 3895118 或者登录网站 www. ddlib. cn,很快便能找到理想的书刊。

二、一个世纪的足迹

一座城市的历史代表它的灵魂,一座城市的记忆能唤起无数人的共鸣。走进历经 30 余载的馆舍,仿佛能看到丹东市图书馆曾经的辉煌荣光。遥想丹东市图书馆百年的历史沧桑,能感受到丹东开埠百年的文化旅程。

光绪三十年(1907)元月,安东最初的教育机关——安东劝学所成立。光绪三十一年(1908),劝学所内首创安东县立图书馆。当时馆址设在城隍庙安东县劝学所院内,馆藏图书共有 200 种、550 册,价值 780 元。这就是丹东市图书馆的发端。

绵延百余年历史的丹东市图书馆也是我国建立较早的地市级公共图书馆。历经安东县立图书馆、安东公立图书馆、安东市立图书馆、安东满铁图书馆、安东市图书馆、辽东省图书馆、丹东市图书馆等沿革,她以百年的厚重召唤着对全新知识服务的渴望。

丹东市图书馆人有一种骄傲,那是因为"文豪"郭沫若曾两次亲笔为丹东市图书馆题写馆名。1955 年年末,安东市图书馆写信给国家文化教育委员会主任、中国科学院院长的郭沫若请其题写馆名。没想到的是,不到一个月的时间,郭老的回信到了,并附上了挺拔秀丽的"安东市图书馆"六个字。几年后,安东市更名为丹东市,于是 1964 年 11 月,图书馆再次向郭老致信。一个月后,郭老的回信又一次寄到,信封中一平尺的宣纸上附有苍劲有力的"丹东市图书馆"六个大字。在东北,郭老题写馆名的图书馆,只有丹东市图书馆,别无他家,而且两次题写馆名,在全国也是罕见。

丹图人带着这份骄傲,将"读者至上,服务第一"的理念贯彻始终。丹东市图书馆年龄最大的读者,96 岁的刘中老人曾说:"咱们图书馆1984 年搬过来,我刚退休,赋闲在家,就去看书,第一次去馆里办证,工作人员看我一个'老头儿',对我照顾得很,格外热情,像亲人一样给我找书,推荐书……那个年代买书不容易,有时候我还托图书馆帮我买书呢!"至今,刘老还能记得很多老馆员的名字,他说,长久的接触,图书馆已经成了他的一种精神寄托。

三、品味书的主题公园

丹东市图书馆的馆藏特色在于她的满学、地方文献和古籍。满学文库、地方文献库、古籍书库可以说是丹东市图书馆的亮点。

走上三楼,右手第一间,便是满学文库和地方文献库的所在。满学文库定位明确,入藏种类多元,与满族语言、文学、历史、宗教、习俗、政治、经济、艺术等方面有关的纸质文献、视听文献、电子文献、实物图片等这里都能找到。1000 余册纸质文献囊括了丹东满族历史沿革、民俗风情,丹东满族作家、丹东满学研究者的方志、作品和研究成果,让人感受到民族的魅力。辽宁民族出版社影印出版的《内阁藏本满文老档》是满学文库最有特色的收藏。依托丹东市图书馆网站,同步开通的"满学文库全文电子平台"满足了读者便捷式、网络化信息获取的需要。

同处一室的地方文献库,像一扇通往丹东地域文化的大门,积淀着深厚的地方文化,记录了丹东发展变迁的历史。客观地说,寻一个城市之根,最佳的方式就是阅读她的地方文献。映入眼帘的2803种、6410册纸质地方文献带领读者打开了通往丹东历史的大门,在这里"存史、资政、励志",阅读带来的喜悦在不经意间便向心底袭来……

在这个知识已经在网络上唾手可得的年代,书籍的价值已不限于知识,更在于把它捧在手上那份触摸得到的实在和美丽,以及翻开书页时的真实阅读体验。在我们习惯于缺少读毕一本书的耐心,而在网络追寻资讯的时候,四楼的古籍书库好像给了我们一个阅读的理由。31 613册古籍,不乏珍品善本。一函函、一册册摸过码在书架上的古籍,抽出其中一册品读,不是因为那精雕细刻过的文字,或许只因为书纸的粗糙质感带给人的久远沉思。

走进这些特色书库,随便拿起一册慢慢翻阅,好像置身于"主题公园"内,"满学""地方文献""古籍"的特色书籍,将这里变成了一扇带领读者感受世界广阔无垠的窗口。

四、触摸得到的阅读

在丹东市图书馆悠久的历史下,绽放的是对传统的尊重和创新。

丹东市图书馆有一个知识服务品牌,这就是针对政府决策的信息咨询服务——1986年创办的《城市工作信息》。当时在全省率先开拓了为党政领导决策服务的路径。因为信息量大、针对性强、《城市工作信息》赢得了市领导信赖。1991年开始,《城市工作信息》与市政府合办,并更名为《他山之石》,继续坚持针对领导决策重点热点难点问题撰写综述,受到市领导的好评。仅2009—2012年,共刊载专题综述100余篇,近百万字,获得市主要领导批示的有11篇。

每年,丹东市的中小学生都格外期待由市图书馆与市关工委等部门合作,以征文或知识竞赛等形式在全市中小学生中开展的盛大活动,活动每年至少会举办一次。"中华魂——中国精神颂"读书征文大赛、中学生"学党史、颂党恩、跟党走"党史知识竞赛、"践行雷锋精神,做文明使者"知识竞

丹东市图书馆知识服务品牌《他山之石》

赛、"文明迎全运,共筑中国梦"手抄报竞赛等,吸引了近20万名中小学生参加。孩子们喜欢这些活动,他们由心而发地参与进去,得到的是无尽的知识和快乐,是高尚的道德情操和崇高的信念理想。

尊重传统的丹图人也有对创新的渴望,他们总是为阅读活动带给读者的快乐而开启"头脑风暴"。读者向往的神态,总能激发他们创新的灵感。2014年"世界读书日",丹东市图书馆和市区内图书馆汇聚在万达广场,数字阅读体验、闲置图书交换、有奖谜语竞猜……活动亮点纷呈,成了馆员与读者沟通的巨大舞台。活动中,省图书馆的"图书流动车"载着6000册新置书刊驶入丹东图书馆活动现场,俨然一座小型图书馆,助力丹东的"读书嘉年华";丹东市图书馆新购置的电子图书借阅机前围满了读者,馆员们现场演示

2014年4月23日丹东市首届
全民读书月启动活动现场

电子图书借阅,围观读者一脸惊喜地"划拉"着手机,阅读着手机里看到的杂志;丹东市图书馆与《丹东广播电视报》联合举办的"暂离鼠标,品味书香"图书交换活动,把市民手中闲置的书籍盘活,知识在交流中得到了分享……几项活动有机组合在"世界读书日"里,阅读好像就在指间,你闭上眼睛摸摸它,便会感受到沁人心脾的文化气息。

随着现代社会信息化的不断发展,媒体不断多元化,各种信息载体不断普及,它们分流了人们对文化的关注,大幅度压缩了人们阅读的时间。于是,推广阅读、鼓励阅读自然显得格外有意义。这时,由丹东市图书馆创办的刊物《丹东图书馆》应运而生,它被看成是深入而广泛地开展全民阅读推广工作的载体,及图书馆推荐优秀读物、开展人文经典导读活动的平台,对于发掘和推荐馆藏好书佳作和地方文献蕴藏的信息和知识,激发读者的阅读情意和兴趣,传播和推广行之有效的阅读方法,提高读者获取知识和学问的能力,培养"学习型馆员"和建设"学习型图书馆"等,都有着积极意义。在这里,读者和编辑真诚互动,充分交流,读者不仅是文化成果的享受者,也是创造者。这种对读者角色内涵的丰富和拓展,增强了读者对阅读的认同感。一位读者说:好像一直有种魔力吸引着我参与《丹东图书馆》的创作和阅读。

为什么读者们喜欢逗留在图书馆和有图书馆气息的地方,因为他们爱上了阅读。

五、行在梦想的路上

有人问,丹东市图书馆的未来在哪里?是发挥中心馆职能,通过市县区馆长例会、图书馆集群管理等方式,密切联系地区公共图书馆,带动丹东地区图书馆事业的整体发展?还是以国家数字图书馆试点馆为契机,加速数字图书馆建设进程,为读者提供更加便捷的知识服务?或是以提升地区图书馆公共文化服务能力为目标,进一步延伸服务触角,完善服务功能,加强分馆建设,加大社区书屋、农家书屋辅导力度,建成以丹东市图书馆为核心的、覆盖全地区的图书馆服务网络?都是,也许都不是!因为和人生一样,未来的不确定性带给人探索的激情。丹图人有一个"一直在路上"的梦想,用探索的心,去为读者服务,为文化服务!想起那句格言:"阅读是精彩人生的开始——读书不能改变人生的长度,但可以增加人生的厚度;读书不能改变人生的起点,但可以修正人生的终点。"以书为伴、以书为友,我们捧起心爱的书,像与一个老朋友聊天一样,享受阅读的快乐吧!

发展中的东港市图书馆

东港市图书馆是由丹东市政府举办的综合性公共图书馆,隶属市文化广播电影电视新闻出版局。

东港市图书馆坐落在气候适宜、景色秀丽的北黄海之滨。南临黄海,北靠大东沟,东依鸭绿江,西傍沿江经济带,身处东港市经济开发区中心,与市文化艺术中心建筑群融为一体,外形顶如楼阁,质朴典雅。馆舍位于东港市银河路 16 号,面积 3476 平方米,更有环城公交路过,交通便利。办公电话为 0415 – 7115860、7115875,现已开通东港市图书馆官方网站(http://book.donggang.gov.cn)。全馆实行开架借阅,全年免费为读者服务,每周开放 56 小时以上,坚持全年无假日开馆。东港市图书馆现有阅览座席 300 余个,馆藏 97 249 册。在编人员17 人,工作人员年龄结构合理,平均年龄 38.9 岁。

东港市图书馆

东港市图书馆前身为安东县民众教育馆图书室,建于 1949 年 4月。同年 9 月,改为安东县文化馆图书室。1965 年,安东县更名东沟县,称为东沟县文化馆图书室。此时图书室拥有藏书 2 万余册。“文化大革命"开始后,图书室被迫关闭。1971 年,恢复图书借阅活动,开放图书仅 2000 余册。

　　1976 年 6 月 23 日,图书室从县文化馆分出,成立东沟县图书馆。1978年 5 月,实行馆长负责制,下设采编、借阅、辅导 3 个组。1983 年,图书馆迁至987 平方米新建馆舍,编

东港市图书馆新馆实行全开架开放借阅

制 18 人,设综合图书外借处、综合书库、综合阅览室、少儿书库、报刊库和讲演厅,可接待读者 200 余人。1993 年,撤县设市,东沟县图书馆更名为东港市图书馆,隶属市文化局。1994 年,宋庆龄基金会、联合国儿童基金会合作项目"东港市儿童流动图书馆"成立,附于东港市图书馆管理。2003 年,东港市图书馆新馆建成。

　　东港市图书馆坚持"读者至上,服务第一"的宗旨,充分利用丰富的馆藏文献资源,积极宣传普及文化科学技术知识,为全市"两个文明"建设服务,为本市公民继续教育提供了充分的资源保障。

　　东港市图书馆在六十多年的变迁中,由最早的 2 万多册图书发展到至今的 9 万多册。为弥补馆藏量增长缓慢的发展局限,东港市图书馆不断打造特色馆藏体系建设。自 2008 年以来,东港市图书馆着重收集、整理本地区文化、历史等方面的文献资源,目前,东港市图书馆成立地方文献库,专柜专架向读者展示本地作家作者的作品,目前已收集当地作家作品 200 多种,并定期组织作家交流,受到本地区作者的肯定及大力支持。

　　东港市位于黄海之滨,是沿海、沿江、沿边城市,是港湾养殖、滩涂养殖、优质米种植基地。为此,东港市图书馆大量收集、整理适应本地区发展的信息资料,为本地区的经济发展提供有利的资源保证。

东港市图书馆下设办公室、科技辅导部、采编部、借阅部、少儿部，建有成人阅览室、少儿阅览室、电子阅览室、成人外借处、学生自习室、地方文献库、工具书检索库、报刊库等。成人外借处面积为 300 多

东港市图书馆新馆阅览室

平方米，建有内外两个书库供读者使用；少儿阅览室是集外借和阅览为一体的服务窗口，阅览区域 100 多平方米，阅览座席 200 余个；成人阅览室光线充足，环境幽静，在醒目位置放置笔、纸、一次性纸杯等便民用品，方便读者取用；电子阅览室为读者提供免费上网、查阅资料等服务；一楼大厅为读者准备了博看触摸屏读报机，方便读者阅读电子期刊和报纸。

2004 年，东港市图书馆开通图书馆自动化管理系统，改变了传统的手工操作，采编、流通、检索等业务工作实现自动化管理，大大提高了图书馆工作效率。2007 年 1 月，全国文化信息资源共享工程东港市支中心正式成立。东港市作为辽宁省首批全国文化信息资源共享工程三个试点县之一，得到了国家中心支持的 12 套共享工程设备，建立了 12 个乡镇基层服务点，文化共享工程建设在东港市正式启动。东港市文化信息资源共享工程建设工作得到了上级领导的大力支持与关注，仅 2008 年，文化部、国家管理中心各级领导先后 4 次来到东港市支中心视察、调研工作，并给予高度评价。2008 年春节前，全国文化信息资源共享工程管理中心有关领导还专程参加了东港市举行的"全国文化共享工程'共享文化幸福花'乡村服务活动"，并为支中心赠送了设备及文化资源。为更好地利用文化共享工程资源和馆藏资源为群众服务，东港市图书馆于 2008 年 4 月成立了"文化资源共享党员服务队"。几年间，服务队的足迹遍布城乡，在社会上受到广泛赞扬。

一直以来，东港市图书馆坚持读者服务工作、阵地服务和社会服务齐头并进。

儿童流动图书馆作为馆中馆,在全市先后建立了 21 个少儿流动图书室,网点遍布全市城乡,每年四次送书,有效解决了农村少年儿童看书难的问题。

在加强农村文化建设方面,东港市图书馆每年利用农民农闲和备耕期间,组织送科技下乡服务队,深入乡镇集市和村民活动室,把符合当地种养殖特点的致富信息和实用技术资料免费发放给农民,并通过建立联系卡,及时反馈农民急需的信息。几年来,本地区河蟹、板栗、食用菌、花卉等种养殖大户在东港市图书馆的信息服务支持下,年获利均超过 20 万元。东港市图书馆正在不断的服务实践中,探索出一条文化惠农的成功之路。

此外,东港市图书馆还积极参与乡镇、社区、学校、部队的图书室建设,不定期举办图书管理员培训、计算机培训、免费送书上门等服务,组织开展读书征文和少儿书画大赛等活动,在东港市双拥工作和"两个文明"建设中发挥着重要作用。

经过多年的努力和不断的探索,东港市图书馆已经逐渐发展成为东港市文献收藏利用中心、信息咨询服务中心、图书馆馆际协作和业务研究发展中心及为广大市民服务的文化传播中心,成为引导全市市民进行读书活动、创建学习型城市、建设阅读社会的重要载体,成为加强全市公民尤其是未成年人思想道德建设和创建文明城市的主要阵地,成为东港市社会主义精神文明建设的重要组成部分。先后荣获"读者喜爱的图书馆""文化系统'窗口'行业规范服务优胜单位""东港市文化工作先进单位""东港市'关心下一代工作'先进集体""东港市拥军优属先进单位"等荣誉称号,并连续 15 年获得"丹东市级文明单位"称号。

目前,东港市图书馆在自动化、网络化建设方面已经取得了很大发展。尽管图书馆事业仍面临着一些不利因素,但只要每一名图书馆人胸怀事业,扬长避短,勤于开拓,与时俱进,就一定会迎来东港市图书馆的美好未来,东港市图书馆必将成为一座努力打造适应新时代发展和需要的基层图书馆,一所网络化、开放式、资源共享型的文献服务机构。

凤凰项下的明珠
——走进凤城市图书馆

辽东，巍峨雄浑的凤凰山下，波光粼粼的二道河畔，镶嵌着一颗璀璨的明珠。刚刚落成的现代化地标性建筑——凤城市凤凰文体中心，以其宏伟壮观的姿态筑于这山水之间。凤城市图书馆在秋风习习的季节，便要移址于此。

翻开《凤城市志》，凤城市图书馆的历史变迁跃入眼前。具有深厚文化底蕴的凤城，早在1914年5月就建有凤城县立通俗图书馆。1932年建凤城县立图书馆，1935年更名安东图书馆，1966年图书馆关闭。1976年，从凤城县展览馆分离出来，成立凤城县图书馆，馆址设在凤城二中门口、电影公司北侧平房，面积约为300平方米，编制7人，藏书2万余册。1984年，省、市、县三级财政投资35万元，在凤北路6号新建图书馆，建筑面积1222平方米，为二级县（市）图书馆，编制7人。1985年更名为凤城满族自治县图书馆。1994年，凤城撤县设市。同年5月，更名为凤城市图书馆，编制16人，其中大专以上学历占职工人数80%，中级以上专业技术人员6人。图书馆设外借、阅览、咨询、编导、采编等部门。

据1985年的统计，满族人口393 123人，占总人口的65.90%。满族文化习俗在民间至今仍然处处

凤城市图书馆

可见。充分利用地域优势,收集民间家谱、各种行业的发展沿革,是凤城市图书馆人多年坚持的习惯。举办"挖掘满族语言与文字""诗歌创作与朗诵""书法美术展览""科技信息发布会"等各项活动,也是凤城市图书馆常抓不懈的工作。读者走进图书馆,仿佛穿越时空,与古圣先贤、智者达人"对话",感受遥远漫长的历史,领悟跌宕起伏的人生,探索科学奥秘,鉴赏文学之美。废寝忘食,大概是每一位痴痴书迷的最佳状态。

帮助青城子、赛马、宝山 3 个乡镇建立了标准图书馆(室)、7 个图书流动站,在全市 201 个行政村相继建立了农家书屋,投入大量的书刊及设备,走访农户,征询意见,了解农民、企业对科技信息的需求,再通过"农村大集""农家书屋"把科技资料反馈给农户——凤城市图

凤城市图书馆送信息下乡服务活动现场

书馆用实际行动践行着"为农民服务,为乡镇企业服务"的办馆宗旨。大梨树村的五味子,陶李村的板栗、小四台子村的水果、大兴镇的山野菜种植基地、宝山镇的绒山羊基地、驰名全国的"增压器"、畅销国内外的"电熔镁",这些全都是凤城的特色产品。而这些成果中,无不倾注了凤城市图书馆人的心血。

2005 年,凤城市图书馆新开设了一个对外服务窗口——电子阅览室。这里添置了 24 台电脑,1 套管理机。只要开机击键,便可通晓古今、了解中外,吸引读者纷至沓来,满意而去。为帮助读者掌握和提高电脑常识,凤城市图书馆针对初中以下学生,举办了 8 期、200 余人参加的培训班。本着对读者负责、对社会负责的宗旨,凤城市图书馆严格制止读者浏览"黄色网页",严禁学生玩大型游戏,真正展现了"绿

色网页",办成了读者理解、家长称赞、健康益智的"电子阅览室"。

2007 年,凤城市图书馆又增设了"视障阅览室",配置了 6 台电脑及盲文书籍,加设了阳光软件。通过工作人员引导,盲人只要手握鼠标,轻轻一点,就可以阅览网上信息。盲人学到了知识,有了自信,感到了温暖,看到了希望。

2014 年,凤城市图书馆已届百年华诞。置身这绿荫掩映、鲜花簇拥、焕然一新的图书馆新馆,每一位凤城市图书馆人抚今追昔,憧憬未来,信心倍增。他们设计规划着:在面积 2600 平方米的新馆舍里,要设立综合阅览室、少儿阅览室、电子阅览室、视障阅览室、地方文献室、学生自习室、外借处等多个对外服务窗口,阅览座席要有 400 个,读者缓步而行只需 20 分钟、乘 10 路公交只需 5 分钟便可到达,拨打电话 0415 – 8122370 即可得到图书馆人的热情接待。走进这座依山傍水、静谧优美、清新怡人、公园式的图书馆新馆,翻开书籍,打开网页,便可惬意地在浩瀚的书海里畅游,在雄漫的书山中领略无限风光……

图书可启初蒙,可传思想,可播知识,可解疑难。半部《论语》,可治天下;一本《圣经》,拯救灵魂;《相对论》,衍生高能物理;《上下五千年》,若揭兴衰更替。读书之味,愈久愈深,可疗疾病,可治愚昧。鲁迅写《药》,痛指国人顽疾;毛公《长征》,万水千山何难;孔明博览,能掌阴阳;吕蒙苦读,而非以往;拿破仑"征服无知",以劣胜优;刘伯承运筹帷幄,堪称古将。古往今来,贤达英杰,莫不喜书、爱书、受益于书。

在这中华决意复兴,圆百年之梦、催人奋进的时代,更加需要有更好的书,有更多的书,有不断涌现的、新的信息来充实每一个人的心灵。那么,走进凤城市图书馆吧。她会以诚挚的情意,张开温暖的怀抱,用书香沁润每一颗渴读的心灵!

以读者活动为纽带，以科技服务为先导
——走进宽甸满族自治县图书馆

宽甸满族自治县图书馆（以下简称"宽甸县图书馆"）地处县天华山路（原中心路）274 号，是宽甸县城的中心，交通便利。现有建筑面积 1598 平方米。设置少儿阅览室和成人阅览室，共计设置了 150 个阅览座席。从 1999 年开始，宽甸县图书馆取消延续多年的每周五和双休日闭馆的做法，由过去的每周开馆 40 小时延长至每周开馆 56 小时。现有藏书 6 万余册。电话为 0415 - 5122288。

宽甸县图书馆坚持贯彻党的"以经济建设为中心"的方针，发挥馆藏资源优势，以读者活动为纽带，以科技服务为先导，在为城镇居民提供服务的同时，建立农村科技服务网，与省、市图书馆等上级部门以及科协、农经局等部门展开合作，常年坚持送书、送信息、送科技下乡，

宽甸县图书馆馆舍

利用赶科技大集等形式服务"三农"。发展县域经济、建设繁荣富强平安和谐的新宽甸。

宽甸满族自治县图书馆始建于清宣统元年（1909）二月，设立于县劝学所院内，有兼职馆长和图书管理员各 1 人，藏书 529 种，共 1.7 万册。1912 年 6 月，馆址移于县城东门里文昌宫旧址，收藏经、史、子、集类图书 288 种，平均每日接待读者 4 人。此后馆址无定，经常迁移，图

书大多尘封高阁。1929 年,地方士绅张元俊、潘宗海等 25 人联合发出修建图书馆的倡议,士绅高会芳积极响应,慨助大洋 400 元,几名宽甸籍在哈尔滨供职的人士解囊汇款 660 元,于 1930 年建馆 5 间,设置桌凳 30 套,图书增加到 359 种,当年接待读者 1.2 万人次。

1933 年,图书馆在遭受重创后重新开馆,设于伪民众教育馆内,设馆长、馆员各 1 名,藏书 1256 册。1940 年,馆藏图书 8919 册,读者日均 30 人。1945 年,该馆关闭,藏书不知去向。

1949 年 10 月,宽甸县文化馆附设图书阅览室,阅览室面积 70 平方米,座席 25 个,藏书 1184 册、报纸 7 份、杂志 24 种,每日平均读者 10 人次。为扩大服务面,1952 年于县城中心路加设图书站,每日读者 100 人次。

1956 年 5 月,正式建宽甸县图书馆,编制 3 人,馆舍 4 间(书库、外借处、阅览室和办公室)。阅览桌 10 张,方凳 40 个,图书流动箱 12 个,藏书 1.5 万册,购书经费每月 200 元,平均每日读者 140 人次。1960 年后,馆舍增到 250 平方米,新设少儿报刊阅览室和农村流动书库,藏书 4 万册,发放读者证 1500 余份。1963 年被评为省图书战线先进单位。1966 年"文化大革命"开始后,图书馆业务中断。

1971 年 2 月,部分科技图书对外借阅,日均接待读者 20 人次。直到 1977 年馆藏 6 万余册图书才全部开放。

1979 年,宽甸县图书馆编制增至 9 人,藏书 8 万册,设采编组、外借处、报刊、少儿阅览室和辅导组,发展读者 2000 名,工作走向正规。少儿工作较为突出,儿童读物达万册,定期组织县城和城郊小学学生集体到馆阅读。1980—1984 年,少儿阅览室 3 次获得市、省、国家"先进单位"称号。少儿图书工作人员王玉梅先后受到市、省和团中央、文化部、全国妇联、全国少儿工作者协会的表彰,被授予"儿童少年先进工作者""三八红旗手""劳动模范"等称号,多次当选市县党代会、人代会、妇代会代表,连任六届县政协委员。1984 年,县图书馆被省文化厅评为"先进图书馆"。1985 年,新建 1123 平方米的图书馆楼竣工使用,工作人员增至 18 人。经整顿后,藏书 6 万册,报刊 166 种,年接待读者 9.8 万人次,其中少儿读者 5 万人次。

改革开放以来,宽甸县图书馆坚持贯彻党的"以经济建设为中心"的方针,发挥馆藏资源优势,以科技服务为先导,建立农村科技服务网,常年坚持送书、送信息、送科技下乡,通过"星火计划"、农村脱贫致富奔小康、"兴边富民"工程,发展县域经济、建设繁荣富强平安和谐的新宽甸。1986 年以来多次受到省文化厅,市、县委,市、县政府表彰,被授予"星火计划"优秀服务成果奖和"科普先进单位"称号,《光明日报》《辽宁日报》《丹东日报》及省市县电视台对县图书馆的经验及服务活动经常予以报道。

1985 年馆舍新建,面积 1123 平方米,工作人员 18 人。为改善办馆条件,图书馆办公楼接层建设旧楼维修工程于 2006 年 7 月竣工并正式使用,此工程共投资 80 万元,新增馆舍面积 475 平方米,现有面积 1598 平方米,楼体建筑美观宏伟,内部宽敞明亮、布局合理、舒适文雅。

1993 年在首次全国公共图书馆评估定级中排名全省同类图书馆前列,被授予"全国文明图书馆";1994 年获省"规范服务先进单位";1997 年获宽甸满族自治县委、县政府"双拥模范单位";2000 年宽甸县图书馆被宽甸满族自治县"双拥"领导小组确定为全县科技拥军培训中心;1998 年开始县财政为县图书馆每年购书专项经费按全县人口人均 1 角钱拨付,是全省同类图书馆率先达到这一指标的县区。

多年来,图书馆的自动化建设工作得到上级领导机关及相关部门的大力支持,并在财力方面给予了全力的投入,从 1986 年购买第一台誊影机,2004 年购买计算机 4 台,复印机、打字机各 1 台,装备了多功能厅,购买了电视、音响等设备,基本上满足了日常会议及多媒体教育需求。2008 年被纳入丹东市图书馆集群化管理。2014 年由省县二级拨付的 30 万元电子阅览室设备到位。县图书馆自动化建设工作由起步阶段逐步跨入全面的数字化、网络化、资源共享一体化的全面建设阶段。随着现代化技术与图书馆各项工作的有效结合,图书馆业务及管理工作手段都发生了与时俱进的变化,网络环境日益完善,馆藏文献资源的数字化建设开始起步并形成一定规模,各项日常管理工作基本纳入自动化管理阶段,读者服务手段由阵地服务向网络化方向延伸,采访、分类、编目达到省、市图书馆的同一水平。2008 年年底县图书馆正式取消办证工本费,实现全部免费对公众开放。

截至 2014 年,在编人员 18 人,其中设馆长兼书记 1 人,副书记 1 人,副馆长 1 人;有本科学历 6 人,大专学历 10 人,大专以上学历者占职工人数 90%;中级职称 9 人,初级职称 9 人。为方便读者,馆藏文献实行开架借阅,馆内设立外借处、少儿部、成人阅览室、采编部、多功能报告厅、助学室等十余个对外服务窗口,县图书馆坚持"读者至上,服务第一"的办馆宗旨,常年开展"抓管理、树形象,抓业务、促服务,抓活动、创特色"文明规范服务,为读者提供书、报、刊等文献资料的借阅、查询、网上信息检索、专题报告、培训、自习等服务,还经常开展讲座、展览、演讲、征文、知识竞赛、影视播放,在社区、乡镇、学校建立流动站、科普下乡等活动,吸引广大读者走进图书馆,利用图书馆。

县图书馆现有藏书 6 万余册,分为工具书、基藏、地方文献、少儿,流通和流动站 6 个书库,每年县财政拨付购书专项经费按全县人口人均 0.10 元(共 4.5 万元),是全省同类图书馆率先达到这一指标的县区之一,年订购各种期刊报纸 166 种。2001 年起,每年从辽宁省图书馆流通书刊 5000 册,缓解了馆藏资源不足的问题。宽甸县图书馆馆藏包括如下几类:①藏有一定数量的东北及丹东的地方文献,如《丹东地方志》《辽海丛书》《辽东志》等;②某些县域地方志和宽甸作者作品、宽甸人物志等;③一定数量的工具书;④《人民日报》《辽宁日报》《丹东日报》《宽甸县报》。

县图书馆常年举办演讲、讲故事、征文、新春灯谜、才艺展示、折纸、乒乓球等比赛,使图书馆真正成为学校的第二课堂,特别是每两年一届的电视英语风采大赛,已经打造成宽甸县优势品牌赛事,每次比赛都吸引冠名赞助万元以上，还不定期地举办各种讲座、读者沙龙等活动。与社会爱心人士联合组建县母亲教育协会，由县爱心人士共同捐资，常年为宽甸县广大母亲提供公益性的免费教育。每年都举办图书馆服务宣传周活动，主要项目有图片展览、图板展

英语电视风采大赛才艺表演

示、谜语竞猜、读者座谈、代销图书、现场办证、解答咨询、送书到基层单位等活动，扩大了图书馆的社会影响力。

　　1994年，上级财政拨款4.2万元购置图书流动车一辆，2010年拨款11万元更换新车。宽甸县图书馆在县里建立图书流动站20多个，常年定期进行图书流通和业务辅导。依托省、市图书馆的地区文献服务中心，推进资源共享，解决百姓看书难的问题。每年为农家书屋、乡镇文化站、学校、社区、部队提供书刊近万册，解决广大读者看书难的问题。

英语大赛外国评委现场提问并打分

　　广泛开展宣传，服务贴近"三农"，通过利用"世界读书日""全国图书宣传周""送科技、送信息、送书下乡进社区"等活动开展读书宣传活动。每年联合省、市图书馆和县科协等单位到偏远乡镇赶农贸科技大集6次，编制适合宽甸县的各种二、三次

文献科技资料等 30 余种近万份。利用宣传板和宣传科学技术展示新书、期刊报纸,免费发放科技资料,代销图书,解答咨询等,把科技送到田间地头。为宽甸县农业增收、农民致富、农村产业化发展服务,这些活动扩大了图书馆的影响力,让更多的人民群众了解图书馆,走进图书馆。

在一个多世纪的沧桑变迁中,宽甸县图书馆这个百年老馆经历了由小变大,由弱变强的历程。在当今信息社会时代和知识经济时代,宽甸满族自治县图书馆一定会发挥重要的地区信息枢纽和宽甸满族自治县精神文明建设基地的重要作用,成为知识信息的集散地、全县人民终身教育的学校、宽甸地方文献的宝库、地区图书馆(室)的中枢以及高雅的文化休闲场所。将是该县集文化、科技、信息传播、保存文化遗产、开展社会主义教育、展示改革开放成就为一体的综合性公共图书馆。随着电子阅览室的建成,宽甸县图书馆必将成为全县群众读书学习的文化、科技、教育、信息、服务和交流中心,为县域经济建设和社会发展发挥十分重要的作用。

发挥教育基地作用 服务文化发展大局
——走进丹东市少年儿童图书馆

　　作为丹东地区唯一一所专门为少儿、家长及教育工作者服务的文献信息中心,丹东市少年儿童图书馆始终以"发挥教育基地作用　服务文化发展大局"为目标,为本地区未成年人和教育工作者开展馆藏资源借阅、信息咨询、阅读推广、展览讲座、数字化网络等服务,在提升未成年人文化素养,提高本地区教育效益,提供知识支撑、信息服务等方面,尤其是在品牌服务和特色服务上,取得了骄人的成绩,做出了突出贡献。

丹东市少年儿童图书馆外景

　　丹东市少年儿童图书馆前身系丹东市图书馆的少儿部,于1991年10月28日独立建制,1992年1月17日正式向社会开放。丹东市少年儿童图书馆建筑面积1202.07平方米,馆址位于振兴区六纬路

32－5号，下设小学生借书室、中学生借书室、亲子阅览室、书刊阅览室、电子阅览室、过刊借阅室等服务窗口。文献总藏量282 774册（件），其中电子图书、期刊130 500册，拥有持证读者11 000人，年均接待读者10万人次，流通书刊14万册次，年均开展大中小型读者活动110场次，参与读者14 000人次。

一、转变服务观念，创建地域品牌

2006年至今，两年一届的丹东地区少儿故事大赛已经成功举办了5届，充分体现出覆盖面广、受众读者多、社会关注度高的特点。10年来，丹东市少儿故事大赛已经成为丹东地区少年儿童讲故事爱好者和儿童文学创作者高水平的代表旗帜，受益儿童达10万多人次。

每周六开展的"悦读书苑——快乐学国学"少儿读书活动，通过国学经典赏析、国学吟诵、国学表演等，弘扬国学经典文化，传承中华民族美德，提高少年儿童的文化修养和人格品质，得到了社会文化工作者、教师、家长及少儿读者的欢迎。每周日的"亲子手工课堂"幼儿读者活动，通过折纸、布贴画、简笔画、剪纸等提高孩子的动手、动脑能力，使每个孩子在享受自己独创的作品同时，也给童年生活带来了一抹亮色。

"我快乐我动手"亲子手工课堂活动室

悦读书苑"和孩子一起成长"快乐学国学活动现场

二、创办信息刊物,扩大辐射领域

丹东地区第一份少儿读物《小蘑菇》报自 1992 年创刊以来,共出刊 147 期,124 万份。1994 年,《小蘑菇》报被省文化厅评为"公共图书馆信息报(刊)展二等奖"。为寻求更广阔的发展空间,增强其生命力,每期《小蘑菇》报借助丹东市少年儿童图书馆网站提供的电子版来巩固和扩大其读者群,开启了新的阅读途径;2011 年,组建《小蘑菇》报小记者团,现有固定小记者 50 余名,开展了大量的社会实践活动,增强了《小蘑菇》报的生命力和活力。

三、关注弱势群体,倾心倾情服务

在开展未成年人服务中,丹东市少年儿童图书馆把关爱孤贫儿童与未成年人的思想道德教育紧密结合起来,对生长在孤儿院和贫困家庭的孩子们给予了倾心倾情的关注。与市委宣传部、市精神文明办开展《丹东市道德模范先进事迹故事会》,与丹东电视台开展"捐助贫困母亲"社会公益活动,与相关机构开展"送文化、送曲艺下乡"到镇中心小学活动等,让孤贫儿童感受到社会关爱,懂得了关心和帮助别人,珍爱现在的美好生活,同时引导其他参与活动的小读者做心向党、懂礼貌、有道德的好少年。

四、扩大文献来源,满足读者需求

2011 年 5 月,丹东市少年儿童图书馆与天津市少儿图书馆达成建立分馆的共识。同年 6 月,首批启动的 5000 册精美图书加工入库,与小读者见面;2012 年,追加投入 5000 余册;现在,已有天津分馆图书 13 000 余册。分馆图书受到丹东少儿读者的喜爱,借阅人次最高时占小学外借人次的 48.9%。此举是少图之间跨省(市)地域开展文献资源共享、开阔少儿读者阅读视野的大胆探索。

五、强化少图职能,形成工作合力

2012 年,为明确丹东市少年儿童图书馆对全市未成年人读书活动进行指导服务和对全市中小学图书馆(室)建设和利用中的地位,市文化广电局与市教育局联合签发文件,成立了丹东市中小学图书馆(室)建设协调指导委员会。指导办公室就设在了市少儿图书馆,从而确立了丹东市少年儿童图书馆在全市少儿图书馆事业发展建设的中心馆地位。利用丹东地区公共图书馆推进中心图书馆三级网络建设工程的契机,丹东市少年儿童图书馆审时度势借力而上,将各项业务管理工作集合到了丹东地区图书馆集群管理网络平台,并按照城市中心少儿图书馆的管理模式来提升综合管理水平,实现了地区内图书馆间通借通还,并将 4 所村小图书流动站的图书资源纳入图书管理系统,使 4 所学校的师生在校园内共享丹东市少年儿童图书馆的文献资源及服务。作为丹东地区少年儿童图书馆(室)业务辅导中心,丹东市少年儿童图书馆指导各学校图书室业务,特别是在各学校图书馆"普九"检查活动中指导分类、编目、上架等工作,多年来对外辅导 30 余次;为了更好地了解和掌握丹东地区中小学校图书室现状,2013 年对丹东地区部分学校图书室及学生阅读情况进行了调研,形成了《丹东地区学校图书馆(室)建设调研报告》。

为了实现馆藏资源共享,拓展少年儿童服务领域,丹东市少年儿童图书馆先后在所辖东港市、凤城市、宽甸县、市内社区等建立了 45 个书刊流动站,年均送书 6000 余册次。

六、创建特色网站,延伸服务窗口

丹东市少年儿童图书馆网站于 2009 年 6 月 1 日与广大读者见面,内容包括本馆概况、读者活动、馆藏书刊、读者天地、益智乐园、少图论坛 6 个板块,并建立了"中文在线阅读馆"和"点点书库动漫馆",开辟了丹东市少年儿童图书馆网络在线阅读服务模式,填补了馆藏数字资源的空白,网站浏览人数现已达 130 702 人次。自网站开通以来,丹东市少年儿童图书馆充分利用网站资源,开展了"辉煌 60 年"少儿故事表演赛、"书香为伴,快乐成长""看动漫,学国学""我与经典有约"网络读书征文等系列读者活动,有的活动甚至得到了其他省市少年儿童的积极响应,收到了较好效果,扩大了本馆的社会影响力。

几年来,在上级领导的支持、指导和全馆员工的积极努力下,丹东市少年儿童图书馆取得了令人满意的成绩,2009—2012 年共被上级表彰集体 22 次,表彰个人 21 次。其中,2009 年被中共丹东市委、丹东市政府授予"2007—2008 年度文明单位标兵""丹东市公众科学奖先进集体"。

　　未来的丹东市少年儿童图书馆将逐步实现服务多元化、文献多样化、信息网络化、业务智能化的事业格局，愈加突出地区中心少儿馆业务指导核心地位，建成丹东地区少年儿童文献资源中心、信息服务中心、少儿教育中心、精神文明活动中心，让丹东市少年儿童图书馆成为丹东地区传播知识、传播文化、传播科学、传播文明的主阵地。

锦州市

知识宝地　精神洞天
——走进锦州市图书馆

锦州市图书馆像一颗璀璨的明珠,屹立于风景如画的辽西走廊锦州,以全新的姿容为 300 万锦城人民带来了文化知识的盛宴。知识在这里得到凝结,文化在这里得以传承,它发挥着资政育人的作用,是城市文明的窗口,是人类知识的海洋。

锦州市图书馆始建于中华人民共和国成立后的第一个春天——1950 年春,其前身为辽西省立图书馆。创建初期,馆舍坐落于市中心繁华地区上海路四段 6 号,面积 500 平方米,工作人员 13 人,馆藏图

锦州市图书馆外观

书 48 422 册,当时为辽西最大的图书馆。1982 年,市委、市政府决定扩建锦州市图书馆,1984 年投入使用,1985 年正式开馆。扩建后的图书馆馆舍面积 4200 平方米,总藏书量为 577 502 册。伴随着锦州市城市发展的步伐,市委、市政府不断加大对文化设施建设的投入。2001 年 6 月,市委、市政府决定异地改扩建图书馆,并将新馆址选在高新园区市政府对面。2002 年 10 月,新馆奠基,2006 年 2 月完工并交付使用,同年 5 月正式对外开放。新馆馆舍建筑总面积为 12 900 平方米。目前,锦州市图书馆馆藏图书 85 万册,人员增至 70 人,其中研究馆员 2 人,副研究馆员 6 人,馆员 31 人,正高级会计师 1 人。

建馆至今,锦州市图书馆已走过了66年的风雨历程,历经了从小到大、从手工传递到现代化管理、从普通馆到国家一级图书馆的巨大变迁。2000年10月,锦州市图书馆组建新的领导班子,抓住契机,解放思想,与时俱进,开拓创新,坚持遵循"读者至上,服务第一"的服务宗旨,提出"巩固、充实、规范、提高"的八字建馆方针;坚持"讲政治、比技术、赛业务、创一流"的办馆方略,向国家一级图书馆的目标努力。经过10年的打拼,在全馆上下共同努力下,在上级领导的正确领导和大力支持下,2009年,锦州市图书馆通过第四次全国公共图书馆评估检查,2010年1月被文化部命名为"一级图书馆",从而实现了锦图人六十余年的梦想。

图书馆是一个城市标志性的文化建筑,也是城市综合实力的体现。多年来,锦州市委、市政府十分注重文化事业的投入,对图书馆的建设更给予了高度关注。市政府投资建设的新馆充分展示了现代图书馆公共文化建筑理念,体现了浓郁的文化氛围与高科技的服务手段相匹配的建筑风格,建筑造型别具一格,庄重大气,内部装修清新凝重,简洁明快。室内天井采用透明的玻璃围顶,三层旋转楼梯整个被罩在玻璃棚下,中式花园式设计与休闲和谐的环境融为一体,为读者提供了舒适的阅读休闲环境。新馆全面采用了目前最先进、最实用的技术装备,实现了基础业务与行政管理的全面自动化。新馆共有三大功能区:读者服务区、办公区和藏书区。一、二、三层为读者服务区,设有开架外借处和基藏书外借处,各种功能的阅览室10个,阅览座席550多个;门厅设有总服务台,方便读者咨询和办理借书证,另外,还设有教学设施先进的教学培训基地、计算机中心、参考咨询中心和举办各种展览的展厅以及供学术报告、讲座之用的多功能厅;四层为办公区;五层为密集架书库。新馆全面采用了目前最先进、最实用的技术装备,配备了先进的自控联动中央空调和防火、防盗监控系统以及多功能的图书馆自动化管理系统,不但实现了采访、编目、图书流通、读者管理、信息检索的自动化,通过Internet以及与文化信息资源共享工程的对接,接收海量信息,为开展优质的读者服务工作打下坚实的技术基础。锦州市图书馆新馆是锦州文化历史上跨入 21 世纪的重要标志性工程,已成为锦州市一个重要的文化景观。

读者是图书馆生存和发展的资本,没有读者,图书馆就没有存在价值。从这个意义上讲,读者也是图书馆的财富。多年来,图书馆的各方面工作都是紧紧围绕着"服务于读者、方便于读者"的宗旨进行的。特别是近十年来,我们不断调整办馆理念、工作重心以及服务方式。一是强调"以读者为本"的办馆理念,强化读者意识、服务意识;在服务方式上,变被动服务为主动服务,把图书馆办到基层,办到社区,办到老百姓身边。我们还长年坚持开展送书到农村、到基层工作,办馆外流通站、分馆多达 20 余个,极大地满足了读者对图书文献的需求。图书馆多年坚持开展"送书下乡""科普之冬"活动,受到农民朋友的欢迎,并多次被市科协等上级单位授予"科普之冬活动先进集体"称号。二是增强了开放观念,树立了公共图书馆作为公益性文化机构必须向社会全面开放的理念。具体体现为三个开放:①时间上的开放。为最大限度地满足公众在休闲时间利用图书馆的需要,新馆实行节假日全部开放,并将夏季开馆时间延长到21:00。②文献资源的开放。新馆打破了传统图书馆以"藏"为主的观念,变为以"用"为主,全部实现开架借阅。③读者开放。新馆取消了办证工本费,实行免费借阅,充分体现了公共图书馆的公益性。

锦州市图书馆在做好常规一次文献服务的基础上,注重二、三次文献服务。地方文献部编辑出版的《锦州人文》受到各级领导的肯定;信息参考部通过各种形式扩大对图书馆的宣传力度,吸引科研人员和政府决策层利用馆藏文献。同时与省图书馆、上海图书馆、国家图书馆建立联系,开展文

农民工需求座谈会

献传递服务,解决本馆文献不足的难题。信息参考部和地方文献部的工作人员长年坚持到基层调研,进行专题服务,他们的课题在历次服务成果评选中屡屡获奖。这些奖项的取得,代表着图书馆为读者服务工作取得的优异成绩。

今天的公共图书馆已不是传统意义上的藏书楼,而是集多功能于一体的传播知识与文明的阵地。当今读者对知识的需求不仅限于图书、报刊等显性的知识载体,更多的是对隐性知识的需求,这给图书馆的读者服务工作提出了更高的要求。因此,开展丰富多彩的读者活动,已成为当前图书馆业务工作的重要内容。近十年来,锦州市图书馆举办了形式多样的读者活动,主要包括:大型知识竞赛、一年一度的"图书馆服务宣传周"、大型公益讲座、"世界读书日"等系列活动和各种展览等。

为了实现图书馆的社会教育职能,2006年至今,市图书馆利用新馆优越的环境资源,多次开展了大型美术、书法、摄影等展览,参与读者达万人之多。新馆开馆后,为了加大读者服务工作力度,专门成立了读者服务工作部。2007年,锦州市图书馆联合锦州市文化局和《辽西商报》,创办了"辽西·读书讲坛"。这是一项大型公益文化推广活动,以文化和历史为主打,邀请辽西的专家、学者走出书斋,登上讲坛,讲解经典国学、辽西区域人文历史以及当前社会热点问题。该讲座受

"辽西·读书讲坛"活动现场

到各级各界领导的首肯,市委原副书记王铁成亲自聆听讲坛,并对其给予高度评价,市各媒体多次给予报道,在社会上产生强烈反响。读书讲坛不仅在馆内讲,还走出去,进校园、进部队、进社区,到目前已举办近百场,听众达3万人之多。2009年,"辽

西·读书讲坛"获得了省文明委授予的"雷锋号"荣誉称号。

2000—2010 年,可以说是图书馆自动化飞速发展的十年。1998年,锦州市图书馆开始采用深圳图书馆 ILAS 系统,当时只开通了编目子系统。截止到 2003 年,相继开通了采访、编目、参考咨询子系统,版本也从 ILAS 5.0 升级至 ILAS II 2.0。2006 年,新馆落成后,市财政投入 109.16 万元用于新馆的自动化建设,在充裕的资金支持下,图书馆的自动化管理进入一个崭新的阶段。新馆开馆后,全面实现了 ILAS II 的各项功能,包括采访、编目、流通、典藏、连续出版物、参考咨询、书目检索的自动化。2009 年,馆内实现了一卡通服务,彻底结束了延续五十多年的纸质借书证的历史,使读者管理和服务工作提升到一个更高的水平。除了基础业务的自动化,新馆在人事管理、档案管理、财务管理等方面也全部使用了专业软件,实现了办公自动化。

在实现业务管理自动化的基础上,图书馆积极探索本馆的网络化发展之路。2009 年,建立了自己的网站(锦州市图书馆 www.jzlib.net),并在网站上开通了"本馆概况""服务指南""书目检索""数字资源""共享工程"等专栏。目前,锦州市图书馆已建成一个千兆到楼层、百兆到桌面的完整的局域网,局域网上已有计算机 91 台,并配有 OPAC 检索机、触摸屏等。

在实现自动化、网络化的同时,我们不断加强数字图书馆的建设。从 1998 年开始,应用 ILAS 系统以 CNMARC 格式对普通汉文图书进行书目数字化,到 2007 年,馆藏普通汉文图书的数字化全部完成;2008 年,馆藏中文报刊目录数字化也已全部完成。2000 年,我们开始尝试创建地方文献全文检索数据库,十年来,该工作已取得丰硕的成果,实现了对《锦州日报》《锦州晚报》《辽西商报》三家地方报纸的全文检索。

另外,锦州市图书馆现存古籍 5356 部、5 万余册,其中善本 54 部、692 册,民国之前古籍 900 余部、1 万余册。是辽西地区古籍藏量最多、保存相对完好的图书馆。锦州市图书馆古籍库房面积 580.77 平方米,全部由密集书架构成,书库建立严格的工作制度,在防虫、防尘、恒温、恒湿等古籍保护方面都采取了相应的措施,为方便读者,还专门设立了古籍阅览室,供有特殊需求的读者使用。从 2008 年开始,锦州市图书馆积极参与申报国家和省级珍贵古籍名录工作,馆藏元刻本《资治通鉴》、馆藏明刻本《元包经传》已入选国家珍贵名录。清康熙内府刻五色套印本《古文渊鉴》等 44 部古籍已入选辽宁省珍贵古籍名录。

为了补充馆藏资源的不足,拓展信息服务的功能,锦州市图书馆加入了国家图书馆和上海图书馆信息服务协作网,通过远程服务,共享国家馆和上海馆的数字资源。基本实现了图书馆服务自动化,网络化和数字化。

作为新一代锦图人,我们承载着锦图半个多世纪的光荣与梦想。展望未来,我们踌躇满志。我们坚信,以此次晋升一级图书馆为契机,锦州市图书馆必将拥有更加美好的前景,在如火如荼的"滨海新锦州"的建设中,为打造文化名城做出新的更大的贡献。

引领时尚　追逐梦想　展现时代风貌
——走进凌海市图书馆

在广阔的辽西平原上,大凌河千折百转、东流入海,在河与海的交汇之处,有一座小城宛如一颗璀璨的明珠镶嵌在此处,因小城依凌河傍渤海,故名"凌海"。

顺着整洁的青年大街步入凌海市的中心区域,一座气势雄伟的四层高楼拔地而起,那就是凌海市图书馆。图书馆东临繁华的电力商城,北靠凌海市火车站,锦凌路在图书馆门前横贯东西。放眼望去,图书馆大楼窗明几净,在芸芸众多的高楼大厦中显得十分高雅,给人以一种赏心悦目的感觉。

凌海市图书馆馆舍

凌海市图书馆最初成立于 1978 年 7 月,那时馆舍不过三间民房,馆员不过四人，且设施陈旧，藏书不多，但读者甚众。每日里来馆看书、借书者络绎不绝，区区三间民房渐渐无力承受广大读者的读书热情。凌海市政府的领导看在眼里急在心上，为顺应民意决心重建图书馆。凌海市政府多方奔走筹措资金，聘请专家统筹规划。终于，一座崭新的图书馆大楼破土动工，并在 1985 年胜利竣工。

走进图书馆，一楼大厅的横梁上几个隶书标语特别惹人注目：读者至上，服务第一。这就是图书馆的办馆宗旨——全心全意为读者服务。漫步综合阅览部，一排排书架相依而立，书架上各类书籍琳琅满目。不少读者坐在座席上静默地浏览着书山文海，他们中间不乏白发老者，也有莘莘学子。他们正借凌海市图书馆这个得天独厚的知识宝地，浏览着华夏五千年的文明史册，迷醉于那新奇、瑰丽、丰富、斑斓的梦想境界。

凌海市图书馆大楼分四层，馆舍面积为 1766 平方米，新老读者已逾 10 万多人。截止到 2012 年年底凌海市图书馆的总藏书量为 103 879 册，其中中文图书 84 522 册，报刊合订本 18 379 册，视听文献 978 册。2009、2010 年，图书馆新增藏量购置费 60 000 元；2009 年至 2012 年间，图书年均入藏量 126 种，视听文献年均入藏量 40 件，2012 年接受捐赠 160 件；地方文献入藏完整率为 90%。1994 年，文化部对全国公共图书馆首次评估定级，凌海市图书馆被定为"三级图书馆"。后经全馆工作人员的努力工作，在 2004、2013 年文化部两次评估定级工作中，凌海市图书馆都被评为"二级图书馆"。目前，共有阅览座席 350 个，计算机 54 台，宽带接入 10M，采用 Interlib 图书馆自动化管理系统，并成为国家联合编目中心及省联合编目中心成员馆之一，实现了资源共享。

每一位凌海市图书馆人都是人在书斋里，心游天地间，情系全天下。他们热情细致的服务吸引着各方读者，在外地上学的"老读者"更是为数不少，只要是他们需要的书籍材料，图书馆都会邮寄过去，以帮助其完成学业，早日回来参加家乡的"四化"建设。

比起阅览大厅的安静，三楼的青少年阅览部则热闹多了，同伴们的小声商量，借到渴望已久的书的喜悦声，小读者们叽叽喳喳的说笑声，在一排排书架间隐约可闻，那是一种由衷的欣喜，一种身心自由的惬意流露。

诚然，这种欣喜和惬意，全是凌海市图书馆、凌海市图书馆人诚心服务的结果。在"读者至上，服务第一"的服务宗旨指引下，无论是阅览室、外借部、青少年阅览部、综合阅览部、电子阅览室、辅导部和多功能厅全部免费开放，每周开馆 60 小时，书籍文献

凌海市图书馆服务宣传周活动

100% 开架，书刊文献外借为 10.8 万册次。从 2012 年开始，凌海市图书馆开通网站，在网上发布使用资源为 3TB，为读者提供咨询、检索、阅读等网上服务。

图书馆是无声的，但它却以洪亮的呐喊声为凌海在实现中国梦的进程中助威；图书馆是不动的，但它却以强劲的脉搏推动着凌海经济的发展。的确如此，凌海市图书馆的全体工作人员不仅身居斗室，还坚持走出馆门，以文化知识、科技信息与群众互动。他们在辖区内定期举办读书活动，吸引了无数的读者，他们元宵节举办灯谜竞猜活动，带给了人们欢乐。他们举办讲座、展览、培训、惠民书展、

凌海市图书馆送科技下乡

阅读推广等 66 次，每年寒暑假为学生开展第二课堂推广活动，成为图书馆行业的一大特色。他们还举办了"赶科技大集""送书下乡""发放科技小报"活动，创立了图书行业的新品牌。双羊养牛大户刘老汉就是在他们送去的养牛书刊中学到了经验，

走上了致富的道路。石山镇的养鸡专业户沙志忠就是在他们送去的《鸡的疾病与防治》书中学到了方法,使养鸡场的规模扩大数倍,不仅如此,他们还走基层下网点,去 5 所学校、8 个社区、21 个文化站和两个解放军部队进行业务辅导。凌海市共有 28 个乡镇,14 个社区,他们在 21 个乡镇推起了网络建设,建立了 355 个农家书屋,社区、村图书室 158 个,书室之多,覆盖面之广,工作量之大,真是令人佩服。

就是这样,图书馆像这个时代的一首诗、一幅画,用自己的工作去追求梦想引领时尚,为我们展示出美好的未来:坚持以人为本的原则,树立全面协调可持续发展观,将科学地建立一个适合整体需要的文献信息保障体系,制订文献信息资源建设的长中期计划,互利于行业的文献信息建设的优化配置,建立数字图书馆为读者提供快速、高效的服务。

医闾古城　书香四溢
——走进北镇市图书馆

　　北镇市图书馆成立于 1978 年,其前身是始建于 20 世纪 50 年代的北镇文化馆图书室。2014 年 4 月 23 日,北镇市图书馆新馆在世界读书日正式开馆,规模、设施、实力在锦州县区馆中名列前茅。自建馆以来,北镇市图书馆历经三次搬迁,办馆条件逐步得到了改善。馆舍面积由办馆初期的 500 平方米达到现在的 3000 平方米;工作人员增至 20 名,全部为大专以上学历,其中本科以上学历占 60%,中级以上职称占 40%。北镇市图书馆现有馆藏纸质文献 10 万余册,每年订阅报刊 200 多种。其中,《辽宁日报》及其前身《东北日报》《人民日报》《北镇报》都是自创刊之日起便已入藏,资料保存最为完整。目前,北镇市图书馆馆藏已实现全部开架借阅、免费开放。

　　北镇市图书馆新馆位于北镇新区的主干道旁,建筑造型庄重大气,周围有绿化带和花坛环绕,环境清新优美。整体建筑采用大开间、多元化、多功能的服务格局,四层回廊式建筑,从一楼到四楼的室内天井采用的是透明的圆顶,门厅宽敞明亮,自然采

北镇市图书馆内景

光极好。建筑内部注重绿色生态环境的设计,绿色植物在馆内随处可见,不仅美化了环境,而且净化了室内空气,为读者营造了舒适、温馨、优美、健康的学习环境。各个楼层均有无线网络覆盖,读者可以通过

手机免费上网。

北镇市图书馆现设有成人外借处、成人阅览室、少儿部、地方文献室、电子阅览室、多功能厅、参考咨询室、学习室 8 个对外服务窗口。一楼是成人外借处、参考咨询室;二楼是阅览室,设有座席 200 个,报纸期刊内容丰富、种类繁多,墙壁上"静""净""竞""敬"四个大字及当地名人的书法作品给人安静、幽雅、舒适的感觉,吸引着越来越多的人来到这里;三楼是少儿部、自习室及地方文献室,设有座席 100 个,阅览桌选取了明亮轻快的绿色,更适合儿童的心理特点,墙面挂有多幅名人名言,更设置了适合儿童阅读的学习园地,书架由原先的六层更换为四层,方便少儿读者借阅;四楼是电子阅览室、多功能厅及采编部、辅导部等,电子阅览室配有 30 台电脑,可供读者上网、浏览及下载电子书刊资料。

北镇市图书馆坚持"读者第一、服务至上"的服务宗旨,充分利用馆藏资源,拓展服务内容,优化服务项目,开展了外借、阅览、参考咨询、网络信息等服务,不断满足广大读者的精神文化需求。从 2002 年起,北镇市图书馆开始使用图书馆管理系统,建成馆内局域网,逐步实现了图书编目、流通、检索的自动化管理,充分提升了各项业务工作管理水平。北镇市图书馆建立馆藏数据库始于十余年前,目前回溯建库率达 60% 以上,80% 以上的藏书可以通过计算机检索。除此之外,北镇市图书馆还免费为读者提供寄存、检索、复印等服务,逐步实现了从传统图书馆向现代化图书馆的转变。

在 1994 年全国公共图书馆评估定级中,北镇市图书馆成为辽西县级图书馆中唯一的国家二级图书馆;在 1998 年和 2004 年的评估定级中又连续获此殊荣,并且每项评估指标都位居前列。

北镇市图书馆多年来发扬全心全意为读者服务的优良传统,以"读者第一,服务至上"为办馆宗旨,秉承"以人为本"的服务理念,结合图书馆工作实际,创新服务手段,增加服务内容,优化服务项目,积极有效地开展了很多特色读者服务与文献信息服务工作,逐渐形成了本地区公共图书馆文献资源共享服务平台,已成为北镇地区重要的文化传播阵地。

作为基层图书馆，北镇市图书馆很好地履行了对乡镇及学校图书馆（室）的辅导责任。长期以来，帮助北镇高中、聋哑学校、教师学校、乡镇文化站等建立起了标准化、规范化的图书馆（室）。

"世界读书日谈读书"主题读书进校园活动

为进一步倡导全民阅读，在历年世界读书日、读书节、图书馆服务宣传周期间开展了形式多样的读者活动。如每年召开2—3次读书征文活动，开展主题读书进校园活动，召开"世界读书日谈读书"主题队会等。图书馆还利用广播电视、报纸等媒体，通过专题宣传片、图片展览等形式，在社会上宣传图书馆，吸引人们走进图书馆。

自2003年起，北镇市图书馆连续6次参加由中宣部、文化部、团中央等9个部门联合组织的全国农民读书征文活动，共有近千名读者参加，推荐作品300多篇，其中一等奖3个、二等奖10个、三等奖百余篇，作者徐加林的《咱村的青年街》一文在中央电视台的"子午书简"

"四个北镇"建设有奖征文颁奖仪式

节目中播出，另有3篇作品在《中国文化报》发表。北镇市图书馆也连续6次获得该活动的组织奖，为图书馆赢得了良好的声誉。在各类征文活动中，北镇市图书馆逐渐培养了一支业余文学创作队伍，每次读书征文活动和其他读者活动都得到了这支队伍的热情参与。对这支不断成长壮大的队伍而言，图书馆拥有良好的形象，是他们的知心朋友。正因为有了他们的支持，北镇市图书馆的各种征文活动已然被打造成夺目耀眼的服务品牌。同时，北镇市图书馆也积极为这支队伍搭建展现自我的平台，在 2010 年辽宁省文化厅举办的首届文化信息资源共享工程"共享花开"杯征文、演讲比赛中，北镇市图书馆推荐的 4 名业余作者都取得了优异成绩。

北镇，是一座历史文化名城，北镇市图书馆就是这座古城知识信息的集散地、求知者的精神家园、市民教育的终身学校、地方文献的宝库和高雅的文化场所。在这里，知识将插上梦想的翅膀，飞向更加广阔的天地。

迈向精神的殿堂
——走进黑山县图书馆

黑山县图书馆坐落于黑山县城内 102 国道路段的中大中路 49 号。据《黑山县志》记载,黑山县图书馆始建于清宣统三年(1911),不久停办。1930 年 6 月,黑山县成立公办图书馆。中华人民共和国成立后,先是在县文化馆内设图书室。1977 年 10 月,图书馆由文化馆分出单独建馆,称"黑山县图书馆"至今。至 20 世纪 80 年代,黑山县图书馆仅有 660 平方米的二层小楼,藏书 33 000 册,工作人员不过 10 名。1997 年,在上级各部门和县委县政府的大力支持下,黑山县图书馆在原址翻建了一座 1500 多平方米的七层图书馆。1998 年 11 月,黑山县图书馆投入使用,并更新、添置了大量的服务设施,全面改善了黑山县内广大读者的阅读环境。

雨果说:"书籍是造就灵魂的工具。"那么,图书馆,就是人类灵魂的绿地。心灵在这里放牧,一步一步,迈向精神的殿堂。

站在馆前抬头仰望,烫金的篆书馆名镶嵌在建筑主体,清晰可见。那是由我国著名美术大师张仃先生为家乡黑山县图书馆

黑山县图书馆全貌

题写的。和张仃先生一样,那些从黑山走出去的历史名人,他们的丰功伟绩都被收录在黑山县图书馆的地方文献库里,向世人讲述着这片沃土。

　　图书馆大门东侧墙面悬挂着各种荣誉牌匾，而且每年都在递增，它们是黑山县图书馆历年业绩的见证。包括 1991 年全省文化系统窗口行业规范化服务竞赛优胜单位，1994 年全国公共图书馆首次评估定级的"三级图书馆"，2005 年全国公共图书馆首次评估定级的"二级图书馆"和黑山县"文明服务先进窗口单位"，2008 年黑山县文化旅游管理中心评比的农村科技服务奖、流动图书奖，2012 年的"辽宁省科普教育基地"，2013 年全国第五次公共图书馆评估定级的"二级图书馆"。

　　黑山县的历任县委、县政府及文化主管部门都十分重视文化事业，专项经费逐年提高。截至 2013 年年末，馆内藏书达到 8.7 万册，座席 134 个，计算机 42 台，宽带接入 10M 光纤，实现了馆内无线网络覆盖，采用中讯 ART-Library 图书馆自动化管理系统。目前，馆内全部馆藏均建立了机读目录，自建数字资源总量为 1TB。此外，建立了地方文献书目数据库，地方文献入藏完整率为 95%。

　　黑山县图书馆不仅在软、硬件方面加大投入，还特别注重读者服务工作。黑山县图书馆设有外借部、综合阅览部、少儿借阅部、电子阅览室、参考咨询部、辅导部、资料室、安全保卫部等多个服务窗口。实

小读者们在阅览室里阅读

行全年 365 天开放, 开展免费外借、阅览、咨询、检索、培训、讲座、多媒体播放等服务活动。

推开图书馆的两扇玻璃门, 洁净的墙壁和完善的机构设置示意图清晰地呈现在读者面前。走上二楼, "走进图书馆, 放飞你的梦想——2 小时阅读, 积累知识, 获得财富"的励志标语顿时跃入眼底。三楼的外借部是接待读者最多的部门。四楼的综合阅览室倍受老年读者喜爱, 丰富的报刊资源极大地满足了他们的精神需求。与成人阅览室比起来, 五楼的少儿借阅室布置得温馨亲切, 是孩子们学习娱乐的最好去处。

黑山县图书馆是目前县内唯一一家公共图书馆, 是全县人民重要的知识宝库。为了把图书馆的服务职能充分地发挥出来, 黑山县图书馆坚持正确的办馆方向, 牢牢树立全心全意为读者服务的理念, 创造性地开展工作, 立足县情馆情, 梯次制订了

黑山县图书馆赠书活动现场

短期发展规划和中长期发展目标, 在履行服务职能, 维护人民群众的基本文化权益, 提高人民群众的科学文化素质、活跃人民群众的文化生活方面起着重要的作用。建馆以来, 黑山县图书馆以"奉献求知者、服务读书人"的精神, 在工作上内强管理、外树形象, 并注重人员素质的优化、阅读环境的改善、基础工作的抓实、读者服务的规范、设施设备的现代化等, 取得了明显的成效, 为读者服务能力逐渐得到加强。

早在 20 世纪 80 年代初, 黑山县图书馆是锦州市各县区中较早成立参考咨询部, 为生产和科研提供专项服务的图书馆。专项定题跟踪服务与参考咨询工作, 已经成为黑山县图书馆的一项业务特色。每年年初, 黑山县图书馆都会根据地方中心工作及读者需求开展调研工作, 确定定题跟踪服务目标, 根据调研情况采购文献, 开展有效的跟踪

服务,取得了良好的社会效益。目前,各个科室均有独立的跟踪服务及参考咨询服务档案。

互联网技术的迅速发展为信息服务提供了极大方便,但是图书馆仍然是很多读者查阅历史资料、解决疑难问题的首选。目前,黑山县图书馆资源丰富,让读者时时能感受到时代的脉搏,迅速捕捉新的信息,查阅相关的资料。

古人云:无史无以成当下,无史何以知未来。回顾过去,展望未来,黑山县图书馆必将以建设现代化、数字化图书馆为发展目标,利用先进的计算机技术建立交互式数字信息系统和查询手段,推动全县经济发展,提高人民群众整体素质,实现科技和文化的完美结合,全力把自身打造成全县知识信息中心和科技文化服务中心。

百年老馆的时代新装

——走进义县图书馆

　　义县图书馆从原来位于老城东街的旧址搬到了高楼林立的城市新区。这并不是义县图书馆的第一次搬迁。始建于清宣统三年（1911）的义县图书馆，到现在已经有 105 年历史，停停办办到处搬迁，直到 1979 年 2 月在东街路北新建馆舍，才结束了风雨飘摇的经历。三十余年转瞬即逝，东街路馆舍面积狭小，设备落后，渐渐落后于本地区的整体发展水平，也无法适应图书馆事业自身发展的需要。在县政府的重视和支持下，义县图书馆新馆在城市新区中路和朱瑞路交汇处破土动工，并正式对外开放。

　　现在的义县图书馆是国家二级图书馆，建筑面积 2000 平方米，馆藏量 100 213 册，报刊资料 300 余种，电子文献、视听资料光盘 1000 件，电子计算机 50 台，馆内阅览座席 300 个。持证读者 3125 人，年外借图书 10 万册次以上，年经费 85 万元。馆员 19 人，其中大专以上学历 16 人。下设采编部、辅导部、外借部、综合阅览部、少儿借阅部、电子阅览室、多功能厅 7 个部门，全部免费开展对外服务。义县馆始终坚持"读者至上、服务第一"的服务宗旨，实行每周 7 天开馆制，每周平均开馆时间达 63 小时，实行大范围开架制，文献开架量占馆藏总量的 90% 以上。

　　新馆位于义县文化中心，北面紧挨着义县高中，对面是文化局和文化馆办公大楼，后面是朱瑞小学和义县文体中心，楼下是数字电影院。门前路面宽阔平坦，两旁的白杨树在阳光照耀下巍然挺立。义县图书馆建筑风格简洁，民族特色突出。整座建筑共分为三层，外形方正，古朴典雅，在蓝天白云辉映下显得格外凝重、肃穆。图书馆入口上方镶有一块书写着"义县图书馆"馆名的牌匾，这是出生在义县的当代著名书法家、美术家康殷专为故乡图书馆题写的匾额。

沿着干净整齐的大理石台阶拾级而上，进入门厅时，一股清凉、馨芬的书香气息扑面而来。整个图书馆的内部设计呈"回"字形结构。门厅南侧是一个大厅，这里是图书馆的心脏，既是馆藏书库，同时也是阅览室，10 万多册的馆藏图书和各类期刊和报纸整齐地摆放在这里。门厅的北侧是个中厅，这里是图书馆又一个重要的服务窗口——科技辅导部。馆员把随时搜集的新科技信息进行筛选、编辑，再利用"科技大集"、读者咨询、科普讲座等活动发放到读者手中。再往北则是一座更为宽敞开阔的大厅，这里安放一台数码影视设备，读者可以查阅、观看清晰的图像资料。二楼则是电子阅览室和办公区。和老馆相比，义县图书馆新馆在筹建时更追求人性化、亲民性，充分体现了现代图书馆"以读者为中心"的特点。为了方便特殊群体，新馆专门设立了青少年儿童阅览室和老年阅览室。青少年儿童阅览室收藏了适合不同年龄阶段的儿童读物，按高、中、低年级分类摆放，设有辅助书库、闭架阅览区、活动室、电脑学习室等。老年阅览室的设备和阅读环境都考虑了老年人的阅读特点，收藏了适合老年人阅读的读物。义县图书馆的每一个角落都充满了人性化的构思和温情，每一条过道都通透典雅，每一间书屋都明亮宽敞，宽大舒适的布艺沙发和座椅随处可见。在这里，可以感受到义县图书馆新馆一流的服务设施和设备。

伴着书卷的清新，品味求索的艰辛，让文字拍打着心情，让思绪徜徉在书的海洋……这是来到义县图书馆的每一位读者的梦想，更是义县图书馆为自己确定的个性化服务发展方向。未来，义县图书馆即将成为义县城乡大众终身学习的知识殿堂、信息共享的中心枢纽、社区生活的技术港湾、文化休闲的经典雅座、社会文明的示范窗口，全面体现高效、适用、安全、舒适的理念，成为综合性、多功能、智能化的城乡公共图书馆。

读者为本,服务为先
——走进凌河区图书馆

2008 年,凌河区图书馆搬迁到锦州市凌河区徐州街恒升现代城 18 甲。凌河区图书馆开馆时间 8∶00—17∶00,电话 0416 - 2863909,建筑面积 310 平方米,馆藏图书 2 万余册,现有阅览座席 50 个,职员 6 名。

凌河区图书馆现已免费无偿对社会开放,为社区居民、老人、儿童、残疾人、农民工等社会群体提供借阅服务,并开展图书宣传、科普活动等。凌河区图书馆在读者区显要位置向读者进行免费开放的公示,暂定借阅室、电子阅览室、地方文献室为开放区域,并为读者换发新证,根据读者需求增加了报刊种类。为给读者创造一个温馨、舒适的良好环境,凌河区图书馆在一楼门厅及楼梯楼道设计布置了文化墙,既突出了文化特色,又营造了图书馆氛围。为进一步做好免费开放工作,凌河区图书馆设立了档案资料室、作品征集室,购置了新设备,并对档案整理归放;整理了过刊库,对过期报刊归类上架;成立了地方文献室,对本市各类文献进行收集,对各类书籍、资料、名人简历及证书分类上架。

为读者服务是图书馆的主要职责与业务工作。凌河区图书馆坚持以"读者为本,服务为先"为办馆理念,以"为读者提供满意的读书环境"为服务宗旨。2014 年,凌河区图书馆在做好常规服务的同时,创新读者服务工作,集中力量开展专题活动,开展了"农民工专架"服务,提供 5000 余册图书供农民工借阅;以"知识改变命运"为主题的读者活动吸引了 200 余名读者到馆参与。为配合图书馆服务宣传周活动,凌河区图书馆与锦州市北方图书城联合举办了"快乐阅读"读书月活动;围绕"公共图书馆进社区"主题,在图书馆周边及凌河区人口密集的居民小区进行宣传,使人们知道图书馆,了解图书馆,走进图书馆。

近几年,凌河区图书馆加强与兄弟馆的联系与沟通,通过学习好经验、好做法,取长补短,同时引入了图书管理系统,使自身的服务能力和业务水平均有所提升。

经过全体图书馆职工的不懈努力,凌河区图书馆连续 14 年被锦州市文化局、锦州市图书馆学会、锦州市图书馆评为"图书宣传周先进单位"。

推开"知识之门"
——走进古塔区图书馆

古塔区图书馆成立于 1976 年,其前身是文化馆的图书室。历经数次搬迁和 6 年闭馆期,古塔区图书馆在 2000 年 5 月喜迁新址。新建的古塔区图书馆办馆条件逐步得到了改善,馆舍面积由办馆初期的 170 平方米达到现在的 260 平方米,工作人员 4 名,全部为大专以上学历,中级职称 2 名。古塔区图书馆现有图书 1 万余册,每年订阅报刊近 30 种,搬至新馆后,便开始保存《人民日报》《辽宁日报》《参考消息》《锦州日报》等报纸。自 2000 年开馆,古塔区图书馆全部馆藏实现开架借阅,免费开放,尽其所能满足广大人民群众的精神文化需求,让人人可以自由、不受限制地获取知识和信息。尽管馆舍面积尚未达到三级图书馆的 800 平方米标准,但古塔区图书馆的服务设施、服务能力与水平已基本达到现代化图书馆的标准。

古塔区图书馆位于古塔区解放路和汉口街交汇处东行 200 米,临街而立,道路宽敞,交通便利。正是这闹市中的一隅幽静,为读者营造了舒适、温馨、优美、健康的学习环境。

走进图书馆,走廊里一幅郁郁葱葱的郁金香长画,让人犹如走入一片花海。走过郁金香长画,走廊里摆放了一台歌德借阅机,借阅机内存储了 2000 余册的电子书,苹果或安卓系统手机均可扫描并下载借阅机里的电子书。

古塔区图书馆阅览室设有座席 24 个。该阅览室被打造成一个小型的多功能厅,既可以作为阅览室供读者阅读,也是读者自习自修的场所,每周一上午这里还会开展捏面人、书画室、手工绳结等科普活动。

辽宁绳结代表性传承人颜伟齐和古塔区
图书馆绳编爱好者开班合影

电子阅览室设有 25 台电脑,可供读者上网查阅资料。目前,古塔区图书馆已经全面开通电子数字图书馆,实现了图书馆业务的自动化管理。凡古塔区居民通过通用的用户名和密码均可登录古塔区图书馆的网络图书馆。网络图书馆可提供多种检索功能,每年电子书新增量不少于 8 万册,提供不重复的可选电子图书数据不少于 130 万册。

古塔区图书馆仅有一个书库,但布局合理,成人与少儿藏书分配比例得当,设有醒目的导读宣传栏,向读者推介畅销书,便于读者借阅。

古塔区图书馆在有限的面积里,以丰富的馆藏和合理的布局充分体现了以人为本的办馆理念。多年来,古塔区图书馆始终坚持"读者第一、服务至上"的服务宗旨,充分利用馆藏资源,拓展服务内容,优化服务项目,开展外借、阅览、参考咨询、网络信息等服务,不断满足广大读者的精神文化需求。古塔区图书馆建立馆藏数据库已有十余年。2003 年起开始使用 ILAS 图书馆管理系统,逐步实现了图书编目、流通、检索的自动化管理。同时,免费为读者提供检索、复印等服务。目前,古塔区图书馆逐步实现了从传统图书馆向现代化图书馆的转变。

　　为进一步倡导全民阅读,让越来越多的人爱书、读书,让越来越多的人走进图书馆,利用图书馆,在每年世界读书日、读书节、图书馆服务宣传周期间,古塔区图书馆开展了形式多样的读者活动,召开"世界读书日谈读书"主题队会,向不同年龄段的孩子发放阅读成长表,达到推广阅读的目的。此外,古塔区图书馆还利用电视、报纸等媒体,用专题宣传片、图片展览等形式,向社会公众宣传图书馆,吸引人们走进图书馆。做好文献资源的收集、整理、保存工作,通过向到馆读者征询阅读书目,和读者交流互动,听取读者的意见和建议,竭尽所能地满足广大读者的阅读需求。一直以来,古塔区图书馆结合工作实际,积极探索和创新图书馆服务手段,利用"进企业、进机关、进社区"等读者活动将知航网络图书馆推介给社会公众,使古塔区图书馆逐渐发展成为本区公共图书馆文献资源共享服务平台,成为古塔区重要的文化传播阵地。古塔区图书馆举办的各项活动内容充实,社会反响良好,有效地扩大了图书馆的知名度和社会影响力,带动了广大群众的读书热情。

　　图书馆是一个知识信息传播阵地,是求知者的精神家园,是百姓的终身学校。在这里,图书馆人将用书香浸润读者的心灵,用阅读改变读者的人生;我们的图书馆一定会办得更人性、更和谐、更温馨,让每一个来到图书馆的人都能体会到家一样的温暖。

孩子们成长的乐园
——走进锦州市少儿图书馆

锦州市少儿图书馆位于高新区市府路 63 号,乘坐 6、8、126、环 2 路公交车均可到达,交通十分便利。馆舍面积 2000 平方米,整个建筑恢宏大方,通体透明,与市图书馆一起作为标志性文化建筑矗立在市府广场西侧。作为全国未成年人思想道德建设工作先进单位,锦州市少儿图书馆坚持公共文化服务的公益性、基本性、均等性、便利性的要求,以"读书育人、服务社会"为办馆方向,全心全意为全市少年儿童提供周到的服务,2013 年被评为"二级图书馆"。馆内现有藏书 6.5 万余册,持证读者 1.5 万人,年接待读者 8 万人次,有阅览座席 320 个。现开设图书外借、报刊阅览、读者自习、低幼阅览、多媒体阅览、参考咨询和青少年心理健康指导中心等对外服务窗口。锦州市少儿图书馆在每周二至周五 12:00—17:00 开馆,周六、日和寒暑假 9:00—17:00 开馆,周一闭馆,全年共计 100 天无闭馆日,开通读者咨询电话(0416 – 3403560)。同时,读者可登录少儿图书馆网站(www.jzssetsg.com)了解馆内的最新动态,浏览数字资源,进行图书续借。

走进锦州市少儿图书馆,便好像进入一个童话世界。最先映入眼帘的是孩子们的作品,稚嫩的手笔下或山水淡墨、诗情画意,或色彩斑斓、小巧可爱,那是孩子们内心真挚的情感,天真而纯净,让看过的人也沉静下来,细细品味……而低幼阅览室里那一本本精致的绘本、一部部经典的童话故事书、五颜六色的装饰和小桌椅更是把孩子们带到了奇妙的童话王国,有的孩子喜欢自己静静地阅读,探索王国里的秘密,有的或席地而坐或与爸爸妈妈相互依偎,看得津津有味,其乐融融。

锦州市少儿馆馆舍

走进锦州市少儿图书馆,就踏入了知识的殿堂。一楼的外借处和二楼的阅览室整洁干净,井然有序。在这样清新宁静的地方,踏踏实实去阅读,把每一本书的精华融入大脑。如果说书籍是人类进步的阶梯,那么这里就是一座无价的宝藏,包含着许多奥秘,吸引着孩子们去挖掘、去发现、去寻找。而二楼的电子阅览室更能让孩子们体验到数字阅读的快乐,这里有国家图书馆、辽宁省图书馆提供的弘扬中华优秀民族文化和体现社会主义核心价值观、雅俗共赏的数字资源,这里有 2500 多种最新的少儿电子图书,这里有首都少儿数字资源库……

让孩子们感受到图书馆不仅有书香萦绕,也可以通过多种阅读方式汲取知识的养分。

走进锦州市少儿图书馆,总能被一些细节所打动,觉得它带给孩子们的不仅仅是知识、信念和动力,更重要的是一种温馨、一种感动和一种人文气息。当孩子的身心有些疲

绘本推介

倦时，可以拿着自己喜欢的书来到馆内的中心花园，在郁郁葱葱中欣赏美文，倾听心泉叮咚，重温一抹美丽的心情，抚慰一颗疲惫的心灵；当他们在阅读中需要思索时，会被一条条励志的格言和名人成长录吸引，顿时心胸开阔、志存高远，让生命愈加丰盈生动；当他们徜徉在书的海洋里意犹未尽时，可以轻触电子屏幕，打开另一扇阅读的大门，那里有100多种电子报刊和声情并茂的故事，有方便灵活、高科技的掌上阅读；锦州市少儿图书馆更是一座没有围墙的学校，即便不是这里的读者，也可以到开放阅读区去体验读书的快乐，那里都是热心的小读者捐赠的精美图书，小小的空间里包含着一份份爱心，照亮着热爱读书的孩子们……

走进锦州市少儿图书馆，就是来到了孩子们成长的乐园。这里不仅仅能浸润书香，阅读文字，更重要的是给孩子们提供了一个展示自我、提高综合素质的平台。每年丰富多彩的读者活动都得到了孩子和家长的积极参与，一些富有特色的经典活动更是赢得了大家的喜爱。由本馆自创的品牌"金色童年"系列讲座，从2009年开始至今已举办50场，邀请了一批在教育、医学、文化等领域具有一定权威的人士和老师分别就家庭教育、特长提升、传统文化、青少年安全和保健、心理健康等方面给家长和孩子提供帮助，相互交流，让广大少年儿童和家长受益。其中辽宁师范大学教育硕士、十中校长张洪东的"家庭教育是大智慧"，儿童医院院长、医学博士张娟的"儿童常见病的预防和营养"，重庆路小学优秀教师杨静的"城南旧事"美文赏析公开课等都收到了非常好的效果。

小小图书管理员招募更是热情高涨，在寒暑假读者高峰期，都会看到小图书管理员忙碌的身影，他们通过馆内的培训统一上岗，认真地整理图书，仔细地借阅，热心地为读者服务。这样的活动不仅培养了孩子们的社会实践能力，也为锦州市少儿图书馆增添了一道别样的风景。经典儿童电影展映更是场场爆满，《狮子王》《背爸爸上学》《蓝精灵》……孩子们看得如痴如醉、流连忘返。

锦州市少儿图书馆还特别注重让孩子在中国历史文化中汲取营

养。分别邀请医巫闾山满族剪纸传承人蔺欣宇到馆传授剪纸技艺,省级非物质文化遗产皮影戏继承人赵忠义老师带着孩子们了解皮影的制作和演艺过程,辽宁省优秀民间艺人张斌讲解面塑的技艺,一个个活灵活现的人物让孩子们惊叹不已。组织孩子们到锦州市杂技团、市木偶剧团参观,现场观看表演,听民俗老师讲解关于"年"的奇闻趣事,让孩子们更加深入了解传统文化和民间艺术的魅力。一场场精彩的文化传承盛宴,一幅幅生动形象的作品,也让孩子们成为一个个小小的艺术家,剪个窗花送给妈妈、捏个孙悟空送给同学、和爷爷一起演个皮影戏……由衷的喜悦和自豪感洋溢在孩子们的心田,而家长看到孩子文化底蕴和动手能力的提升更是欣慰不已。

　　每年锦州市少儿图书馆都要为孩子们举办征文、绘画、摄影、电脑操作等比赛,为孩子们提供一个展示自我才华和风采的舞台。全市"少年梦·中国梦"创意手抄报大赛、喜迎世园绘画摄影比赛、少年儿童口才大赛、数字图书馆阅读征文等,孩子们用自己的作品抒发了对祖国家乡的热爱之情,畅想了美好的未来,激发了学习的热情。这些活动的有效开展,也提升了锦州市少儿图书馆在家长和孩子们心目中的地位,扩大了本馆的社会影响力,传递了正能量。

　　走进锦州市少儿图书馆,可以感受到清新的书香中还流淌着爱,充满着温情。虽然只有 16 名职工,但锦州市少儿图书馆的所有职工都是志愿者,为了让馆藏发挥最大的效用,为了解决农村偏远地区孩子看书难的问题,锦

"你我献爱心　百人看百书"捐书送教活动现场

州市少儿图书馆在义县、黑山、北镇、凌海等贫困的农村学校共建立 10 个爱心图书室,常年义务送书到校,并对各学校的图书室建设给予指导,组织开展读书活动。送书车穿梭于城市和农村之间,成为一道流

动的风景线。尽管一路颠簸,尽管农村学校的条件非常艰苦,冬天的时候打书包手都冻僵了,但图书馆人依然热爱这项事业,尤其是看到孩子们对图书的喜爱,他们更加认识到这项工作的意义,再苦再累也值得。

锦州市少儿图书馆还坚持每年"六一"儿童节和春节去看望市福利院的孤残孩子。带去生活慰问品和他们一起过节。锦州市少儿图书馆还送给一个高位截瘫的孤儿王盼一台笔记本电脑。她虽然身体残疾,但智力发育正常。这台电脑把她和外界联系起来,让她在物质生活得到满足的同时也能享受精神上的快乐。同时,锦州市少儿图书馆还在市聋哑学校、凌河区培智学校建立爱心图书室,因为这两所学校的学生是一个特殊的阅读群体,他们都是一些聋盲和智力障碍的孩子,更需要社会的关爱。锦州市少儿图书馆根据孩子的特点为他们提供一部分工具书和手工技能书,给予他们学习和生活上的帮助。同时,每年的"六一"儿童节,馆里都会邀请农民工子弟小学的孩子们到少儿图书馆欢度儿童节,带孩子们参观少儿图书馆的各个服务窗口,在阅览室读自己喜欢的图书,观看儿童影片,在多媒体阅览室的网络世界里畅游,大家一起做游戏,玩得不亦乐乎。

阅读指导一直是图书馆的一项重要工作。在具体的工作中,锦州市少儿图书馆发现有一些孩子存在着一定的心理问题,不能适应多元化的社会发展,让家长很无助。面对这些,图书馆适时在青少年心理健康指导中心推出了指导阅读加上心理辅导的方法,由国家二级心理咨询师杨艳秋老师针对不同年龄、不同心理、不同思维的少年儿童进行阅读指导。杨老师根据孩子的特点组织各种艺术工作坊,沙盘工作坊、绘画工作坊、读书工作坊等,为孩子和家长进行辅导。充满童趣的工作坊让孩子们找到了认同感和归属感,在轻松愉快的氛围中读书、绘画、创作。杨老师在馆内每年都要举行 3—5 场公益性讲座,"沙盘展现的美好人生""自像画——走近你和我""亲子阅读让沟通不是问题"等在这些讲座中,杨老师经常与孩子和家长们现场互动,当众答疑解惑,引领孩子们吸收积极的正能量,还经常向孩子们推荐一些口袋书,如《导航心灵》《青少年必知的 99 种思维》《幽默人生语》等,都受到了家长和孩子们的欢迎。

对未成年人进行爱国主义和传统美德教育也是锦州市少儿图书馆服务的一个特色。市关工委报告团成员、退休不退岗的故事奶奶徐学军每年寒暑假都被邀请到馆里为孩子们讲爱国故事,风雨无阻,她的行为本身就是对孩子们的一种教育和感染。《为解放锦州牺牲的梁士英》《战斗英雄黄继光》《雷锋的故事》……一个个英雄形象在徐奶奶的讲述中是那样的栩栩如生、感人肺腑,孩子们听得如痴如醉,对这些英雄人物充满了敬意,也更加珍惜今天来之不易的幸福生活。

锦州市少儿图书馆美观舒适的环境、自主自由的学习氛围、富于特色的读者活动让孩子们的情操得到陶冶、知识得到拓展、思想得到净化、才艺得到展示。这一切让孩子们的生命更加充实,生活更加精彩。扎实有效的工作和特色服务也极大提升了锦州市少儿图书馆的影响力和辐射面,受到了社会各界的好评和赞扬。今后,锦州市少儿图书馆还要不断探索、创新思维,用特色服务和活动让更多的孩子爱上图书馆、走进图书馆,爱上书中撞击心灵的文字,让少儿图书馆这块心灵的净土、知识的乐园滋润着孩子们健康茁壮地成长!

营口市

辽河岸边的知识殿堂
——走进营口市图书馆

在美丽的渤海之滨、波澜壮阔的辽河岸边,宏伟、高大的营口市图书馆新馆赫然挺立,与营口市最大的景观公园——人民公园毗邻而居。公园里丛林绿树成荫,图书馆新馆大楼在茂密的翠林映衬下,显现得内敛而沉稳。营口市图书馆新馆于 2007 年 9 月正式启用,是营口地区藏书最多、规模最大、历史最久的图书馆,建筑面积达 12 000 平方米,现有馆藏图书近 64 万册,可提供阅览座席 1400 余个。远远望去,整幢馆舍古朴典雅,就像一个传播文明的使者,舒展开它高大的身躯,以包容的文化胸襟和平等的人文关怀,接纳着四方文化,承载着时代的变化与岁月的变迁,为穿梭往返在喧嚣尘世中的人们提供了一方净土。

营口市图书馆新馆

营口市图书馆始建于 1956 年,拥有深厚的历史积淀,是营口地区文献收集、保存、开发、利用和提供文献信息服务的中心。这里有历史的沉淀、文化的传承，也有书香的润泽、智慧的启迪，让疲惫的心灵得到憩息。岁月如歌，几经发展，如今，在新一届馆领导班子的带领下，全体图书馆人同心协力，以全新的服务理念，投入到各项服务工作中。2009 年在第四次全国公共图书馆评估中被文化部评定为"一级图书馆"，获得了建馆以来的最高殊荣。在 2013 年的第五次全国公共图书馆评估中，再次被文化部评定为"一级图书馆"，圆了几代图书馆人的一个共同的梦想。

馆内设有外借、阅览、信息服务、未成年人益智阅览、盲人及盲文有声读物阅览、电子文献阅览、经典文献阅览、教育培训、休闲交流等现代化服务功能。步入馆舍，一楼的读者大厅宽敞明亮，一幅巨大的《雅典学院》壁画映入眼帘，LED 大屏幕滚动播出各类读者活动的信息。空气中弥漫着淡淡的油墨书香，亲切而自然。两台触摸式电子读报机宛若两扇通往知识殿堂的大门，轻触屏幕，各类报纸信息推送眼前，精彩纷呈的大千世界尽收眼底。读者通道中挂满了颇具文化气息的壁画，孔子、鲁迅、爱因斯坦、托尔斯泰等一个个响当当的名字为这知识的殿堂增添了神圣和庄严。新馆的功能布局与服务设施的设立，充分考虑到"以人为本"的服务理念，力求体现藏、借、阅一体化服务空间。阅览、外借等服务部门基本设置在一、二、三楼，方便读者借阅；增加休闲设施和读者便利设施，为读者利用图书馆提供方便，最大限度拓展读者服务区，为读者营造舒适健康、安静、怡人的阅读环境。一盆盆栽、一幅壁画夹杂着书墨的清香，让更多的人享受到阅读的别样快乐。

近年来，营口市图书馆一直把"读者第一，服务至上"作为服务宗旨，把"共享强馆、科技立馆、活动促馆、品牌亮馆、文明塑馆"作为办馆理念。坚持办馆方向，深化内部改革，实行科学管理，利用丰富馆藏，通过阅览、外借、解答咨询、定题服务、送书上门、举办展览、专题讲座、报告会等多种形式为读者服务。

一、共享强馆为实现图书馆资源共享提供精神动力

长期以来,营口市图书馆在做好阵地服务的基础上,积极开展延伸服务,把服务的触角延伸到农村、部队、企业、社区、学校、家庭,实现资源共建共享。先后在腾达社区、华安社区、振华社区、盖州熊岳镇九陇地村、老边区大兴村等处建立了社区和农村分馆。在谷文成老人家成立了第一个家庭图书流通站,在武警部队、营口监狱、市养老院、市特殊教育学校、市强制戒毒所等单位建立了图书流通站,为实现公共图书馆资源的全社会共享创造了便利的条件。让全社会各群体都能共享图书馆的优秀资源。

营口市图书馆从 2007 年开始,就着手构建地区集群图书馆网络的探索,通过集群图书馆业务管理系统技术的突破和管理的创新,实现以市馆为中心,县区公共图书馆、各乡镇(办事处)、村(社区)为补充,营口地区图书馆四级网络化管理,建设"图书馆联盟"。通过整合,优化全市文献和馆藏资源,从技术层面和服务层面,实现各馆之间联合采购、联合编目、通借通还,进行资源共享。初步形成覆盖全市,服务全民的公共图书馆网络。2009 年 5 月,这一工程实现了质的飞跃,在市图书馆、大石桥馆、西市区馆、老边区馆实现了"一馆办证、多馆借书、一馆借书、多馆还书"的"通借通还"大流通服务。通过互联网使地区图书馆成为一家,把地区知识传播体系建立起来,把流动图书服务站建到了市民身边,既能就近满足市民基本的阅读需求,还能享受异地借还的便利,让广大市民尽情遨游在浩瀚的书海中。

2008 年 11 月 6 日共享工程展播厅开始免费对读者开放。每周举办两次读者活动,定期播放"红色电影回顾""名家讲坛""健康讲座""文化讲座"等系列优秀电影和讲座视频。还利用投影设备在社区、农村等基层服务点开展放映活动。拓宽了广大市民的阅读视野,更大程度地发挥了图书馆的服务功能。

二、科技立馆为图书馆由传统向现代化转型指明方向

在信息飞速发展的时代,营口市图书馆已不再仅仅是一个实体存在的物理空间,先进的理念和服务手段,不断地创立了图书馆的服务新概念。

近年来,营口市图书馆以营口市图书馆网站为依托,利用共享工程视频点播平台、多媒体阅览室、共享工程展播厅为广大读者提供以7个大型电子数据库、网络信息资源、共享工程资源、2000余种光盘资源为主要资源的参考咨询、外借服务。又建立了光盘视频点播平台,文献资源的多元化受到了读者的热烈欢迎,使广大读者"足不出户"就可享受到市图书馆提供的"最快捷"的电子资源借阅服务。

随着我国手机网民数量的迅猛发展,移动阅读已经成为社会阅读的新风尚。营口市图书馆顺应时代发展潮流,创新服务理念与手段,及时抓住手机阅读这一有利载体,在辽宁省公共图书馆中率先推出"移动图书馆"服务。通过这项服务,读者能够访问图书馆的 WAP 网站,查询图书馆馆藏书目信息、本人借阅情况,还可以提交图书预约、续借等申请,浏览图书馆的馆情动态、通知和新书通报等信息。最让读者兴奋地是,移动图书馆为读者提供了3万多本 e-pub 电子图书、上百万种图片格式电子图书、期刊论文、报纸全文,以及学位论文、会议论文等中外文文献的下载、在线阅读服务。读者可以不受时空限制地畅游书海,成为营口市图书馆科技创新的一大亮点。

三、活动促馆助推图书馆成为没有围墙的"城市教室"

营口市图书馆读者活动注重系列性、创新性、主题性特点,现已形成"迎新春系列""世界读书日系列""图书馆宣传周系列"等主题的系

列活动,为广大市民提供获取知识与信息的渠道,成为普及高雅情操、丰富市民文化生活、没有围墙的"城市教室"。

全民阅读水平是衡量一个国家、一个地区社会文明程度的重要标志,是一项社会性、群众性、公益性活动。营口市图书馆作为全民阅读活动的主阵地,通过举办系列读书活动,促进全民阅读;通过推出特色服务建设,推广全民阅读,得到市委、市政府的高度重视。近年来开展的以"读书给人智慧、使人勇敢、让人温暖""书香满滨城"为主题的全民阅读活动得到了新闻媒体的广泛关注,吸引了数十万市民的积极参与,使读书之风在营口地区蔚然成风,让更多市民感受到浓浓的书香,共享阅读的快乐。从 2011 年开始,营口市图书馆连续两年荣获"全国全民阅读先进单位"称号,2013 年被中国图书馆学会授予"全民阅读示范基地"称号。

"营图展览"以"传承高雅文化,展示艺术精品,引领大众时尚"为宗旨,充分利用馆藏资源和文献研究资源,举办了各类主题鲜明的图片展,为百姓献上一道道精彩绝伦的文化大餐,成为展示国内外文化艺术、传承中华传统文化、进行理想信念教育的亮丽"窗口"。为了将展览办得更好,营口市图书馆还培养了自己的讲解员,为广大读者进行绘声绘色地讲解。为了积极拓宽图书馆公共文化服务空间,借助流动展览这一载体,启动了流动展览"五进"活动,送文化到社区、农村、学校、部队和企业,把文化直接送到广大群众的身边,使更多群众的基本文化权益得到更实在的落实,平均每次展览吸引观众达到万余人。

四、品牌亮馆全力打造城市文化品牌

营口市图书馆立足不同类型读者需求,实施服务品牌战略,引导读者阅读,铸造了一个成就"智慧城市"梦想的开放课堂。

"市民课堂"是营口市图书馆配合"营口市民学习日"推出的公益讲座活动。从 2004 年开始,本着贴近生活、贴近实际、贴近百姓

"与好书为友 与经典对话"读书报告会现场

的宗旨,选择与百姓生活密切相关的主题,邀请营口地区学术造诣精深、学风学德高尚、热心公益事业的各行各业专家学者来馆讲座。目前已形成"名家导读名著""市民生活""营口民俗文化""国学讲堂""亲子课堂"等系列主题,截至 2012 年,共举办公益讲座 200 多场、听众达 50 000 人次,为市民搭建了一个学习的平台,提供了一条学习的捷径,成为营口市民学习日的主阵地,全力打造城市文化品牌,2008年荣获辽宁省公共图书馆优秀服务成果一等奖。

"学海轻舟"栏目打造市民学习新空间。"学海轻舟"栏目是营口市图书馆在交通文艺频道开办的一个读书栏目。以"为读者找好书,为好书找读者"为宗旨,为广大出租车朋友提供他们喜爱的图书。全市近 5000 名出租车司机已成为"学海轻舟"的忠实听众,这一栏目也被他们称为"穿越时空的图书馆"。

"盲人引航"开启了盲人文化生活新天地。为关爱盲人,满足盲人读者的阅读需求,营口市图书馆建设了省内一流的盲文及盲人有声读物阅览室。阅览室分为图书阅览区、音像区、网上冲浪区、服务区 4 个区域,为读者提供各类盲文图书、电脑、盲文点字显示器、多功能数码助视器、阳光读书机、有声读物、光盘、盲文刻印机等设备。在室内和走廊铺设有盲道,设置了感应门、红外线语音提示、专门卫生间等设施,为盲人读者打造无障碍阅读,消除了视障人士的信息鸿沟,为处于黑暗中的特殊人群点亮了心中的一盏明灯,成了一个"无边界的图书馆"。

"益智启蒙"活动引领未成年读者体会阅读的乐趣。设立在四楼的益智馆仿佛是一个快乐的城堡,吸引着小朋友们的眼球,成了他们周末休闲益智的天堂。益智馆里到处洋溢着清新活泼的格调,色彩斑斓的桌椅、彩色的展架让童趣无处不在。益智馆内 200 余种中国古典益智玩具,九连环、七巧板、华容道、鲁班锁、四喜人等把数学和游戏玩具结

益智馆里几百种儿童益智玩具
吸引着儿童和家长

合起来,对于提高玩具品位、开发智力思维具有独特的功能。这些玩具自引进以来一直深受小读者们的喜爱,在领略古典益智玩具魅力的同时,感悟数学的原理,提高了他们的观察、思考、想象、逻辑思维和动手能力,为青少年读者开启了智慧之门。休息区设立了书刊展架、沙发、电脑等休闲设施,为前来陪伴的家长们提供了方便周到的服务。在亲子区域,每当家长们带着孩子走进"城堡",在亲子互动的活动中益智益情,都能感受到无穷的快乐。

五、文明塑馆提升馆员综合素质,彰显馆员风采

近年来,营口市图书馆坚持"内抓管理,外树形象,内外兼修,努力提升综合服务水平"的工作思路,不断加强组织领导,完善制度建设,强化监督管理,加强队伍建设,培养高素质人才。充分发挥群团组织的优势,组织引导全体职工以极大的政治热情,高度的主人翁责任感投身于图书馆事业的发展和建设中,为图书馆各项工作的顺利开展做出了贡献。

作为窗口单位,图书馆一直把开展优质文明服务竞赛活动作为精

神文明建设的重要内容,改进服务态度,提高服务质量,不断改善办馆条件,满足读者多方面的需求。每周一次的馆员业务培训,激发了全体馆员的学习热情,不断更新知识储备以适应现代化图书馆业务的需求。同时还举办青年馆员演讲比赛、业务技能竞赛以适应当前的形势、适应新时期读者的需求以及图书馆的发展变化。

近年来,营口市图书馆连年被评为省、市文明单位,2009年获"全国巾帼文明岗";2010年获"辽宁省优秀文化阵地""辽宁省文化系统先进集体""营口市创建全国文明城市先进单位""营口五一劳动奖状""营口市先进党支部""营口市先进团支部";2008年获"全国先进学会";2013年,被命名为全国"全民阅读示范基地"及"国家级科普教育基地"等荣誉称号。

营口市图书馆将继续坚持免费、开放、平等的宗旨,做好各项读者服务工作,深入探索总分馆服务体制,不断推进图书馆之城和人文荟萃现代化文明城市建设,为市民提供一流的公共图书馆服务。在历史的书写与创造中,积淀厚重的文化底蕴,延续悠久的历史文脉,为营口地区公共文化服务体系建设做出应有的贡献。

和谐发展的老边区图书馆

老边区图书馆前身是区文化馆图书馆,筹建于 1981 年,成立于 1982 年 10 月,同年 10 月正式对外开放,隶属于文教局,馆址在铁北街,馆舍面积 45 平方米,工作人员 2 人,藏书 500 册。1984 年,图书馆搬入新馆,与文化馆同楼,建筑面积 480 平方米,定编 8 人,各类藏书增加到 8000 册。2005 年,老边区图书馆再迁新址,新馆位于老边区龙山大街,与文化馆、少年宫共用一座综合楼,现处一楼,地理位置优越,属于老边区最繁华地段,建筑面积 1200 平方米,定编 12 人。2005 年 7 月 30 日,新馆建成并开放,设计藏书容量 8 万册,可容纳读者座位 180 个。老边区图书馆现有阅览座席 130 个,计算机 35 台,宽带接入 10 兆,应用 Interlib 集群管理系统。截止到 2013 年年底,总藏量为 3.3 万册(件),全部为纸质文献。2013 年,在第五次全国公共图书馆评估工作中,老边区图书馆被评定为"三级图书馆"。

老边区图书馆遵循"和谐、创新、发展"的办馆方针,确立"以人为本,服务至上"的管理理念,完善本馆服务功能,扩大服务辐射区域,带动周边乡镇图书馆的发展。2012 年 10 月,老边区图书馆加入营口地区 Interlib 集群管理系统,并因地制宜,积极探索乡镇分馆建设模式。经过近两年的探索和发展,以种植、养殖业为特色的乡镇分馆已渐趋成熟。老边区图书馆依托营口市图书馆完善的网络体系,规范的运行模式和丰富的文献资源,不断深化服务内涵,拓展服务内容,延伸服务范围,在地区图书馆网络体系建设中起到了完善自我、承上启下、开拓创新的作用。

自新馆开放以来,老边区图书馆所有对外服务窗口全年免费开放,每周开放 56 小时。馆藏文献全部分散在阅览室、外借室、少儿阅览室、公共电子阅览室、文献查询室 5 个读者服务窗口。外借室

为农村留守儿童开展"八德"教育讲座

先后建立起区志年鉴专架、计划生育专架、农业科技专架、新书架、科普专架等特色书架，既方便了读者，又提高了馆藏文献的利用率。同时，老边区图书馆特别为特殊群体推出了"全免费"的办证服务，对离休老干部、在校学生、农民工实行免费办证借阅。

经过积累沉淀，老边区图书馆已形成以蔬菜种植、大棚创收、淡水养殖和家庭养畜及孵化等种植、养殖类专题为主的独具风格的馆藏资源体系，其中，有关种子选择、育苗、播种、病虫害防治、市场需求信息、再加工等图书2470多册、期刊36种、报纸6种、光盘103张。以种植、养殖类专题文献资源为依托，积极开展"三农"服务，组织科技讲座、下乡送书送信息、阅读推广活动等，已经成为老边区图书馆的亮点工作。

为了解决部分农村读者借阅不便的实际问题，老边区图书馆在具备条件的农村基层开设了图书室，并选择了农业科技、法律、卫生常识等类的实用图书，有效缓解了农民群众借书难、看书难的问题，让农民在享受书香熏陶的同时，学到实用技术，掌握致富本领。

充分发挥专业馆员的作用，鼓励他们深入农村开展科技承包、科技咨询和科技服务。加强同科研院校的联系，重点解决广大农民在种植养殖过程中品种的引进、繁殖和推广，品种更新换代等方面的信息需求问题。开展农村实用技术培训，联合有关部门聘请农业专家和专业组织等社会力量，因地制宜地为本地区农业和农村经济发展提供信息和技术支持。

2008年开始，老边区图书馆一直跟踪服务于营口市柳树镇东大村的大棚西瓜、甜瓜栽培，至今已经坚持七年；建立老边区武装部、消防队等 6 个分馆,以实际行动促进军地双方精神文明建设的共同发展;启动"图书漂流"活动,使图书馆的图书"动起来",既漂流了知识,又漂流了文明,在各个学校的影响不断扩大;2012 年"两会"期间,老边区图书馆顺应"两会"新风,在会议服务工作中缩减人手和设备,重点突出

老边区图书馆馆员为"流通站"送书

服务内容的专业化、针对性和个性化,服务效果不减反增。

2011 年,老边区图书馆扩建工程正式启动,在未来的几年里,老边区图书馆将在保留现有馆舍的基础上,在老边区新城区营东新城另建一座建筑面积 1 万平方米的新馆舍。全面建成后的老边区图书馆将由现馆舍和新馆舍两部分组成,总建筑面积达 1.12 万平方米,阅览座位 1000 个,可容纳纸质文献 30 万册,年服务人次可达 7 万人次以上,数字资源设计存储能力 80TB,能够提供全覆盖、不间断、无时空限制的数字文献远程服务和移动服务,设计标准达到国家一级图书馆的基本要求。

知识与文化的美妙世界
——走进西市区图书馆

淡淡的书香、沙沙的书声、静静的思绪,流淌在清新整洁的白色书架间,弥漫在每位读者的心里……走进西市区图书馆,就走进了知识与文化的殿堂,走进了温馨典雅的家,走进了静谧的心灵空间,走进了最美妙的世界。动人的小说、温情的诗歌、感人的童话、精美的散文、前沿的科技知识……在这里,书带给我们的不仅仅是熏陶和快乐,更多的是感悟和教诲。陪伴读者的,还有西市区图书馆人最真诚的关怀、最贴心的服务和最温暖的笑靥。每一名西市区图书馆人都愿做一本书,一本充满热情、充满活力、充满智慧与魅力的书,与读者携手演绎西市区图书馆这本书上最生动、最鲜活、最厚重的内容。

西市区图书馆是一所综合性的国家三级公共图书馆,于 1980 年成立,同年正式对外开放,位于西市区平安路南 25 – 甲 15,馆舍面积1000 平方米,在繁华的街市间营造出温暖、温馨、温情的阅读环境。

近年来,在西市区委、区政府的领导和支持下,西市区图书馆事业蓬勃发展。西市区为图书馆改造建设投入大量资金,全面改善居民阅览、借阅的读书环境。2008 年,西市区图书馆从原来低矮潮湿的老馆迁至宽敞明亮的新馆,新馆深受广大读者的赞誉。西市区图书馆现有藏书 4 万余册。其中,视听文献 121 件,电子文献 1500 种,地方文献125 册。馆内设有图书阅览室、图书借阅室、电子阅览室、盲人阅览室、少儿阅览室 5 个对外服务窗口,设有阅览席位 136 个。电子阅览室配备 20 台计算机,并于 2008 年加入了本地区 Interlib 图书馆集群化管理,实现了区域间的资源共享,具有现代化服务功能。2009 年在全国公共图书馆评估定级工作中,被命名为"三级图书馆"。

西市区图书馆本着"读者至上,服务第一"的服务宗旨,充分发挥图书馆的职能作用,以特色服务推动图书馆事业的蓬勃发展。

从 2005 年开始,本着西市区"文化立区"的理念,结合市、区"文化四进社区"活动,西市区图书馆在全区首开先河,创建了以中心馆为龙头、辐射全区办事处、社区的图书流通站网络。其中,"刘平爱心阅览室"图书流通站深受广大群众的欢迎和喜爱,已经成为西市区图书馆图书流通站的品牌。西市图书馆全年接待读者54 531 人次,图书流通量达到 110 730 册次,今年组织读者活动 16 次,举办各类培训讲座 10 场次。

西市区图书馆馆员在 3 月 5 日
为盲人读者送书

西市区图书馆坚持为盲人送书上门 16 年,丰富盲人的内心世界,满足他们对知识的需求,真正把图书馆办到了老百姓的生活中去。每年,组织读者活动十余次,举办各类培训讲座十余场次。2012 年"全国助残日"和"公共图书馆服务宣传周"期间,西市区图书馆建立了盲人阅览室,举办了"传递光明"盲人新春联谊活动、盲人电脑培训班和手语培训班。2012 年 10 月 15 日第29 届国际盲人节当天,西

西市区图书馆盲人阅览室揭牌仪式现场

市区图书馆以此为契机,组织盲人读者开展"节日畅游老街,触摸民俗文化"活动。

西市区图书馆作为保存人类文化遗产、传播文献信息的密集地，不但对读者文化需求有着至关重要的作用，同样对社会发展和进步也有着不可估量的作用。西市区图书馆作为传播知识和信息的文化机构，储藏着丰富的文献信息资源，是本地区规模最大、信息资源最多的地方。一直以来，西市区图书馆发挥着自身优势，加强对地方区域经济信息的收集、整理、传播和开发，为社会发展提供最快、最准的情报信息，并同时谋求自身的进步与发展。

西市区图书馆开放后，遵循"以人为本"的服务理念，在空间布局和设计上充分考虑服务的人性化，优化馆藏布局，拓展借阅空间，改善基础设施，美化阅读环境。根据馆藏资源和对外服务的特点，西市区图书馆打破了传统的借阅分离模式，以方便读者借阅为原则，实行藏、查、借、阅、参五位一体的服务机制，对借阅大厅、开架书库进行了改造，将图书和期刊集中一处，将外借和阅览功能合二为一，既减少了服务内容重复的书库，又保持了原有的馆藏特色，同时让读者享受到全开架、开放式的服务。

西市区图书馆元宵节猜谜活动

西市区图书馆进一步简化了借还手续，实行了程式化操作和管理。简化借还手续，提高了西市区图书馆的现代化管理水平和服务水平，充分体现了图书馆对读者的尊重和信任，最大限度地缩减了读者获取信息资源的时间成本，把读者从繁杂的手续中解放出来，是图书馆努力为读者提供人性化服务的重要举措。

同时，西市区图书馆在借阅大厅增设了两台查询检索用计算机，在开架书库内设置了美观的借阅提示引导牌，在休闲区域放置了沙发,设立了方便残疾人、盲人的电子阅览室。借阅合一、高效便捷的服务机制使读者自修小憩两相宜,为读者营造出"人在书中,书在人中"的学习氛围。

在信息技术高速发展的今天,西市区图书馆将依托全国文化信息资源共享工程,以数字图书馆建设为目标,以自动化服务为手段,以满足读者需求为出发点,以开展服务活动为重点,以传播知识和传递信息为职能,以馆藏文献为依托,努力实现全方位、开放式的读者服务工作,使图书馆成为文化、科技、传播、社会教育、信息交流的中心!

"读书之乐何处寻,数点梅花天地心"。走进西市区图书馆,你的灵魂将融入书的海洋,你的心绪将在翰墨飘香间徜徉,你会觉得书真正融入我们的生命,在书香里感受海阔天空的心灵空间和风轻云淡的人生追求!

每一名西市区图书馆人都愿做一本书,一本道德的启蒙之书,知识的传播之书,心灵的塑造之书,人性的演绎之书……西市区图书馆人愿在这本书上继续书写真挚的情感,道德的力量,意志的升华,智慧的光彩,让它成为为师之道、育人之德的无价之书!

行走中的鲅鱼圈区图书馆

"一沙一世界,一叶一菩提",阳光晴好、万籁俱寂的午后,沙沙的书页翻阅声音就是菩提世界最美的邂逅吧?这里,有金戈铁马的战场,有壮怀激烈的历史,有柔情百转的才子佳人,有修身养性的典籍……巡行在一排排书架间,徜徉在文字排列组合里。这里,就是鲅鱼圈区图书馆。

鲅鱼圈区图书馆始建于1985年,三易其址,三次扩建。2012年4月29日,位于辽宁省营口市鲅鱼圈区平安大街与日月大道交汇处的新馆落成,向市民免费开放。新馆面积11 000平方米,4层结构,设计藏书能力50万册,分为八大功能服务区,现有阅览座席700个,计算机101台,宽带接入50M,选用Interlib图书馆自动化管理系统。2013年,在第五次全国公共图书馆评估定级工作中,获得"一级图书馆"称号。

鲅鱼圈图书馆馆舍

截至目前,鲅鱼圈区图书馆总藏量 276 383 册(件),其中,纸质文献 203 383 册(件),电子图书 7 万册,电子期刊 3000 种(册)。平均日接待读者 2000 余人次、图书流通 480 册次。采用非接触式自动识别技术(RFID-3M 技术)、Interlib 图书馆自动化管理系统、OPAC 图书电子检索查询系统、智能打印系统等,实现读者自助服务现代化水平的进一步提升。

2012—2014 年,鲅鱼圈区图书馆书刊总流通 62 603 人次,书刊外借 311 623 册次。与农家书屋、社区图书室联合开设流动服务点,与边防派出所、边检大队开展定期的图书流通活动,实现图书资源的合理利用;与省图书馆合作成立辽宁省图书

馆员在为读者讲解自助借书机的使用

馆图书流通站;开通图书馆网站、官方微博,与读者在线互动;成立全国文化信息资源共享工程辽宁省鲅鱼圈支中心;共举办讲座、展览、培训、阅读推广等读者活动 138 场次,参与读者 48 000 人次;打造了"鲅图讲坛""我们的节日"等品牌系列活动;以鲅鱼圈区公共图书馆服务联盟为平台,创意并推出若干阅读推广主题活动,形成鲅鱼圈区图书馆的特色。

鲅鱼圈区图书馆坚持对区内 48 家农家书屋、28 家社区图书室进行帮扶、指导,致力于提升区内基层图书室的专业性、应用性。每年分批次走访基层图书室,现场指导图书分类、上架、借阅管理等相关工作,并形成完整的工作档案;每年定期在图书馆报告厅举办基层图书室图书管理员培训班,培训内容涵盖业务理论知识和工作实务。有多家农家书屋和社区图书室在省市级主管部门回访、复查时被评选为优秀、示范书屋。

阅·悦

鲅鱼圈区图书馆遵循"读者第一，服务至上"的办馆理念，想读者之所想、急读者之所急，将基础服务做到最优，完善单体服务功能，扩大服务辐射区域，打造"鲅图"活动品牌，带动地区事业发展，在各个层级上坐实国家一级图书馆的标准，全面普及科学文化知识，提升本地区广大群众的文化素养，让全区百姓享受到"文化惠民"的优秀成果。

看山听水，包罗万象。鲅鱼圈区图书馆就是一座永在行走的图书馆。不在于设施的先进，也无关装修的豪华，而是缘于她的创新、科学、严谨，她的亲切、体贴、活泼，她的所向披靡、势不可挡。这里不是天堂，但她总能带领着人们前往思想的圣地。

镁都之窗
——走进大石桥市图书馆

辽宁省大石桥市以其丰富的菱镁资源为世人关注,素有"中国镁都"之称,大石桥市图书馆是镁都精神文明建设的重要窗口。

走进图书馆,置身于这充满墨香的书海里,一种庄严、高雅和神圣的感觉油然而生。这里是读者的天堂、智者的金矿、睿者的乐园,是人们取之不尽,用之不竭的知识源泉。

大石桥市图书馆坐落于大石桥市胜利大街,地处本市最繁华的地段,交通便利,是国家三级综合性公共图书馆,是向社会公众提供文献信息服务的社会公益文化单位,隶属于大石桥市文化广电新闻出版局。

大石桥市图书馆筹建于 1978 年。1987 年,大石桥市图书馆开始兴建新馆,占地 450 平方米,建筑面积 1625 平方米。1988 年新馆竣工,并正式对读者开放,设有采编部、外借部、典藏部、阅览部、辅导部、科技咨询部等主要业务部门。

大石桥市图书馆实行每周 7 天开馆制,平均每周开馆时间达 56小时。2008 年,大石桥市图书馆加入营口地区图书馆 Interlib 系统,全面实现自动化管理,同时开展馆藏数据库建设,在文献采访、编目、流通、检索等主要业务工作及办公方面采用计算机管理。2008 年年底,大石桥市图书馆实施文化信息资源共享工程建设,让本市城乡百姓共享优秀的文化信息资源。

走进图书馆,有一种扑鼻而来的淡淡清香,这是纸墨散发出来的香气,这是知识惠人的芬芳。当读者慢慢地翻开书卷,当读者细细地品味读书带来的乐趣,这种无形更胜有形的味道,便从指尖、从双眸蔓延至人们的心灵。

大石桥市图书馆始终坚持"读者至上,服务第一"的服务宗旨,充分发挥图书馆宣传教育阵地作用。为了方便读者,大石桥市图书馆实行开架管理,借阅合一。开设专业文献借阅区,设立地方文献专架和中文工具书专架;开展科技咨询服务;举办形式多样、内容丰富的读书征文比赛、学习讲座和书画展览等多项读者活动;定期为社区、养老院、福利院、部队、学校送书上门。

大石桥市驻地官兵参观"镁都人图书作品展"

思想的丰盛是生而为人的财富,馆藏的丰盛是图书馆内涵的外延。大石桥市图书馆馆藏文献达9万余册,涉及社会科学、自然科学等22类,以农业和历史文学为收藏重点,并藏有丰富的地方文献。地方文献是一个地区经济、政治、科技、文化和社会现状的真实反映,是本地区社会发展和经济建设的文献保障,为研究地区各种情况提供第一手资料,收集、整理、保存、开发地方文献资源是图书馆发展的必然趋势。大石桥市图书馆现有地方文献300余册,是图书馆一笔宝贵的财富。图书馆利用地方文献资源举办的"镁都人作品展"活动共展出大石桥市作者的作品300余种、500余册,共接待市委领导及市机关干部、市劳模、基层群众、学生等5000人次,为镁都大石桥市的文化建设贡献力量。

大石桥市图书馆始终坚持"贴近生活、贴近实际、贴近群众"的"三贴近"原则。走进农村,走进社区,为农民工及社区群众送去各类图书,圆了农民工及社区群众的读书梦;走进学校,把优秀影片和礼仪知识讲座送到学校师生之中;走进弱势群体,为老年人送去有关营养、健康、保健等方面的书籍,让他们强健体魄的同时,感受到图书馆人的爱心与温暖。

农家书屋建设是一项面向农村、面向基层的文化建设工程,通过在农村建立读书组织,推广阅读,普及科学文化知识,活跃和丰富农民文化生活,改善农村文化建设,提高农民整体素质和农村文明程度,促进农村经济社会协调发展。大石桥市图书馆充分发挥农家书屋的作用,通过举办读者征文比赛,进一步吸引农民走进农家书屋,利用和使用图书,使之成为农民科技致富、科学种植养殖的好帮手,受到农民朋友的热烈欢迎。

大石桥市图书馆开展为智障儿童
捐助图书活动

在当今数字信息世界中,庞大的网络信息资源让读者可以依照自己喜欢的方式选择并获取自己喜欢的内容。图书馆正在改变其在新媒体世界中的运作方式,完成从读者主动去图书馆索取信息到图书馆向读者推送信息的转变。

有道是"读万卷书,行万里路"。图书馆为每个人打开了一扇认识世界的窗口,引导人们寻求知识,拓展视野,成就事业,图书馆为每个人造就了放飞理想的翅膀,让人们的精神有了自由翱翔的地方。大石桥市图书馆,熏陶出一代又一代的莘莘学子,成

大石桥市图书馆在周家镇举办
文化下乡系列活动

就了一批又一批有识之士。走进大石桥市图书馆,让灵魂寻觅一处自由徜徉的园地,一个可以存在心灵深处的秘密花园,在此安静地休憩。走进图书馆,让生活更加丰富和充实,正如鱼之于水,花草之于雨露阳光,无法割舍,无法抛弃。这里,是人类心灵休憩的港湾和永远的圣地。

妙笔绘就童话梦　书香浸润好时光
——走进营口市少年儿童图书馆

　　营口市少年儿童图书馆是一所具有三十多年历史的图书馆,其以少年儿童文献为馆藏特色,以动画、漫画、音频、视频作品为馆藏重点,中小学各科教育教学参考资料、小学生寓言、童话、故事、连环画、妇幼儿童保健及文学书籍兼具规模,现已成为本地区最大的少年儿童图书馆。营口市少年儿童图书馆位于辽河大街站前区新立里 1 号,地处繁华地段,建筑面积 1627 平方米,馆舍为典型的欧式风格,是省级文物保护单位。营口市少年儿童图书馆服务电话为 0417 - 3551193,开馆时间为每周二至周日的上午 9 点至下午 5 点。

营口市少年儿童图书馆

　　营口市少年儿童图书馆现设有 4 部 1 室,即采编部、辅导部、外借部、阅览部、办公室,其中辅导部下设电教室、玩具馆。开设服务窗口 5 个,阅览室座席 200 个,其中电教室座席 100 个,阅览室座席 60 个,玩具馆座席 40 个,阅览室同时可供成人阅览。营口市少年儿童图书馆实行藏、借、阅一体化的全方位开架服务。1991 年 9 月 28 日,营口市少年儿童图书馆成立辽宁省内第一家,也是目前为止唯一一家儿童玩具图书馆,利用各种益智玩具对儿童进行生动、形象、活泼的教育,寓教于乐,着重开发儿童的智力。2005 年开始,陆续开辟了动漫区、文学经典区、玩具区、科幻区等多个专题区域,吸引了很多小读者,读者数量稳步上升。

营口市少年儿童图书馆是辽宁省第三个独立建制的少年儿童图书馆,独立前隶属营口市图书馆外借部,只有一间面积 30 平方米的简易房。1980 年,营口市图书馆为贯彻中共中央关于加强对少年儿童教育、培养的精神,在市图书馆院内建起了简易房,利用一些旧桌椅,购进一批少儿读物,首次为营口市少年儿童开辟了阅览学习的地方。1983 年 10 月 5 日,营口市编委正式下发文件,同意成立营口市少年儿童图书馆,定编 10 人,独立建制,隶属市文化局。1984 年营口市图书馆搬迁后,原馆址移交给市少年儿童图书馆,少年儿童图书馆对馆舍进行维修,开始筹建。1985 年 9 月 28 日,营口市少年儿童图书馆举行开馆典礼,正式挂牌成立。营口市少年儿童图书馆 1984 年在编 7 人,至 2014 年,定编 22 人,其中高级职称 2 人,中级职称 6 人,具有本科学历的 8 人。

营口市少年儿童图书馆建馆三十余年来,投入大量人力、物力用于文献建设,从最初的单一现场采购形式发展成为如今的网上采购、现场采购、招标采购、订单采购等多种形式并举。在科学化、系统化、实用化的采购原则指导下,已形成了突出儿童文献特色,以动画、漫画、音视频儿童作品为馆藏重点,协调发展的馆藏体系。目前,纸质文献与电子文献总量达 20 万册(件),其中纸质文献馆藏中既有保存了二十多年的儿童文学、科学期刊、教育教学期刊、报纸,还有大量 20 世纪 80、90 年代的连环画等珍贵的儿童文献。

在读者服务工作中,营口市少年儿童图书馆重视信息宣传和教育。为配合学校的素质教育,建立了儿童素质教育基地、少年儿童培训中心,让少儿图书馆成为孩子读书学习及娱乐的第二课堂,同时充分发挥了少儿图书馆信息化基地和服务育人的精神文明窗口的作用。

营口市少年儿童图书馆为了发展壮大读者队伍,精心打造了三大品牌活动:营口地区少儿书画赛、营口地区家庭读书读报知识竞赛、少儿讲坛。迄今为止,已经圆满举办了10届书画赛、6届读书读报知识竞赛、少儿讲坛百余场,活动取得了可喜的效果。

开展多年的营口地区少儿书画赛吸引了越来越多的中小学生踊跃参与,为营口地区的书画人才培养提供了源源不断的动力。在比赛过程中,营口市少年儿童图书馆征集到大量优秀的书画作品,并积极选送、推荐这些优秀作品参加全国重要比赛。先后两次推荐优秀个人作品参加全国"闻一多杯"少儿书画征集比赛,多幅作品在比赛中获奖,营口市少年儿童图书馆两次获优秀组织奖。2012年,选送了188幅优秀作品参加由中图学会青少年阅读推广委员会主办的"绘出心中的童谣——全国少年儿童绘画创作征集大赛",共有137幅作品获奖,4名老师荣获优秀指导奖。在全国大赛中的优异成绩,体现了营口地区少儿书画赛活动的水准不断提高,发挥了营口市少年儿童图书馆在弘扬中华民族传统书法艺术、提高本地区少儿书法创作水平的积极作用,标志着书画赛活动已向常规化和名牌化的发展方向迈出了一大步。从第一届书画赛开始,营口市少年儿童图书馆就将所有参赛作品加入到数据库中,从参赛作品到决赛现场的视频,每一个参赛选手都可以在图书馆局域网观看。风景如画的西炮台国家级风景名胜区,典雅的营口市国际酒店,文化气息深厚的营口市博物馆展厅,这些孩子们曾经在此奋斗过的比赛现场,见证了他们书画艺术的成长历程,给家长和孩子们留下了无数美好而永久的记忆。很多读者留言,感谢营口市少年儿童图书馆为他们留住自己美好的童年时光。

为了提高学生的阅读能力,培养学生良好的阅读习惯,给学生及家庭展示自我的舞台,营口市少年儿童图书馆于2006年举办了首届

营口地区第四届少儿书画赛现场

"家庭读书读报知识竞赛",至今已经成功举办了6届。家庭读书读报知识竞赛活动是全面提高学生素质另一个重要的载体。营口市少年儿童图书馆十分重视这项活动,始终把读书活动放在少儿图书馆工作应有的高度。活动的参赛者范围从最初的站前、西市两个区扩大到了营口市全部地区,从城镇家庭延伸到农村家庭,影响力逐步扩大。更多的家庭与书报成为朋友,审美情趣和文化底蕴不断提高。同时,活动得到了全市多所学校、街道办事处、社区和家庭的积极响应和热心参与,得到了市、局领导的高度重视,市委宣传部、市文明办、市文联、市教育局、市文广局的领导都曾亲临比赛现场。在多年的活动中,"家庭读书读报知识竞赛"活动逐渐形成了独特的风格:以家庭为单位,处处体现出浓浓亲情;针对性的题目设置,增添了比赛的趣味性。竞赛活动把孩子和家长紧紧联系在一起,让孩子们在比赛中学会理解和宽容,学会与人沟通,让孩子轻松、愉悦地学到知识、释放压力。

2006年开始,营口市少年儿童图书馆精心打造了"少儿讲坛"系列讲座活动。营口市少年儿童图书馆根据学校、家长和学生的需求,结合形势教育、课堂教育,把名家、名师请进学校,跟同学们和家长面对面的交流。十年来,营口市少年儿童图书馆共举办了百余场专题讲座,多位知名专家、医生、教育工作者及哲学、社会科学学科带头人被邀走进图书馆,讲座内容涉及青少年德育教育、家庭教育、心理健康教育、文明礼仪教育、文学欣赏与写作、学习方法指导、阅读指导、少年儿

营口市少年儿童图书馆"少儿讲坛"现场

童心理健康、科普等。"少儿讲坛"系列讲座活动为营口市广大青少年提供了最前沿的有益信息,丰富了青少年的业余文化生活,对提高青少年心理健康水平、培养青少年良好的阅读习惯起到了很好的促进作用,并扩大了图书馆的社会影响,吸引更多读者走进图书馆。

除以上三大品牌活动外,营口市少年儿童图书馆还举办了图书漂流、定点借阅、图书大篷车、传统文化进校园四个系列活动,并在世界读书日、图书馆宣传周、"六一"儿童节等节日、纪念日组织开展了多项主题活动。

近年来,营口市少年儿童图书馆在"六一"儿童节期间都会举办"快乐阅读我做主"亲子读书活动,目前已经形成系列活动。每年"六一",图书馆会组织30—50名学生和他们的家长一起到市新华书店选购自己喜爱的图书,培养父母与孩子一起阅读的良好习惯。

营口市少年儿童图书馆在做好常规读者服务的同时,不忘满足特殊群体读者的阅读需求,长年坚持为残疾儿童送书上门,定期与他们进行电话沟通,专门为他们订购所需图书,满足了这些孩子们读书的愿望。

中国传统文化源远流长、博大精深,营口市少年儿童图书馆常年坚持传统文化教育,并创新方法、载体和机制,全面推进传统文化进校

园,提升学生们的人文修养,通过培养具有优秀人文品格的学生来推进优秀传统文化的弘扬。每年元宵节,营口市少年儿童图书馆都以猜谜语、学国学的形式到学校进行读书猜谜活动,让少年儿童在喜闻乐见的形式中了解国学和传统文化,增强民族自豪感和自信心,重温历史,开阔眼界,认清形势,着眼未来。

营口市少年儿童图书馆一直把建立高水平、高效率、高覆盖、高科技的图书馆作为自身追求的目标,把"办孩子身边的图书馆"作为办馆理念之一。农村读者是各市少年儿童图书馆最难以服务到的群体,由于地域的限制,农村的广大少年儿童无法像城里孩子一样随时走进图书馆,县级图书馆对他们来说也是遥不可及。为此,营口市少年儿童图书馆不断努力,借力而行,借用合作平台,发展农村读者,实现强强联合。充分利用馆外资源为农村读者服务,宣传自己,服务他人;充分利用省图书馆的影响和资源优势,建立省市县共建分馆的新模式;充分利用馆内外资源为农村读者服务,与省图书馆和盖州市图书馆合作,在沙岗子中学建立三馆合作的营口市少年儿童图书馆分馆,在梁屯镇中学、什字街镇中学、榜式堡中学建立农村分馆。让农村孩子和城里孩子享有平等的阅读权利,是党和国家的期望,也是我们少年儿童图书馆追求的目标。

为发挥少儿图书馆的功能,扩大少儿图书馆的影响力和辐射面,营口市少年儿童图书馆坚持"走出去"的办馆思想,分别在西市区图书馆、站前区图书馆、老边区图书馆建立分馆,在大石桥市图书馆建立图书专架,在市区的益民小学、回民小学、市育才幼儿园、瑞泽英语学校建立分馆,并以图书漂流及图书流动车的方式在雷锋小学等十几所小学及分馆之间进行流动借阅。"六一"及寒暑假期间在少年宫、学校、公园等少年儿童密集场所开展图书大篷车借书活动,展现了图书大篷车的独特魅力和强大的生命力。图书漂流、定点借阅、图书大篷车已经成为营口市少年儿童图书馆每周一次的常规型活动,服务范围不断延伸,惠及人群不断壮大。

营口市少年儿童图书馆全面落实国家、省图书馆学会的指示精神,深度参与图书馆学会的系列活动,从 2009 年开始,与国家、省图书馆学会同步在全市范围内开展营口市少年儿童阅读年活动,特别是 2013 年的数字阅读年活动和 2014 年绘本阅读年活动,曾获全国"阅读推广奖"、全国少年儿童阅读年"诵经典诗文,育传统美德"诵读大赛优秀组织奖和"快乐阅读大赛"征文活动优秀组织奖等。

营口市少年儿童图书馆依托自身馆藏优势,高度重视文献信息的"共建、共知、共享"工作,确立创建一流少儿图书馆的理念,锐意进取,改革创新,在自动化管理、数字化图书馆建设、文献传递、资源共享与资源整合等文献信息服务管理一体化方面做出了大量的研究和探索。相信在全体员工的共同努力下,营口市少年儿童图书馆会以更优质的服务、更先进的理念、更宽广的胸怀为全市的少年儿童服务。营口市少年儿童图书馆的明天将会更加辉煌!

阜新市

城市的灵魂
——走进阜新市图书馆

　　门前的那一片花,开得不再寂寞了,绚烂的花儿们仰视着那雄伟而凝重的建筑,在秋阳将至的蓝天下,在微风缓缓的节奏里,倾听那座建筑安谧中的喧嚣,简朴中的繁华。

　　这座俄式建筑,就是阜新市图书馆。与建于1981年的馆舍相比,2012年迁入新址的阜新市图书馆典雅而峭拔。崭新的五层建筑静静直立在玉龙湖畔,毗邻辽宁工程技术大学北校区。拾级而上,六根石柱光洁、笔直、伟岸、庄严,支撑整座建筑。这立地擎天的力量冉冉升腾,让人久久难以忘怀。

阜新市图书馆新馆大楼

　　人是有思想的。建筑应该是有灵魂的,城市也应该是有灵魂的。那么,这座建筑的灵魂在哪里呢?这座城市的灵魂又在哪里呢?而建筑或者城市的灵魂又与生活在这片土地上的人们怎样地血脉相连休戚相关呢？走进阜新市图书馆，让我们一起探寻。

宽阔的前厅，迎面是读者接待处，左侧的墙壁上有一幅浮雕：人的影响短暂而微弱，书的影响则广泛而深远。这是普希金说的。人的影响，短暂而微弱吗？有一个孩子叫撒哈拉，他就住在撒哈拉沙漠，为了等待由两只骆驼组成的移动图书馆的到来，他日复一日地眺望远方，从黄昏到日落……长大以后，他成为一名图书管理员。是啊，谁会认识并记住一个沙漠里的孩子呢，如果他不是与"骆驼图书馆"结了缘。

当远驰的思绪被眼前的残疾人阅览室拉回现实，人们的心一定会变得柔软而温润。给残疾人专设的通道，残疾人专用洗手间，电梯里的残疾人专用按钮……只有在充满责任感、洋溢着人文关怀的心灵中，才有如此细微的体贴与关爱。

听，细微的叮叮咚咚的乐音，好像还有小小的动物微弱的叫声。寻声暗问弹者谁，琵琶声停欲语迟。原来是少儿阅览部。有小孩子的地方总是充满欢声笑语。可是，这里好安静。孩子们居然能在图书馆里安静地读书？这是真的。他们在读有声读物，还有立体图书。那音乐声就是一个小女孩在有声读物上用小小的手拨弄出来的，一个小男孩按照书上的指示找到了小老鼠"吱吱"的叫声。

一张张阅览桌，是一只只彩色的硕大的花朵，或者，是个半圆，是个 U 字形，还有那些五颜六色的小椅子，小巧又稚拙，看遍所有的桌椅，没有一个尖锐的棱角。妈妈爸爸们或者爷爷奶奶们舒服地把自己埋在真皮的或布艺的沙发里，守候着孩子，读着喜爱的书籍。

这里真的是一个童话的王国，里面有无尽的知识宝库。比如，那张"爱心书贴"。那是一本来自嘉兴的书，赠送者是嘉兴的一个小朋友，赠书专架上的书都是来自这样的捐赠者，有来自无锡、深圳、厦门、福州、广州、宁波的，也有来自沈阳和阜新本市的。原来，有一位读者朋友在网上建了一个"爱心妈妈群"，号召妈妈们把孩子不再读的书捐赠给更多的孩子阅读，于是，一册册儿童读物从全国各地聚集到阜新市图书馆的儿童阅览室。

曾经有一所中学的图书馆被称为"三无"图书馆：无墙、无门、无岗。

10万册图书统统躺在完全开放的书架上,任由师生自助借阅。有人担心书籍会丢失,可是,到年终盘点的时候,校长告诉大家:我们的书籍会"谈恋爱"!原来的10万册书变成了10.6万册!为了校长的这一份信任,学生们把自己花钱买的书读完后也默默地放到图书馆的书架上。

阜新市图书馆的读者活动区也没有门,这就是全开放、大开间、无间隔的"大流通式"布局。建筑中心有一个巨大的天井,天井之上有玻璃镶嵌,挡雨却不遮光。明亮的自然光线映射着柔和的木本色阅读桌。那桌,别有意趣,有的组合成S形,有的设计成U形,有的是圆形,有的是三角形,真是独具匠心。而在自习区,除了有成排的写字桌以外,还有阻隔得很私密的单人学习桌。在大厅的天井里,随着建筑的圆形设计,桌子则被设计成围绕天井的圆形,家具与建筑的组合给人一种浑然天成的感觉。这些色彩柔和、做工精巧的桌椅,都是根据建筑特点量身定做的。还有那随处可遇的舒适的沙发,夏日里散发着清凉气息的水吧,吧台里随喝随榨的果汁,浓郁芬芳的咖啡,以及可口又解饿的零食……

一个大大的展厅吸引了许多读者驻足观望,一幅幅摄影作品向读者们展示着山川、河流、春景、雪夜,这就是那个天井,800多平方米的展厅。图书馆已经办过很多次这么大规模的展览了。这里,也是唯一能免费举办这样大规模展览的场地。

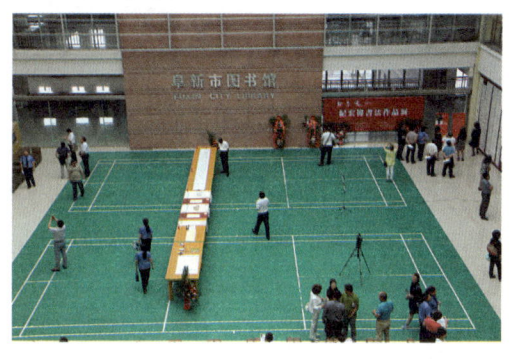

书法作品展在市图书馆多功能大厅准备就绪

这是这座建筑的灵魂吗?是,又不完全。

我国在东汉时期就发明了造纸术,但宋代以后才有了我们今天概念中的书。网络出现以后,传统的读书方式一部分被网络阅读,即电子书取代了。

信息时代,图书馆一定少不了与电子有关的设备,那就是电子阅览室。一百多台电脑,都静静地等待着懂它的人到来。只要走进这座建筑,Wi-Fi 就可以免费使用了,在这里,可以免费查找使用专业数据库里的资料。而能容纳 130 人的多功能厅,更是一个难求的好去处。这里的图书馆影视资料库有 6544 部电影,3500 多部高清电影资料。读者能定期在这里看到意想不到的电影,那或许是别处再也找不到的影片了。还有更让人惊喜的事情,那就是"文化共享工程"讲座,这也是在别处难以分享到的文化科技盛宴。常常还有本市的专家学者或艺术家、专业人士在这里举办有关户外运动知识、急救知识、家庭消防知识的讲座。

走进报刊阅览室,期刊报纸林林总总。这里最早的报纸,竟然是 1936 年的《晋察冀日报》,而最早的杂志则是 1949 年的《新华月报》。那 3 万多册期刊合订本,那 2 万多报纸合订册,铺排的是半个多世纪的中国历史,一个民族抗争、崛起的历程,都凝聚在这白纸黑字之间!

期刊阅览室最显眼的地方挂着一个条幅"青春因阅读而美好"。这是图书馆专门为暑假的学生们举办的期刊展览。而对女士、对儿童,图书馆也常常举办专题性的期刊展,逢年过节,还会为特定读者群举办画报展、健康养生期刊展。

余秋雨的散文《千年庭院》感叹着古代的高等学府高贵、浓郁的文化氛围,那样一个庭院,千年来弘扬着教育对一个民族的重要意义。我们这个古老而伟大的民族,坚强而坎坷地行走在历史之间,英姿勃发的同时,从来就不缺乏书卷气息。曾经的数以千计的藏书楼,诉说着自古以来中国这片土地上图书馆的辉煌历程。而众多的书院也发挥着传播中华文化的作用,推动着人类文明的脚步。

有书的地方,有大爱。有一只叫丽塔的猫,它是拉脱维亚大学图书馆永不退休的员工。为了管理员在寒冷中收留它住在图书馆,这只猫 24 小时尽职尽责地防止老鼠啃噬书籍,管理员对它的评价是:不跳槽,不搬弄是非,不要工资,只需一日三餐就 24 小时坚守岗位……

有书的地方,有大智慧。冼星海、沈从文、莫言、梁实秋、毛泽东都曾经在图书馆工作过,而今人们须臾难离的百度,创办者就是当年北京大学图书馆学系毕业的学生李彦宏。

少年时期的阅读,仿佛是雕刻在心灵之上的。当青丝染雪,我们才恍然明白,读书要趁早。这是多少先哲用他们的英明与睿智无数次告诫我们的道理。

走进古籍部,一部部古籍静静地咏叹着古老与神秘的逝去时光。《天香楼藏贴》《诗毛氏传疏》《唐诗合解》,这都是清朝道光年间的文献,而这座建筑里珍藏的古籍有9871册。在馆藏30多万册的图书中虽然所占数量并不多,但是它的价值是难以估量的。

走近一排别致的书架,那上面的书以及作者的名字都是那么熟悉,因为他们也许就是邻居,也许就是师长、同事、朋友、同学。这个书架上摆放的不是阜新作家作者的作品,就是介绍阜新的书籍,关于阜新的历史、人文、民俗、经济、文化乃至文学、艺术等,还有关于红山文化、蒙古族民间文化、藏传佛教文化等,可谓应有尽有。这些书记录着在阜新这块土地上生活着的人们的行走轨迹,又是这里的人们无时不在所汲取的营养啊。

高尔基说过:"每一本书都是一个用黑字印在白纸上的灵魂,只要我的眼睛、我的理智接触了它,它就活起来了。"

那一排排的书仅仅是书吗?不,那是一个活生生的生命!他们在讲述,他们在提醒,他们在引导,他们在告诫,他们爱着这世界上的人们,他们希望自己用一生的心血凝聚成的经验或教训能为我们今天的人生提供帮助。

那一本本书中挺立着一个个聪明睿智伟岸强大的灵魂,我们看到了,布衣孔子、伟大的毛泽东、老子、周恩来……那一本本书中刻录着一段段记录历史的话语;我们看到了《第二次世界大战经典演说》里的丘吉尔、罗斯福、斯大林、巴顿……一个个惊天地泣鬼神的故事,一句句震撼心灵的箴言;我们看到了林徽因、徐志摩与陆小曼,看到了三个火枪手,看到了大清后宫遥远晦暗的生活,还随着"精神号"和"机遇号"开启了红色星球探险。在这里,我们知道了很多人与动物之间发生的故事,体会到了动物和人类的友谊……

我们有什么理由再让书籍中的灵魂寂寞地等候？放轻脚步，触碰那一个个封面，那一段段历史，那一页页人生，与那一个个灵魂握手、拥抱，告诉他们，我们来了！

这就是了！多少年来，他们默默地给我们的人生多少指引，面对他们，我们只有虔诚，感恩，努力地亲近他们，为的是让我们的生命更聪慧，更美好，为了我们的民族更加强大，更加充满智慧。

在很久以前，有一个叫左斯特的人，他把图书馆建在一个偏僻的葡萄园里。毫无疑问，门庭冷落。于是，他免费向读者和顾客开放葡萄园图书馆。蓝天白云下，一架架葡萄藤，一串串紫莹莹的珍珠玛瑙，一册册读物，吸引了越来越多的人前来读书、休闲、品葡萄，他的葡萄园图书馆声名鹊起。

阜新市图书馆把流动图书网点办到了街道社区乡镇山村和军营，把图书直接送到居民军人乡亲们和残疾人的手中。自2000年，市图书馆在西华园小区创办了第一个社区分馆以来，共建分馆、流动图书站20多个。阜新市图书馆把"葡萄"种在了每一个人的心间。

在一只海螺里，能听到大海的呼啸；在一册册图书面前，能听到低声呢喃，听到振臂呼喊，听到时代蓬勃的心跳，听到来自远古的长吟……那都是人类文明进化的铿锵步履对每一个生命的顽强震撼。图书，绝不仅仅是传播知识，它使人类文明在一代一代人的心中薪火相传，这是个体生命存在的意义，更是人类的使命。这种伟大的事业也只有人类才能担当。因此，我们敬重书籍，敬重热爱阅读的人，因为读书能够改变个人的命运，也能改变一个民族甚至人类的命运，书籍和图书馆所承载的是我们的未来和希望。

还记得那个在撒哈拉沙漠生活的男孩撒哈拉吧，他长大成了一名图书管理员。那个赶着骆驼驮着"移动的图书馆"来沙漠送书的人曾经告诉他："撒哈拉沙漠并不可怕，可怕的是这片沙漠没有文化。"他对前来看书的人这样说："不要让撒哈拉永远是文化的荒漠。"

站在蓝天白云下，仰望阜新市图书馆这座朴素庄严的建筑——这里是一片文化的绿洲啊，它是我们这座城市律动的灵魂，它是不朽的。

昂扬向上的细河区图书馆

细河区图书馆位于阜新市工业街北段,细河区玉龙小学东侧。每周一至周五8:00—12:00、13:00—17:00为所辖区的4个街道、1个乡镇、1个管委会的居民开放服务,读者主要包括机关干部、学生、社区居民、农民等,电话0418-3958136。建筑面积约500平方米,25台电脑,60个阅览席位,馆藏图书3000册,期刊40种。

细河区图书馆是社会公共文化服务体系的重要组成部分,是细河区文明进步和彰显文化整体素质的重要标志之一,担负着为细河区广大读者服务,丰富细河群众文化生活的光荣使命。细河区图书馆不是独立的建筑,而是细河区教育文化体育局整体楼一楼中的一部分。南邻优雅别致的祥宇一品小区,北与风格特异的恒强马德里花园相望,西侧玉龙小学琅琅的读书声更为细河区图书馆增添了浓厚的书香氛围。步入细河区图书馆,映入眼帘的是走廊厅道墙壁上的伟人、名人读书格言宣传板,透射出图书馆幽静、深沉的文化之美。《公共图书馆宣言》《图书馆服务宣言》以大板块装饰板的形式,装点在图书馆厅前的墙壁上,版面以书墨笔砚衬托背景,底色清新,整版古朴典雅,赋有为读者打开知识大门之感。"图书馆的活动剪影"和"文化领航舵 书香漂细河"照片装点新馆走廊墙壁,宣传板色调柔和,梅花、绿竹、书法等板角点缀,既展示了图书馆的服务活动,又给读者提供优雅的环境及艺术的美感,让读者在温馨舒适的环境中,吸吮知识的甘甜,感受知识的美好。

细河区图书馆成立于1990年,前身是阜新市郊区文化馆图书组,始建于1978年。细河区图书馆成立后隶属于细河区文化局,馆址为细河区文化馆2楼,面积约100平方米。1994年租用(政府出资)细河区电影公司,面积约120平方米。2007年租用网点,面积为103平方

细河区图书馆馆员为东苑街道柳荫社区送书

米。2011年搬入新址，隶属于细河区教育文化体育局。细河区图书馆多年来立足实际，遵循"读者第一，服务至上"的服务宗旨，坚持"以人文本"的基本理念，不断探索服务工作新思路，开展了丰富多彩的活动，为细河区的广大读者提供了优质服务。

细河区以前是郊区，服务对象主要是农民，馆藏重点是适合本区的科学种植、养殖、果树、农产品加工等农业技术方面的文献，为农民致富服务是图书馆的工作重点。1983年至1988年，细河区图书馆（当时是文化馆图书组）在走访调查的基础上，建立了全区各类种植、养殖专业户、重点户名册，利用馆内订阅的40多种科技报刊，创办了《农村科技简介》，共编辑、刻印31期，为细河区农民致富创造了很大经济效益，受到广大农民的欢迎和区领导的高度赞誉，被《阜新日报》给予报道。其后，又多次开展了文化下乡服务，如1997年编辑了《细河区图书馆农村科技图书书名索引》《科普资料》参加阜新市科普之冬"三下乡"活动等。2002年区划调整，细河区转为城区，城区居民占本区人口总数的绝大多数。细河区图书馆根据这一情况，结合本馆特点，在维持原有藏书建设原则的基础上，合理使用购书经费，调整了藏书布

细河区图书馆为常年卧床的读者上门送书

局,减少了农业书籍的入藏,加大城市居民喜欢的休闲、娱乐、健康、美容、劳动就业、老年书籍、少儿读物、盲人读物、电子书籍等文献的采购力度,做到馆藏优质、科学合理,藏为所需、藏以所致。

细河区图书馆新馆设有馆长室、图书采编室、图书借阅室、期刊借阅室、电子阅览室5个部门。其中,期刊借阅室全天开放,图书年借阅6000册次。为了发挥图书馆的作用,细河区图书馆不断探索服务新模式,积极采用"借船出海"战术,开展文化下乡服务,利用阜新市图书馆文化信息资源共享工程的平台和资源,为细河区村民多次放映《科学养猪》等科普光盘,发放实用技术信息资料累计10 000多份,满足了农民对科技信息的渴求,取得了良好的效果。同时,利用阜新市图书馆报告厅及文化信息资源共享工程光盘,为本区居民开展优秀影视展播服务等。阜新新闻媒体对图书馆这种"小馆也可办大事"的服务理念进行了多次宣传报道。细河区图书馆敢想敢做,拓展服务领域,开展了为弱势群体服务、上门送书服务、为少年儿童服务、读书节活动、读者座谈会、世界读书日活动、演讲会、征文、专题讲座、建立书刊流动服务机制、开展基层图书管理员培训等,从而吸引了大批读者走进图书馆,一次又一次地在细河的大地上掀起了读书的热潮。细河区图书馆指导建设的9个农家书屋高标准通过了省、市新闻出版局的检查验收,在阜新市成绩排名第一,其中3户家农家书屋被评为"阜新市优秀农家书屋",1户被评为"辽宁省示范农家书屋",细河区图书馆也被评为"阜新市农家书屋工程建设工作先进集体";指导建设的社区书屋也处在阜新的首位;代表阜新市组织参加的沈阳经济区八城市少年儿童

"让孩子们在阅读中成长——细河区图书馆纪念第十八个世界读书日"活动现场

读书系列活动,获得荣誉证书 54 个。为老年人、残疾人上门送书服务,为少年儿童开展的系列读书活动、书刊流动服务已开展七年有余,成为细河区图书馆的特色服务和品牌服务,极大地促进了细河区图书馆事业的发展。

　　未来,细河区图书馆将在实现中华民族伟大复兴的征程中,加快图书馆自动化、网络化、数字化建设,勇于进取、开拓创新、服务人民、奉献社会,为广大读者提供优质满意的服务,发挥细河区图书馆的最大作用。

走近读者　竭诚服务
全力构建公共文化服务体系
——走进海州区图书馆

海州区图书馆位于交通便利的阜新市海州区经纬路 10 号,海州区文化艺术综合大楼内。建筑面积 100 平方米,有 25 个阅览座席,读者使用电脑 25 台,馆藏文献 1 万余册,每周一至周五早 8 点至晚 5 点开放,并按照相关规定推行免费服务,是收集、整理文献,并向社会公众提供文献服务的公益性图书馆。

海州区图书馆成立于 1994 年,前身是海州区文化馆图书室,当时藏书 1000 册。图书馆自成立之日开始就积极开展图书借阅活动,从建馆开始,文化馆和图书馆一直同址办公,地点在阜新市海州区西市场街心路 18 号。2003 年 4 月,海州区图书馆和文化馆一起迁入现址海州区经纬路 10 号。

多年来,海州区图书馆全体人员本着"读者第一,服务至上"与"走进社区、办好图书馆"的理念,竭诚服务每一位读者。所有书刊开架借阅,实行开放式服务,为读者提供多层次、多形式的服务,最大限度地满足读者多元化的信息需求,在丰富海州区人民的文化生活、提高人民的科学文化素质、加强海州区精神文明建设和经济建设等方面发挥重要作用。

作为基层公共图书馆,只有把知识管理的理念和策略切实运用到为读者服务中去,以知识和信息作为桥梁和纽带,以创新服务为手段,发挥显性知识和隐性知识的能动作用,才能实现图书馆从藏到用、从文献到知识、从被动文献服务到主动知识服务、从封闭到知识共享全方位的转变,才能最大限度地满足读者的需求,最终达到知识创新和知识共享的目标。

为读者服务是图书馆一切工作的出发点和归宿。海州区图书馆位处中心区，但限于馆舍面积等因素，能为读者提供的服务有限。为适应人民群众的精神文化需求，扩大文化服务的覆盖面，构建现代公共文化服务体系，海州区图书馆作为公益文化服务单位始终在探索如何开展便利服务，为广大读者提供近距离的、随时随地都可获得的文化服务。所以海州区图书馆把走下基层，走进社区，服务群众，服务农民，丰富农村、偏远地区和进城务工农民的精神文化生活，不断满足人民群众日益增长的精神文化需求作为本馆的重点工作。在工作中加强基层服务点建设，积极开展图书进社区、进农村、进工地服务活动，通过赠送图书、开办讲座、举办征文活动等多种形式，为广大城乡居民提供公共文化服务。

送书进社区、进农村。为了满足基层群众的阅读需求，让馆藏图书发挥最大的社会效益，海州区图书馆开展了图书进社区、进农村活动，带着精心挑选的 3000 余册图书走进海州区各社区及乡镇，在具有开放阅读条件的社区及行政村进行图书流动，让社区及农村居民在社区内就能看到图书馆的藏书，扩大了馆藏图书的阅读范围及图书的利用率。在图书流动期间，各社区及行政村还组织群众开展了各种阅读及交流活动，通过此次活动向广大群众传播了"让知识填充心灵，让社会弥漫书香"的理念，受到了基层群众特别是农民的一致好评。

海州区图书馆送书进农村服务活动

聚焦农民工阅读服务。农民工是城市中一个庞大而特殊的群体，他们为城市建设做出了巨大贡献，每天进行繁重的体力劳动，在工余时间的精神生活却很匮乏，没有合适的文化娱乐方式。他们的年龄也呈年轻化的趋势，渴望有丰富的精神文化生活，有着强烈的求知欲望，希望掌握一技之长。公共图书馆与其他娱乐场所相比有自己独特的优势，是最适宜农民工的文化休闲场所，他们可以在阅读中放松心情，提高自身的文化修养。为了满足农民工日益增长的精神文化需求，努力构建和谐文化，培育社会文明新风，海州区图书馆专门设立了农民工图书角，挑选出几千册适合农民工阅读的社科、技术类及农业知识等方面的书籍。此外，我们还走进工地，为宝地福湾及宝地城工地的农民工送去电视和千余册馆藏图书，受到了农民工朋友的热烈欢迎，丰富了他们的业余文化生活，这也是公共图书馆为延伸读者服务，进一步提高馆藏文献资源利用率，使图书馆服务作用于更广大人群的一种服务方式。

扎实推进农家书屋工作。农家书屋工程是党中央确定的五大公共文化服务工程之一，对缩小城乡文化差距、巩固农村文化阵地和建设社会主义新农村等方面起到重要作用，也是帮助广大农民群众进一步享受改革和发展的成果，满足读书阅报的基本文化需求，提高文化素质的一项惠民工程、民心工程。自农家书屋工程实施以来，海州区图书馆积极做好农家书屋数据上报、信息管理、图书配送、技术辅导等工作，目前在韩家店镇及 9 个行政村已实现了农家书屋全覆盖，馆舍面积均在 20 平方米以上，基础设施健全，规章制度完善，书屋均设有专职图书管理员，并按照上级规定的经费标准，为每个农家书屋配备图书、报刊、音像资料百余种，共计 4 万余册（件）。农家书屋在农民生产生活的新农村建设中发挥着重要的积极作用，逐步解决了农民看书难、买书难的问题。

开展读书征文活动。世界读书日的主题是"阅读，让我们的世界更丰富"，海州区图书馆结合世界读书日活动，开展全民读书月活动，在全区各社区及乡镇中开展了读书征文活动，上至七旬老人，下至中小学生,广大社区居民及农民群众踊跃参与,征集上来很多优秀的作品。经过认真细致的评选,海州区图书馆评选出一、二、三等奖及优秀奖几十篇进行了表奖,通过此次活动在一定程度上促进了农民群众的阅读热情,加强了他们对阅读的认识。

海州区图书馆今后将进一步追求文献利用率的最大化、追求读者满意度的最大化,进而实现图书馆社会文化价值的最大化,成为海州区文献借阅中心、资料检索中心、信息交流中心,为提高人民科学文化素质、促进精神文明、物质文明和经济建设而不懈努力,扎实工作。

服务社会的新邱区图书馆

阜新市新邱区图书馆建于 1990 年 1 月,位于新邱区梁丰路 6 号,在区文化局一楼、三楼办公。一楼是 100 平方米的电子图书馆,有阅览座席 25 个;三楼为图书借阅室,现有馆藏图书 7000 册。电话 0418 - 2862065。新邱区图书馆地处新邱区交通枢纽,向东经新邱火车站与 101 国道联通,向南可至大型国企大唐煤化工,向西经阜蒙县可抵阜新市中心区海州区,向北经新邱长途客运站与 101 国道连通。

新邱区图书馆创建至今始终坚持服务社会的服务理念,努力编织一张图书服务网络,为社会各个层面服务,为新邱区精神文明建设与经济建设注入了新的活力。

新邱区图书馆的规模并不大,加之地区经济受原有三大煤矿破产的影响,政府对图书馆的资金注入有限,图书馆运行一度举步维艰。2005 年棚户区改造开始后,经济形势大有好转,政府加大资金注入,每年都有新书增补。

农民工阅读专架

面对这样的现状,新邱区图书馆人不等不靠,开动脑筋,让现有的图书资源发挥应有的作用。新邱区图书馆以本馆为中心,把触角伸到了全区 13 个社区、9 个村,为每个社区和村都建起了图书室或图书角。图书室或图书角的藏书少则几百册,多则几千册。其中,兴隆街道文慧社区已有藏书 3000 余册。新邱区各阶层的人在本村、本社区就可以读到自己喜爱的图书。新邱区图书馆还坚持定期为全区图书馆、图书室(角)进行图书流动,保证人人有新书可看,发挥了图书资源的最大功效。

面向社会服务的同时,新邱区图书馆又视社会动态,适时调整工作重心。比如面对教育热,图书馆虚心听取小学高年级学生和初中生的建议,了解到他们愿意看中小学教学题解和优秀作文选,就迅速去书店购买此类图书来满足这些读者的需求。

有投入就会有回报。据统计,全区图书馆、图书室(角)2013年全年借阅人次近1000人次。读书人数的众寡是检验一个地区甚至是一个国家文明程度的标志。新邱区经济状况日益好转,据人大会议政府报告公布,2013年实现了财政收入4.5亿元,社会经济发展为全区各项事业的发展提供了强大的财力支持,图书馆事业也迎来了空前发展的极佳时机,展望未来我们信心百倍,豪情万丈。

新邱区图书馆首先要管理好电子图书馆。电子阅览室每天8:00到17:00对公众开放,并配置了专职管理人员,让广大读者便捷地享用电子图书馆,为社会各界提供他们所需信息和资料。

新邱区图书馆电子图书室外景

新邱区图书馆电子图书室内景

动员社会力量发展图书馆事业是图书馆事业发展的必然趋势。社会上的有识之士对知识的获取颇为重视,我们可以利用一切契机吸纳社会资金投入图书馆事业,图书馆事业必将发展出另一番新天地。

巩固二级图书流动网络,在充分发挥社区、村图书馆室(角)作用的同时,把这张网做大一些,把新邱大型国企大唐煤化工、大金铸造及具有一定规模的民营企业扩大进来,协调各企业办好图书室,让读书成为企业文化的组成部分,丰富企业文化的内涵,增强企业文化的底蕴。

新邱区近来还有动议,准备在人口居住中心区择址建一座占地2000平方米的多功能文体综合大楼,并专门拿出一层楼为图书馆使用。到那时,图书馆将有100平方米的电子阅览室、200平方米的图书阅览室,同时还设有多功能报告厅,为读书研讨和名家讲座提供理想场所。

新邱区图书馆将伴随新邱区经济的发展日益改观,新邱区图书馆的工作人员将竭诚为全区人民服务,新邱区图书馆和区内所有图书馆、图书室(角)欢迎每一位热爱阅读的人,用现代科学知识武装头脑,用科学的正能量为新邱区美好的明天锦上添花。

转型奋进中的太平区图书馆

位于细河南岸的阜新市太平区图书馆创建于 1990 年，其前身坐落于阜新市红南路 2 号，1998 年迁往阜新市红树路 11 号，交通便利，4 路和 13 路均可到达。太平区图书馆的管理理念是以人为本，突出开放性，处处体现对读者的方便和体贴。图书馆每周开馆 4 天，周一至周四从 8：30 至 15：30，电话 0418 – 2463994。

太平区图书馆馆舍

太平区图书馆共有馆员 4 名，建筑面积 120 平方米，阅览座席 25 个，综合性藏书 3700 册。随着教育改革的深入发展，为适应 21 世纪现代化教育的需要，2013 年 8 月，太平区图书馆对现馆舍重新改建。改建后的图书馆功能齐全、设施先进，配置计算机 25 台，图书采编加工、检索借阅、数据统计等业务均用计算机管理，为读者提供藏、借、阅为一体的多方位服务。现代化的馆舍、一流的设施、科学的管理、优质的服务，成为太平区图书馆的特色。设立读者意见箱，及时了解并尽快解决读者利用图书馆遇到的问题。

太平区图书馆利用电子阅览室网络环境，开展多层次、多方式的读者服务工作，提高各种文献的利用率，如做好网上信息资源导引服务、开展参考咨询服务、文献信息定题检索服务、课题成果查新服务、信息编译和分析研究服务。

服务是图书馆工作永恒的主题，要以读者的利益和需要为出发点，以读者的满意度作为衡量图书馆工作好坏的标准。为此，太平区图书馆积极探索服务模式的转变和服务方式的创新。服务模式由单一转向开放，向读者提供多样化、个性化的主动服务，读者需要什么服务，就提供什么样的服务，以需求促发展；服务方式创新以现代化的网络技术和服务手段为支撑，打破地理和时空的限制，为读者提供实时的、多样化的、不受时空限制的文献信息资源，节省读者的查阅时间，提高服务效率，使文献信息资源得到充分的利用。

太平区图书馆电子阅览室

太平区高德营子村农家书屋开展迎新春活动

转型奋进中的太平区图书馆，在未来的工作中会以更饱满的热情，更优质的服务，使图书馆真正成为本地区的文献信息中心和知识的圣殿。

独具特色的阜新蒙古族自治县图书馆

阜新蒙古族自治县最具有民族文化标志的建筑,就是位于县城南环西引路的总建筑面积 6000 平方米、顶部为蒙古包形状的文化中心大楼,文化馆、艺术团、图书馆、博物馆都在此办公,周围有 7 所中小学校环绕,东侧为蒙古贞体育馆和巴特尔体育场。

阜新蒙古族自治县图书馆(以下简称"阜蒙县图书馆")设在文化中心大楼三层,使用面积 2000 平方米。阅览大厅和自习室位于图书馆中央,西侧为电子阅览室,东侧为图书外借部。通达开放式的布局,合理实用整洁宽敞,让读者赏心悦目,使读者视之为精神家园。悬挂在阅览大厅的"传承文明,服务社会"几个遒劲的书法大字赫然映入读者眼帘,办馆宗旨深入人心,庄敬之情油然而生。

阜蒙县图书馆初创于新中国成立后,设立在民众教育馆(后改为文化馆)内,馆内设有儿童阅览室、报刊阅览室,常年对外开放。1979 年从文化馆分出单设。1987 年新建 1200 平方米四层办公大楼,图书馆服务能力得到进一步增强。2006 年迁入文化中心三楼,为读者提供了更加舒适优雅的阅览环境。

阜蒙县图书馆现有在职职工 18 人,全部为大专以上学历,其中,本科生 4 人,副研究馆员 2 人。馆内设有采编部、社会辅导部、信息咨询部、电子阅览室、图书外借室、少儿阅览

阜蒙县图书馆日常开馆场景

室、报刊阅览室、地方文献蒙文图书阅览室、自习室等，还备有饮水机、花镜、雨伞等便民工具，全馆人员立足岗位，兢兢业业，为读者提供热情周到的服务，受到读者的欢迎和好评。2009年和2013年，阜蒙县图书馆参加全国公共图书馆第四次、第五次评估定级，被文化部评定为"二级图书馆"。

截止到2012年年底，阜蒙县图书馆馆藏图书61 746册，电子图书100多册（件），报纸期刊100多种，阅览座席288个，计算机44台。2003年设立蒙文图书地方文献库，现有地方文献图书3000多册，蒙文图书2000多册，成为特色馆藏。阜蒙县图书馆坚持365天免费向公众开放，每周开馆59小时。仅2012年，外借图书总册次为76 722册，流通总人次为61 343人次。阜蒙县图书馆有10兆光纤宽带接入，2006年起采用了ILAS(S)图书管理系统，2013年系统更新为Interlib图书馆集群管理系统，实现了采编、流通、书目检索等电子化自动化管理。

阜蒙县图书馆在加强文献资源建设的同时，不断创新服务方式，拓展服务领域，在乡镇村屯、街道社区、机关、学校、部队、厂矿、敬老院等建有26个图书流动站，不定期流动图书。同时，常年免费为残疾读者提供送书送报服务。2009年起，主动尝试为"两会"提供图书服务。

图书馆有效利用网站、博客、微博、短信、QQ等平台，宣传图书馆，宣传馆藏精品图书，使更多的群众了解图书馆、走进图书馆、利用图书馆。图书馆对县城周边地区辐射和影响日渐深远，慕名走进图书馆的人越来越多。

迎新年读者猜谜活动

2009—2012年，阜蒙县图书馆共举办讲座、展览、培训、阅读推广等读者活动80场次，参与人数16 000人次。

阜蒙县图书馆积极采取"请进来"和"走出去"的方式，面对面举办培训班，对县域内的 35 个乡镇文化站图书室、8 个社区图书室，382 个行政村的农家书屋进行有效的业务指导；利用"世界读书日"和"图书馆服务宣传周"等，积极开展经典诵读、知识竞赛、讲座、演讲、征文、座谈等多种形式的读书宣传和读书交流活动；加强业务研究、辅导、协作协调，2009—2012 年，阜蒙县图书馆职工发表论文 8 篇，并积极参加省、市图书馆举办的各类赛事活动，积极选派人员参加全国、省、市图书馆学会和图书馆举办的培训学习，开阔视野，增长技能，提高服务能力。

读者座谈会现场

阜蒙县图书馆遵循"传承文明，服务社会"的办馆宗旨，不断完善服务功能，在不断强化自身综合实力的同时，积极指导乡镇图书室、农家书屋建设和社区书屋建设，带动了全县公共图书馆事业的整体发展。2013 年，建设公共电子阅览室数字图书馆工程。展望未来，我们满怀信心。阜蒙县图书馆将与时俱进，和谐发展，积极参与图书馆联盟建设，为使主要指标位居全省县（区）公共图书馆前列，达到一级图书馆标准而不懈努力。

书香馥郁的彰武县图书馆

在彰武县文化广场北侧,矗立着一座风格简洁的建筑。这座建筑共为六层,外形像一本翻开的书,自然安静、古朴典雅。这就是彰武县图书馆。彰武县图书馆的前身为文化馆图书室,1980 年 2 月彰武县图书馆正式成立,2007 年搬入新馆。

彰武县图书馆是面向社会和公众开放的国家二级公共图书馆,是全地区文献收集、保存、开发、利用中心,文献信息服务、文化信息资源共建共享中心,基层图书馆和农家书屋业务指导中心。彰武县图书馆一直以"读者至上,服务第一"为办馆方向,深化内部改革,实行科学管理,利用丰富馆藏,通过阅览、外借、解答咨询、定题服务、送书上门、举办展览、专题讲座等多种形式为读者服务,充分发挥了图书馆的社会服务功能和社会教育职能。

沿着干净整齐的大理石台阶拾级而上,刚一入馆,便有一股清凉、馥郁的书香气息扑面而来。由于面积有限、设施落后,彰武县图书馆老馆几十年来都实行闭架式服务,必须先由读者自己查找书号填卡,再由工作人员进书库按卡搜书,费时费力。和老馆相比,彰武县图书馆新馆在筹建时更追求人性化、亲民性,充分体现了现代图书馆"以读者为中心"的特点,按照开放型、综合性、多功能、智能化要求设计,既有借、阅、管一体化的普通阅览室,也有老年阅览室、青少年阅览室、电子阅览室和多功能报告厅。阅览室采用开架式管理,读者可以任意自由地在书架上挑选自己喜欢的图书,藏书室与借阅室紧紧相邻,真正营造了"人在书中,书在人中"的读书氛围,让图书馆更加走进了读者的心里。

目前,外借部现有书库 300 平方米,藏书 8 余万册,阅览室 300 平方米,阅览座席 120 个,期刊架 20 组,年订阅期刊 100 余种,报纸 50 余种,环境宽敞明亮,整洁舒适,具有休闲交流的服务功能。地方文献阅览室现有藏书300余种,500余册,设有彰武名人作品专架,每年征集彰武名人作品百余册;电子阅览室配置了25台电脑,主要供读者阅读电子出版物、查阅网上信息资料等,还配有服务台、触摸屏、磁盘存放柜、打印机等设备;青少年阅览室收藏了适合不同年龄阶段的儿童读物,按高、中、低年级顺序摆放,设有辅助书库、闭架阅览区、活动室、电脑学习室等。

彰武县图书馆阅览室

只是,面对大量书籍,读者如果想借阅一本自己喜欢的书,仿佛大海捞针,可真是要费些力气了。还好,新馆已经实现了数字图书馆计算机网络系统和智能化"一卡通"管理,提供"一站式"服务。只要读者在新馆办理一张卡片,进入图书馆,就可以查阅资料、借书、看书、网上阅读、上网等。而且,这些服务全部都是免费的。目前,彰武县图书馆每周对外开放56小时,每天到馆人次达60人次,双休日达100人次,每年图书流通量达2万余册次。

彰武县图书馆工作人员经常深入乡镇文化站和县城内基层图书馆(室)进行调研和业务辅导,帮助基层图书馆(室)整理、选购图书。2007—2012年,县图书馆先后举办10期图书管理人员培训班,学习内容既有业务理论知识,又有实务操作。

　　2007 年以来,彰武县图书馆在巩固阵地建设的基础上,加大了科技服务力度,开展跟踪服务,结合农时编辑《科技信息简报》《农村技术适用技术选编》等辅导材料为农民服务。2008 年编印的《水稻增产措施》对全县水稻战低温夺高产做出了突出贡献。2009 年章古台皋皋村池塘养鱼技术,2010 年冯家镇、章古台镇水稻抛秧技术,2011 年双庙乡明水村甘薯种植技术和苇子沟乡高效养猪技术,2012 年二道河子玉米、花生种植等跟踪服务都取得了很好的经济效益和社会效益。

　　1997 年以来,彰武县图书馆坚持每年在"科普之春""科普之冬"活动中服务两个乡镇,在科普大集上发放科技资料,接待农民咨询,至 2012 年共编印科技资料 100 余种、5 万余份,光盘 1000 余张,受益农民 8 万余人。

　　从 2007—2012 年的历次"世界读书日"活动中,彰武县图书馆都举办了"世界读书日"广场宣传活动,制作宣传展板,发放宣传资料,展出图书资料等,现场解答群众咨询,现场办理借阅证。

彰武县图书馆在图书馆服务宣传周
期间举办新书展览活动

　　近年来,彰武县图书馆春节期间开展有奖猜谜、"十五"灯谜晚会、读者座谈会等活动,"六一"儿童节期间,开展少儿读物演讲会,少儿科普读物展。

　　1996 年 9 月,辽宁省图书馆彰武县图书流动站正式建立。彰武县图书馆从 2007 年开始探索组建流动图书点,采取警民共建图书点、军民共建图书点、学校共建图书点、乡村共建图书点、社区共建图书点的方式,共建立流动图书点 12 处,拓宽了图书服务领域。为了最大限度地发挥图书资源的社会效益,彰武县图书馆有针对性地选择馆藏图书来加强流动图书点文献资源建设,每年坚持为每个流动图书点流动图书两次,几年来从未间断。几千册流动图书在各个流动图书点的流动,方便了群众学习文化知识,丰富了百姓文化生活,受到了基层百姓的普遍欢迎。

根据辽宁省推进农村公共文化服务五项工程建设工作会议的统一部署,彰武县从2009—2011年已在184个行政村分三期全部建立了农家书屋。第一期配送出版物767种、1534册,第二期为每个农家书屋配送图书761种、1522册,第三期为每个农家书屋配送图书1084种、1500余册。农家书屋的建立,对提高农民文化素质,转变农民种植、养殖技术传统观念及增加农民收入都起到了积极的推动作用。

今后,彰武县图书馆将始终坚持"读者至上,服务第一"的理念,为读者提供舒适整洁的环境,热情周到的服务,继续为彰武县文化的大发展、大繁荣做出新的贡献。

辽阳市

飘淡墨书香　藏大千世界

——走进辽阳市图书馆

辽阳市图书馆是东北地区创办较早的图书馆之一。其前身可追溯到清光绪三十三年(1907)创办的辽阳州立劝学所和民国十七年(1928)建立的满铁辽阳图书馆。1956年5月20日,正式成立辽阳市图书馆。1984年5月迁入位于科普公园南侧的馆址,馆舍建筑面积5177平方米。

2009年,辽阳市开发建设河东新城,将包括辽阳市图书馆、辽阳市科技馆、辽阳市妇女儿童活动中心以及辽阳剧院在内的文化中心建筑群作为重点项目首期建设,选址在

辽阳市图书馆馆舍

河东新城最美丽的中轴线上,与市民广场相呼应。2012年11月28日,辽阳市图书馆迁入新址,馆舍建筑面积14 770平方米,共3层,设计馆藏容量100万册,阅览座席1200个。辽阳市图书馆新馆由同济大学建筑设计(集团)有限公司设计。外观采用独特的民间剪纸造型,简洁、大气,既有辽阳文化古城的典雅端庄又不失都市的现代时尚。内部结构采用大开间、开放式,阅读环境优雅怡人,设施设备先进,服务功能完善,集读书学习、信息交流和文化休闲等诸多功能为一体,加上新馆"平等、免费、无障碍"全方位开放式的办馆理念,再一次激起了人们走进图书馆、遨游浩瀚书海的兴致。2013年5月18日,辽阳市图书馆新馆试开馆,每天开放时间为9:00—17:00,受

到广大市民的热烈欢迎和高度赞扬,已成为全市人民使用频率最高的文化设施。

历经百年沧桑,辽阳市图书馆不断发展壮大,馆舍建设越来越好,配套设施不断完善,馆藏资源日渐丰富,服务功能与管理理念不断更新。特别是新馆建成后,加强了网络化、数字化建设,加大了馆藏资源的投入,满足读者网上检索阅读、远程检索阅读的需要,是一座融合了计算机技术、数字网络通信、无线网络覆盖、多媒体展示等高科技手段的数字化图书馆。

辽阳市图书馆的馆藏总量已超过 60 万册(件),藏书特色鲜明、品种齐全,可以满足各层次的读者阅读需求。古典藏书有明万历四年刻本的《五代史记》,明万历三十三年刻本的《陈书》,明天启七年刻本的《后汉书》,明崇祯十二年刻本的《汉书》,清乾隆二十五年刻本的《乾坤法窍》,清雍正五年刻本的《子史精华》,清雍正十三年刻本的《西湖志》,清康熙五十五年、道光七年、光绪十九年三种版本的《康熙字典》,清嘉庆十二年刻本的《历代名臣言行录》,清道光二年石印本的《三国职官表》(上、下),清同治三年的《田产清帐》,清同治十年刻本的《长江图说》,咸丰二年的《盛京通志》等。近、现、当代藏书有昭和十四年法藏馆刊行的《支那文化史迹》,民国时期刊印的《满洲实录》《沈阳县志》《兴城县志》《盖平县志》《义县志》《北镇县志》《铁刹山志》等,新中国成立后影印的《明实录》《清实录》《四库全书》《续修四库全书》《民国丛书》《盛京时报》《大公报》《晨报》以及《人民日报》《光明日报》《人民文学》《人民画报》等两千余种的报刊合订本。

辽阳市图书馆十分重视名人手稿、手迹、字画、藏品及地方文献资料的收藏,经过多年的不懈努力,已形成了重点镇馆藏书,如张学良将军于 1930 年 5 月为纪念本溪湖煤铁公司成立二十周年的题词"超心炼冶",林则徐的墨迹,曾国藩的书法,郑孝胥、孙其昌、贾雨岸等的字画,张作霖书写的"虎"字,以及集邮珍品、外交文件等,都极为珍贵。还有张作霖时期的奉天军政两署秘书长、奉天省省长袁金铠收藏的 200 多幅碑石拓片。

地方文献是辽阳市图书馆藏书中的重中之重,已收藏的地方文献有清末民国初年辽阳著名文人白永贞在 1927 年书写的陶渊明《归园田居》诗手稿、金毓黻的钢笔楷书手迹,还有具有历史价值的辽阳地区民国时期的"居民通行证",辽阳县立高初级中学、师范学校同学录,辽阳州地方自治研究所学员同席录,特别是《辽阳县志》《辽阳乡土志》《辽阳古迹遗闻》等研究辽阳历史必查的图书资料。辽阳人杰地灵,名人著述颇丰,其中以《古今名人游千山诗集》最为珍贵。该书收集明清两朝达官显宦文人墨客赞颂千山的诗文,其数量之多涉猎之广,为各类千山诗集之冠,其中有 20 余首是辽阳著名文人王尔烈描述千山的诗文。

辽阳市图书馆新馆是以数字图书馆为基础,体现知识交互理念,融合传统图书馆功能的现代城市中心图书馆,是建立纸质文献与数字文献并存的复合式图书馆。新馆文献资源的品种与数量都有较大增加,拥有包括电子图书、期刊、动漫、学术论文数据库、随书光盘在内的多种数字信息资源,并可通过电子读报机查阅国内发行的近百种电子报纸。

辽阳市图书馆新馆打破了以往传统的单纯按照文献载体类型加以分类的模式,注重按照主题来组织不同类型的文献,采用灵活便捷的藏、借、阅、查、展一体的新型服务模式,除古籍等特殊文献外,藏书全部对读者开放,为读者提供更便捷、更有效的服务。

辽阳市图书馆新馆设有图书外借区、报刊阅览区、古籍文献查询区、工具书检索区、视障读者阅览室、襄平书苑(地方文献)、衣食住行图书馆、24 小时自助图书馆、文化共享工程播放室、漫画图书馆、儿童亲子乐园、时尚音画体验区、手工之家、休闲水吧、文印中心等近 30 个服务窗口。

特色主题馆和特色服务区的建设使辽阳市图书馆的服务更具人性化。同时,辽阳市图书馆还通过举办讲座、报告、培训、展览、阅读、竞赛、学术交流、读者沙龙等活动,满足读者多元化的文化需求。

辽阳市图书馆《雷锋生平事迹图片》
巡回展活动现场

2010年开始举办的图片展巡展活动已成为辽阳市图书馆的品牌服务，至今已在全市城乡、社区、学校、驻军部队、机关、企业等地举办500余场。通过开展送文化下乡、建立馆外图书流动站等方式，扩大图书馆服务的覆盖面，让更多的人，特别是广大农村和边远地区的人们享受到图书馆的服务，已在全市城乡建立14个图书馆流动站、5个农村服务基地、8个爱心书屋。

目前，辽阳市图书馆的业务工作全部采用计算机管理。引进先进的RFID(无线射频识别)和Interlib(区域图书馆集群管理)业务管理和流通系统，实现业务统计、文献借阅、读者服务的现代化、自助化和管理的科学化、规范化。建立以纸质文献与数字文献相互补充的复合式图书馆，加大数字文献建设力度，依托本馆网站(www.lylib.com.cn)平台，满足远程检索阅读的需要。

辽阳市图书馆新馆目前正在进行二期工程建设，主要用于提高和完善新馆的功能，包括主题馆与特色服务区、语音教室、多功能展厅、书库等的建设与完善。以上项目完成后，辽阳市图书馆服务功能将得到进一步完善，进而完善辽阳新城区的文化

辽阳市图书馆文化志愿者为部队战士送书

资源布局与服务功能,成为本市现代化城市文化建设的新亮点,为广大市民提供一个现代化、服务功能齐全、设施先进的文化教育和休闲场所,让市民充分享受阅读和学习的快乐。

寻雷锋足迹　树服务新风
——走进弓长岭区图书馆

　　弓长岭，是雷锋走向军营的地方。所以，弓长岭，也有一座雷锋纪念馆。而弓长岭区图书馆，就在雷锋纪念馆的最顶层。这是一幢三层楼的建筑，正门前矗立着一座雷锋的雕像，看到雷锋昂首阔步的英姿，让人心中不免充满了敬意，似乎走近雷锋，了解雷锋。

弓长岭区图书馆库一角

弓长岭区图书馆始建于1984年。2009年，弓长岭区建成面积为14 400平方米的文化中心，图书馆随之搬迁到文化中心，现已成为集办公、培训、阅读、活动于一体的教育和活动机构。弓长岭区图书馆总面积1821平方米，设有咨询台、成人阅览室、电子阅览室、少儿阅览室，及外借图书的书库，成人阅览室座席88个，少儿阅览室座席66个，电子阅览室座席28个。宽带接入100M，选用图书馆自动化管理系统。截止到2012年年底，弓长岭区图书馆总藏量100 445册，其中电子图书1250种，电子期刊116件，数字资源总量为2TB。馆藏中文文献书目数字化达到80.34%。弓长岭区图书馆建馆以来实行免费开放，每周开馆时间达到60小时，并设有培训、讲座、阅览、借阅等免费服务项目。在读者满意率调查中，读者对弓长岭区图书馆的设施设备、馆藏资源、服务内容、服务质量等情况满意率达到99%。

弓长岭区图书馆期刊阅览室

走进成人阅览室,首先映入眼帘的是四幅四种字体的"学"字,四处环顾一下还有很多关于书籍的至理名言的宣传板。在这里,读者可以通过电子触摸屏轻松地查阅到自己需要的图书,可以在报刊区域翻看到当日的报纸和当月的杂志。在书的海洋里遨游,让身心为书香洗涤,总是会感叹时光的飞逝。

弓长岭区图书馆电子阅览室配有电脑28台,还配有投影仪、数字电视、打印机等先进的电子设备。实现与市图书馆资源共享,在全区范围内实行"图书借阅一卡通",实现了在本地区内乡、镇、社区的文献通借通还,不仅真正达到了文献资源共享,而且对本地区文化繁荣起到很大的作用。

弓长岭区农家书屋管理人员培训会

弓长岭区图书馆遵循"诚信、创新、发展"的办馆方针,在完善本馆服务功能的同时,扩大服务到乡、镇、社区和村,带动地区公共图书馆事业的整体发展。2012年,弓长岭区图书馆扩建社区书屋工程正式启动,在未来的几年里将实现全区10

个社区书屋全覆盖,基本实现农家书屋、社区书屋服务到每个人。

在现有设施和特殊服务的基础上,数字化与网络时代对图书馆提出了更高的要求,尤其是对于区级图书馆来说,实现全网络、全数字化是其终极目标。充分利用电子阅览室这个平台,争取实现本地区数字资源共享,并加强与省、市、国家图书馆的联系,和其他地区县级图书馆之间的联系,实现文献信息资源共建共享,将是弓长岭区图书馆未来发展的最好途径!

一路同行　静默书香
——走进宏伟区图书馆

在辽阔而蔚蓝的天空的怀抱中,在青葱的山峦和石化新城的簇拥下,以一个巍峨而又不失庄严,方正而又尽显伟岸的姿态,宏伟区图书馆端坐在如画的化纤城,这个令人心静的所在。

宏伟区图书馆坐落于辽阳市宏伟区人民政府东南 300 米处,馆址位于辽阳市宏伟区荣华街 98 号(汇华宫),是国家二级图书馆。馆舍建筑面积 2077 平方米,设有图书借阅室、报刊阅览室、电子阅览室、少儿阅览室等多个对外服务窗口,在一楼、二楼分别设有展厅。现有纸质图书、电子文献、音像制品、报刊合订本等文献共 26.96 万册(件)。阅览室座席 168 个,计算机 58 台,存储容量达 4TB。同时设有多媒体数字图书馆,免费为读者提供多媒体图书,基本满足读者多元化的阅读需求。

在化纤城,宏伟区图书馆与宏伟人朝夕相处,结下了深厚情谊。自 20 世纪 80 年代成立起,2007 年搬迁至汇华宫新址,宏伟区图书馆与宏伟人相伴 30 余载,哺育和培养了一代又一代优秀的宏伟人。从最初的一两间借阅室,到如今面积达到 2000 多平方米的气派新馆舍,宏伟区图书馆实现了跨越式的飞跃发展。宏伟区图书馆采取分批选购、逐年充实的办法,不断加大投入力度增加和更新设施设备,改善阅读环境。如今的宏

宏伟区图书馆期刊阅览室

伟区图书馆颇具规模，馆藏资源种类丰富，每年订阅报纸、杂志达400余种，电子阅览室购置了24万册电子图书和2000余件音像制品，全部免费供读者网上阅览。全新的设施和优雅的环境，受到了广大读者的高度赞誉。

宏伟区图书馆工作人员为少儿讲解绘本故事

宏伟区图书馆始终把开展文明优质服务，树立图书馆的形象作为对外服务工作的重点，牢固树立以人为本的理念，自觉践行"读者第一，服务至上"的宗旨，不断强化服务意识。各对外服务窗口实行每周七天全天开放，免费为读者提供阅览服务。为提高文献资料流通率和利用率，宏伟区图书馆采取多种形式对读者开展新书展览、图书宣传等推荐工作，引导读者多读书、读好书，激发读者阅读热情。宏伟区图书馆十分重视政府信息公开服务，积极面向各单位征集公开信息，在馆内设立专架，方便读者查阅，加强群众和政府间的沟通，进一步提高政府部门工作透明度。此外，宏伟区图书馆坚持立足本区，突出地方特点，有针对性地向政府机关、科研与经济社会大众等提供信息服务，以此扩展图书馆的服务功能，延伸服务领域。现在，宏伟区图书馆丰富的资源、舒适的环境、优质的服务，大大激发了读者利用图书馆的热情，让广大读者充分享受政府提供的公共文化服务。

宏伟区图书馆积极探索工作方法，创新工作思路，开展了多种读者喜闻乐见的文化活动。运用"直观式"的活动方式，如图片、摄影、书画、实物展出等形式，让广大读者通过直观感受学习知识、感悟哲理、接受教育；运用"讲座式"的方法，定期邀请专家、学者到图书馆举办各类知识讲座，既增长了读者的知识，又提高了图书馆的知名度；运用

"互动式"的形式,结合每年开展的"图书馆宣传周""世界读书日"以及重大的节假日、纪念日,广泛开展读书征文、知识竞赛、演讲比赛等活动,实现图书馆的社会教育职能。

在做好普通服务的前提下,宏伟区图书馆把服务特殊群体作为另一个工作重点,先后在农村、学校、部队等单位设立 14 个服务点,开展免费送图书上门服务,举办知识讲座,解决了特殊群体看书难的问题。此外,宏伟区图书馆在各阅览室开通了服务热线,采取送书上门等服务方式为老年人、残疾人服务。

宏伟区图书馆工作人员为病患读者送书到家

在今后的发展中,宏伟区图书馆将坚持以读者为中心,以现代技术和科学管理为手段,积极全面加强图书馆自动化、网络化、数字化建设,努力向管理科学化、业务标准化、服务规范化推进,尽快形成具有宏伟区特色的文献信息资源馆藏服务体系,充分发挥公共图书馆作为人民终身学校的服务功能,将图书馆建成融服务性、教育性为一体,具有现代化网络教育服务水平的县区级一流公共图书馆。

沏一壶热茶,任雾气在白色的书页间上下翻飞,让略带好奇的风,吹拂过书桌间流淌着的时光,斑驳而安详。偶尔抬头,书架间一袭寻觅的身影,或缓缓翻阅,或面露愉悦,或如饥似渴,或眉头微蹙,或掩卷沉思……每一次踏进宏伟区图书馆,浸润了一点书香;每一次走出图书馆,散发了一丝文气。那么就从现在开始,下定决心,远离浮躁而物欲横流的世界,走进宏伟区图书馆,品尝一下阅读的快乐吧!

读者的天堂
——走进辽阳县图书馆

　　每当步入辽阳县图书馆，便如置身于充满墨香的书海，一种高雅、神圣的感觉就会油然而生。这里是读者的天堂，学者的金矿，智者的乐园，是人们取之不尽，用之不竭的知识源泉。

　　辽阳县图书馆位于县城东南侧，交通便利，建筑面积 2000 平方米，共 5 层。馆内设有成人借阅室、青少年借阅室、低幼儿阅览室、报告厅、电子阅览室、视听资料室、自习室、心理辅导室等多个对外服务区域，300 余个阅览座席，设计藏书量 20 万册。馆藏文献采取藏、借、阅一体化开架式服务方式，平均每周开馆 60 小时，年流通量 4 万人次，年外借量 8 万册次以上。

　　辽阳县图书馆始建于 1982 年，原馆址坐落于首山镇文化路，建筑面积 600 平方米。随着事业的发展和壮大，原有的馆舍已不能满足广大读者的要求，2007 年 3 月，一座建筑面积 2000 平方米，内部设施功能现代化的公共图书馆在首山镇前进街建成并投入使用。新馆的落成，标志着辽阳县图书馆的发展进入一个崭新的时代。

辽阳县图书馆第十九届"世界读书日"
赠书活动现场

　　辽阳县图书馆一贯坚持"以人为本，读者至上"的办馆理念，特别关注对弱势群体的服务，把少年儿童、老年人、农民工、残疾人作为重要服务对象，专门成立了低幼儿阅览室,有针对性地订阅了大量的图书、报刊和杂志;2012 年馆内设立了残疾人阅览专柜和阅览区域,为残疾读者送书 36 次,代借代还书刊 236 册次;在阅览室设农民工借阅专柜,为农民工订阅报刊 20 份,提供相关信息 1000 余条,服务农民工 520 人次;为未成年人提供书刊借阅服务,并举办各类讲座等活动 5 次,参加人数 9000 余人次;为老年人订阅 46 种报刊,并为其提供各类有关诗词研讨、红学、健康等讲座 8 次,服务老年读者达 15 000 余人次。

2012 年,辽阳县图书馆继续推进文化信息资源共享工程建设,自创了三个特色资源,即非物质文化遗产——鼓乐、辽阳县地方戏曲资源、辽阳县文化旅游风光资源。现已建成乡镇、村级基层服务点 214 处,为基层服务点举办各种技术专题讲座、优秀影视节目播放、共享工程资源进校园活动;组织 15 个乡镇、村级基层网点管理员进行培训,仅 2012 年,利用各种文化信息资源培训基层学员达 1130 人。

2013 年 11 月,辽阳县图书馆心理辅导室对外开放。目前,心理辅导室已招募 18 名文化志愿者,他们都是关于心理研究、心理咨询的高素质技术人才,免费为基层、为读者提供心理健康、心理咨询等方面的服务,不仅拓展了图书馆的服务领域,而且大大提升了服务水平。截止到 2014 年 8 月初,累计进行个案咨询 40 余人次,团体心理辅导 10 次,心理健康讲座 12 场。

在未来几年里,辽阳县图书馆将在现有馆舍条件的基础上,努力扩大服务辐射区域,积极推动全县公共图书馆事业的整体发展,计划将阅览座位增加到 500 个,使图书总藏量达到 15 万册,年服务人次达到 30 万人次以上,主要指标位居全省县级公共图书馆前列,达到国家一级图书馆的基本标准。

书香育人的灯塔市图书馆

书是涓涓溪流的滴滴水珠,汇出心灵的浪花;书是蒙蒙春雨的点点光华,迸发博爱的力量。在这里——灯塔市图书馆,感受春天般温暖;在这里,和伙伴们一起畅游书海,一起体验着快乐,一起享受着幸福,一起为追逐梦想扬帆起航。

灯塔市图书馆位于中心路 450 号文体局大楼内,紧邻市政府,交通十分便利。灯塔市图书馆在文体局大楼的二、三层。走进图书馆,精心修剪的花卉枝繁叶茂,散发着淡淡的幽香,神清气爽,走廊里悬挂的名人画像和书法作品吸引了每位到馆读者的目光。

灯塔市的图书馆始建于 1981 年,2006 年搬迁至新馆,现建筑面积 1500 余平方米,成人阅览座席 80 个,少儿阅览座席 60 个,电子阅览座席 28 个,馆藏图书 5 万余册,年入藏量 1500 种以上,报刊年入藏量 100 种以上。图书馆采取藏、借、阅一体化开架式服务方式,应用图书馆管理系统软件,实行免费开放,平均每周开馆时间达到 56 小时。灯塔市图书馆设有图书借阅处、成人阅览室、少儿阅览室、电子阅览室,还有专设了老干部阅览室。

为了更好地为读者提供服务,灯塔市政府近年来增加了对图书馆的经费投入,并建立了电子阅览室。电子阅览室的信息服务是图书馆深化信息服务的一种手段,通过最大限度地利用多媒体光盘资源,使图书馆能以更现代化的技术手段为读者提供文献信息服务。目前,灯塔市图书馆电子阅览室配有电脑 28 台,以及投影仪、数字电视、打印机等先进的电子设备,实现与市图书馆的资源共享。随着电子阅览室信息服务的发展和完善,图书馆信息服务也必将得到进一步深化。

在成人阅览室,读者们常常会被放置在这里的电子设备吸引过去。读者们通过触摸屏幕，可以翻看电子报刊、读报、查资料，还能看到许多图书馆的活动资料和照片，了解图书馆的特色活动和特色服务。

点开读者服务页面，看到的是图书馆"读者第一，服务至上"的服务宗旨。为响应社会主义新农

灯塔市图书馆送书下乡活动

村建设，灯塔市图书馆建立了 26 个图书馆分馆和 9 个图书流通站；利用举办新书展览、媒体宣传、宣传栏及发放宣传单等形式，向读者推荐新书，并到张台子、西马峰镇、柳条寨镇等乡镇的集市上发送小册子、举办生产生活知识小展览，吸引群众参与图书馆的各项活动；关注对老年人、残疾人、农民工、留守儿童、下岗职工等弱势群体的服务，专门成立了农民工图书流动站、留守儿童阅览室等，并定期举办活动，有针对性地订阅了大量的图书报纸杂志；为张台子镇敬老院的老年人和残疾人提供长期定点服务，为敬老院投放书架、报刊架等设备，配送流动图书和报纸，受到老人们的喜爱。

2013 年雷锋生平事迹图片展

点击少儿活动的页面，展现的是图书馆为培养少儿阅读兴趣开展的丰富多彩的少儿读者活动。举办大型的"雷锋生平事迹图片展"，在灯塔市的张台子镇、西马峰镇、大河南镇、柳河子镇等 9 个乡镇的镇政府和 30 所中小学校以及佟二堡的海宁服装

大厅进行巡回展出；每年举办"灯塔市图书馆少儿朗诵比赛""少儿演讲比赛"和"寒暑假读一本好书征文比赛"。照片上的小朋友们灿烂的笑容、自信的目光，激励着每一位小读者一定要多读书、读好书，积极参加图书馆活动和比赛，把这里作为自己扬帆起航的起点。

灯塔市图书馆口才表演大赛
部分获奖选手合影

著名作家博尔赫斯曾这样说过，"这世上如果有天堂，天堂应该是图书馆的模样"。一个国家的文明程度，并不在于有多少高楼大厦和奥运金牌，而是在于国民的教育程度和生存质量，而图书馆系统的发达程度往往直接影响着国民的启蒙和教化。随着我国图书馆事业的发展，灯塔市图书馆也将进一步融入人们的日常生活，满足多元化、个性化的文化需求，让读者更加随心所欲地享受阅读，参与交流，体验着"人间天堂"的感受。与此同时，不是仅仅让图书馆人去独自管理、设计图书馆，而是让社会各界参与到公共图书馆管理和设计的业务中来，让图书馆成为真正的公共文化服务平台。人们在这里不仅可以得到文化的享受，还可以得到文化的体验，甚至可以得到文化创作的灵感。

打造阅读天堂
——走进辽阳市少年儿童图书馆

辽阳市少年儿童图书馆位于辽阳市中华大街 93 - 2 号,坐落在辽阳护城河河畔,毗邻辽阳 4A 级旅游景区广佑寺。辽阳市少年儿童图书馆馆舍建于 19 世纪 80 年代,距今已有近四十年,是独立开放机构,楼内布局合理,设计科学,馆舍建筑面积 1312 平方米,绿化面积 300 平方米,营造出了清新、温馨的文化氛围,为少年儿童创造了干净、整洁的阅读环境,方便借阅。

辽阳市少年儿童图书馆前身是辽阳市图书馆少儿部,1997 年年底在市委、市政府的支持下,成为独立建制的辽阳市少年儿童图书馆,建馆在襄平书院(文圣路刚家胡同 92 - 3 号)。2004 年 6 月,因辽阳市文化局与教育局资源调换,迁到现址。

辽阳市少年儿童图书馆是辽阳地区少儿图书资源中心。主要服务对象为 3—18 岁的少年儿童、中小学教师、家长及教育工作者,提供图书借阅和参考咨询各项业务。馆内设有综合外借部和阅览室、多媒体阅览室、多功能教室 4 个对外服务窗口,采取开架式借阅。馆舍楼体分为四层。阅览室在一楼,综合外借部在二楼,多媒体阅览室和多功能教室在三楼,四楼则是艺

辽阳市少年儿童图书馆馆舍

帆美术学校。对外开放时间为上午 8:30—11:30，下午 1:00—5:00，全年免费开放，无节假日休息。开通了读者联系电话 0419－3611892、QQ 群（136188950、145531058）和微信公众平台（辽阳市少年儿童图书馆）。阅览室座席 80 个，多媒体阅览室座席 60 个。年接待读者近 8 万人次，流通图书近 12 万册次。

作为辽阳市公共图书馆体系中的重要服务部门，十多年来，辽阳市少年儿童图书馆一直将保障未成年人文化权益，满足城乡未成年人文化需求作为工作目标。多年来，辽阳市少年儿童图书馆通过延长借阅周期、取消滞纳金、调整开馆时间、加快新书上架速度等便民措施，不断升级自身硬件设施，完善自动化服务，降低门槛，吸引未成年人利用公共文化资源。在强化基础服务的同时，辽阳市少年儿童图书馆不忘根据青少年不同特点开展活动，坚持"服务活动化、活动常态化"，打造品牌服务项目引领未成年人公益文化建设，并采用专业、灵活的管理模式，提高了辽阳市未成年人公共文化资源的效能。

辽阳市少年儿童图书馆书库一角

辽阳市少年儿童图书馆现有藏书 18 903 种、10 万余册，内容丰富，种类齐全。保存有我国早期的少儿连环画 1.2 万册，征集辽阳本土作家专架图书 200 余册。特别是"文革"前出版的连环画内容丰富、题材广泛，展现了传统文化艺术的繁荣发展，在连环画出版史上占有重要的位置，并以其通俗化、大众化优势为大众广泛接受和欢迎，不仅具有较高的收藏价值，而且是记录和反映社会状况的宝贵素材，有助于普及大众教育、传承文化，对少年儿童具有启智作用。

辽阳市少年儿童图书馆建馆十余年以来，坚持延伸基础服务，坚持制度化服务布局，注重馆外流动站的建设。2011 年起，辽阳市少年儿童图书馆经过调研、统计，从定向扶持、指导建馆、授匾流通、签订协议、明确交接几个环节抓管理，全面加大了少儿图书馆图书流动站的规模。迄今为止，辽阳市少年儿童图书馆已经在新老城区、市内市郊建立了 20 个图书流动站，这些图书流动站建在义务教育阶段的中小学、农民工子弟学校、山村希望小学以及军区幼儿园和民办幼儿园等。科学化、人性化、公益性、长效性的延伸服务，使图书馆服务取得了很好的效果，仅 2013 年一年，送书进流动站达 28 000 册次。

"辽阳市少儿图书馆公益课堂"教室

辽阳市少年儿童图书馆以"读者第一，服务至上"为宗旨，充分利用图书资源，通过上门送书、预约借书、电话续借以及开辟馆外十余个图书流动站等方式，为读者提供多方位的服务。多次组织开展有益于少年儿童身心健康的大型读者活动，包括革命传统教育图片展、智力竞赛、征文演讲、书画大赛以及发展特长的阅读兴趣活动等，致力于培养"四有"少儿人才。2011 年 3 月起，辽阳市少年儿童图书馆招募了十余名有资质、有爱心的"文化志愿者"，组建了"辽阳市少儿图书馆公益课堂"，以公益性为原则坚持为辽阳市的青少年全年无间断地开展国学经典课、外教口语课、硬笔书法课、手工制作课、艺术剪纸课、口才表演课、早教启蒙课程。这些课程的设置兼顾低幼儿、学龄儿童等不同年龄段、不同知识背景的青少年，为他们的校外文化活动增添了丰富的内容。该项活动开展至今，共有万余名青少年和家长参与，服务惠及辽阳城乡。2014年,结合辽宁省文化厅下发的《推进公共文化流动服务的通知》精神,辽阳市少年儿童图书馆决心打破传统流动服务的"大物流"的巡回书库模式,将阵地服务中的品牌推向基层。依托"4.2世界儿童图书日"和"4.23世界读书日"两大主题节日,在空军蓝天幼儿园、白塔小学、东文化小学、大林子子弟工学校、太子河子弟工学校、小屯镇中心小学、黄泥洼镇黄金小学、东京陵乡中心学校等十余所流动站巡回开展3D科普图片展览和公益课堂进校园等两大板块的服务。这一举措不仅很好地贯彻了省文化厅倡导的坚持公共文化服务公益性、均等性、便利性、多样性原则,更是在服务内容、服务频率、服务制度上实现了辽阳地区未成年人公共文化服务的多维度延伸。仅2014年3月至5月末,辽阳市少年儿童图书馆共送书进站4258册次,杂志1221册次,参观展览人数3500余人次,开展公益课20次,全面实现了少儿图书馆灵活机动、惠及基层的流动服务网络。

现在的辽阳市少年儿童图书馆是年轻的图书馆,在十余年的成长过程中,取得了成绩,收获了经验。今后,辽阳市少年儿童图书馆将会更加努力,加强管理,提高业务水平,加快分馆建设,合理分配公共文化资源,重点加强社区图书馆和农村流动图书站的建设,推广面向儿童的图书分级阅读,为不同青少年提供适合其年龄特点的服务,实现各项服务内容的良性跨越发展,为辽阳地区青少年文化服务发展营造良好的社会氛围。

铁岭市

书香银州
——走进铁岭市图书馆

　　铁岭市图书馆是铁岭市政府举办的公益性公共文化服务机构,是一座集学习阅读、信息交流、展览讲座等综合文化教育功能与网络数字化服务为一体的公共图书馆。铁岭市图书馆占地面积 9367 平方米,工程建筑面积 15 768 平方米,设计藏书容量 100 万册,可容纳读者座位 580 个。铁岭市图书馆开馆时间早 9 点至晚 4 点 30 分,周三闭馆,设立官方网站(www. tllib. net),电话为 024 - 74290200,2 环、3 环、5 环、9 环、2 路、10 路公交线路均可到馆。

　　铁岭市图书馆坐落在银州古城龙首山脚下,地处驻跸园文化广场北侧,交通便利,景色宜人,堪称优山美地,是人们休闲娱乐的最佳场所。铁岭市图书馆的建设结合了驻跸广场的建筑风格和地域特点,定位为"国内先进、省内一流"的多功能、现代化图书馆。建筑采用玻璃幕墙与干挂石材相间的外装饰表面,外形似一本翻开的书,个性鲜明,形成大气、美观、知识气息凝重的视觉效果;同时与驻跸广场合理衔

铁岭市图书馆馆舍

接,又似一个翩翩起舞的蝴蝶落在现代园林风格的驻跸广场上,为驻跸广场平添了一些文化氛围,图书馆也因驻跸广场的存在增加了休闲气息,两者交相辉映。楼内以高过厅、宽回廊、大天井、透明屋顶等设计形成宽敞通透的格局,充分考虑动区、静区的合理设置,内外绿化,为读者提供了温馨、舒适的阅读环境。

铁岭市图书馆采用图书馆自动化集成系统,百兆光纤接入,实现了采访、编目、流通、办公业务的完全自动化以及信息存储、研发、服务业务的数字化,开通了图书馆网上服务,通过网站为读者提供馆藏书刊目录、电子资源信息查询、文献外借、阅览、信息检索、因特网上网、用户培训、定题跟踪等多类型、多层次的服务,利用报告厅、展厅等服务设施定期举办展览、讲座等。铁岭市图书馆秉持服务宗旨,承载市委市政府对全市人民的文化关怀,以人性化为特色、以数字化为方向、以标准化为目标,发挥文献收藏利用中心、信息咨询服务中心、思想道德和精神文明建设活动中心、文化建设传播中心载体作用,为创建学习型城市提供信息知识保障。

铁岭市图书馆始建于1979年10月,1980年1月开馆。建馆初期无独立馆舍,与市文化局合署办公。1984年10月独立建馆,馆舍面积2140平方米。2004年4月27日,市政府决定改建新馆。新馆占地面积9367平方米,工程建筑面积15 768平方米,2010年竣工交付使用。2011年新馆开馆后,铁岭市图书馆把"保基本、强基础、建机制、重实效"作为开馆后的工作重点,推进铁岭市图书馆"十二五"发展规划实施。

铁岭市图书馆现有藏书25万册(件),报刊16万册,地方文献3800册,声像资料534种、667册,电子文献10万册,6个数据库资源。现设有13个对外服务窗口,阅览座席500个,日均接待读者1000余人次。多功能报告厅506平方米、座席320个,是举办各种学术报告会,研讨会及讲座的极佳场所,兼作电影放映厅、投影厅和小型演出场馆;展览厅349平方米,可举办各种展览;另有多媒体教室、培训室等。现有计算机71台,服务窗口均配备了检索机,100兆光纤接入,有AP点

78 个,数据信息节点 512 个,实现了读者服务区无线网络全覆盖。专用存储器容量 10TB,业务服务系统于新馆开馆前由 ILAS II 2.0 集成管理系统转换为 Interlib 集群管理系统,为今后图书馆的集群化管理建设与发展奠定了基础。

铁岭市图书馆地下一层,地上五层。地下一层设有车库、人防工程、监控室、配电室;地上一层设有多功能报告厅、展览厅、盲人视听室、接待室;二层设有少儿图书馆;三层设有信息咨询室、培训室、电子阅览室、期刊阅览室、报纸阅览室;四楼设有社会科学图书外借处、自然科学图书外借处、新书外借处、多媒体教室、地方文献室;三、四层分别设有自习室;五楼设有计算机中心及办公区。

铁岭市图书馆有 80% 以上的书刊采用开架形式为读者服务。外借部、报刊部文献资源 100% 全部开架借阅,并采用《中国图书馆图书分类法》进行分类,依据《藏书管理与组织规则》进行排架。在书库管理上采取书库醒目位置悬挂区域标识、管理制度上墙、配备专人管库、加大日常巡视、及时纠正错架乱架等措施,确保了整体排架误差率低于 4%。

铁岭市图书馆高度重视人性化服务和人文城市建设,积极转变服务方式,变被动服务为主动服务,努力把服务触角延伸到社会每个层面。在人性化和公益服务中,本着"一切为了读者、为了一切读者"的服务宗旨,以书为媒,不断拓宽服务渠道,提升服务水平,努力践行"均等、普惠"的原则。服务方面主要分为:免费服务、上门服务、特色服务、创新服务、阅读活动服务、延伸服务、阵地服务、关爱弱势群体共享文化资源服务、志愿者队伍建设、图书流动站服务等。

地方文献特色资源建设是铁岭市图书馆文献资源建设工作的重点之一。2011 年,铁岭市图书馆成立了地方文献部,专职负责地方文献收集、整理、开发和利用工作,并制定了严格的工作细则,配有专人负责日常管理。为了突破传统服务模式,提高服务质量,拓宽服务领域,创新服务模式,铁岭市图书馆开设了政府公开信息服务专柜,年提供信息服务 500 余条;创办了"辽北讲坛",定期举办文化讲座;2012

年,由铁岭市图书馆提供信息服务的西丰县旅游项目全面启动,实现到位资金3亿元;2012年为农村乡镇发送科普资料3万余份,深受农民兄弟的欢迎,铁岭市图书馆被省社科联授予辽北科普基地。

关爱弱势群体共享文化资源服务已成为铁岭市图书馆的品牌服务项目。构建社会主义和谐社会是当代中国社会的奋斗目标,在实现这一目标的过程中,图书馆肩负着新的历史使命。铁岭市图书馆在工作中进一步转变服务观念,调整工作思路,重视特殊群体,重视弱势群体,在服务中向残疾人、老年人、外来务工人员倾斜,建立了农民工绿色通道,体现人文关怀。目前,铁岭市残疾人达14.9万人,这部分人是最需要关心、扶持和帮助的弱势群体。关注残疾人文化生活,帮助残疾人参与社会文化活动,既是社会文明进步的重要标志,也是构建和谐社会的基本要求。为了让铁岭市的残疾人读者能够拥有一个学习、休闲的独立空间,让他们与健全人一样共享文化资源,学习文化知识、感受文化氛围,活跃文化生活、增长才干,成为对社会有用的人才,铁岭市图书馆进行了不懈的努力。2011年9月,铁岭市图书馆创办了盲人视听室,购置了基础设施设备,由市残联协调投放了1000本盲人读物,为残障人员开辟了学习交流空间。铁岭市图书馆还将继续努力,争取政府和社会各界的更大支持,并尽可能地为他们提供医学、文学、教育等各大类盲文文献资源,以及盲人专用上网软件和计算机等。此外,铁岭市图书馆还成立了铁岭市"瓷娃娃真人图书馆"。"瓷娃娃"是一种软骨病,他们是一个弱势群体,无法顺利实现普通人的日常活动,但他们有与健全人一样的读书、参与图书馆活动的权利。"真人图书馆"就是把不同人生经历的"瓷娃娃"邀请到一起,以一种面对面沟通的方式来完成"图书"的阅读,通过真人"图书"丰富的生活经历,倡导社会公平正义,促进社会和谐。2012、2013年,先后两次举办"真人图书馆"读书活动,通过与真人"图书"进行交流,走进他们的生活世界感知他们的所需所求,进一步增添图书馆人的责任感。

铁岭市图书馆罕见病真人图书馆大型公益活动现场

今后，铁岭市图书馆始终坚持"为人民服务、为社会主义服务"的办馆方向，以"务实办馆、勤俭办馆、科学办馆"为办馆方针，以"品牌立馆、科技兴馆、人才强馆"为发展战略，以"市民的大书房、城市的大教室、文明的大窗口"为服务特色，努力实现文献载体多元化、业务工作规范化、工作手段自动化、从业人员专业化、业务骨干学者化、管理工作科学化的现代图书馆发展目标。

崛起的清河区图书馆

清河区图书馆,位于铁岭市清河区市区中心地段向阳街 3 号,交通便利通畅。清河区图书馆的开放时间为周一至周六,早 8 点到晚 5 点。馆内设有图书储藏库、资料收藏库、采编室、借阅室、成人阅览室、儿童阅览室。共有阅览座位 44 个,现有馆藏图书 10 300 册,杂志刊物 2000 册,拥有电脑 2 台,同时配有打印机、扫描机、复印机、照相机、塑封机、装订机等设备,供图书馆和读者使用。为读者开通了绿色直通电话 024 – 74177395 供读者查询、借阅、预约。现有在职馆员 8 人,均为专科以上学历。

清河区图书馆大楼坐落在市区中心莲花广场的莲花池畔,四层中式建筑,七根大玉柱镶嵌在大楼的前面,使图书馆大楼显得格外庄严雄伟。大楼倒映在莲花池中,颇为典雅,池水与大楼相互辉映,情景交融,在霓虹灯的照射下,景色更加美丽。走进图书馆,人们总会感到知识的浩瀚无边。来荷花池的人,在赏花之余总是忘不了要到图书馆里来看看书,享受读书的快乐与幸福。走出图书馆时,看一眼那出淤泥而不染的美丽莲花,悄悄赶走读书的倦意。正是都市繁华热闹中的这一处清丽优雅,娴静温馨,给清河区人民带来了文化精神依托,丰富了人们的业余文化生活,为清河区的发展以及地方资源的开发利用做出了贡献,对清河人民文化素质的提高乃至社会的和谐稳定发展起到了一定的作用。

清河区图书馆于 1988 年成立,2003 年搬进现在的新馆舍,建筑面积 721 平方米。建馆初期,清河区图书馆并没有自己的馆舍,只是临时借用文化馆的房子。当时的图书馆只有一个书库兼借阅室和一个小库房,面积不足 100 平方米,设施简陋而陈旧,无法满足图书馆各项服务功能。进入 21 世纪后,经过多方支持和努力,新的图书馆大楼终于建成。在倡导现代办馆理念的同时,清河区图书馆着力普及公共图书馆的基本服务功能,把人文精神带进图书馆,大力发展改革,建立健全以人为本的创新服务机制,推动全民阅读、引领阅读新风尚。2010年,在政府的支持下,清河区图书馆进行全面装修改造,馆舍面貌焕然一新,更换了门窗桌椅、书架等阅览设备,添置了电脑、打印机、复印机、照相机等现代服务设备。乘着馆舍改造的东风,清河区图书馆进一步改进服务手段,提高服务质量,改变由传统借还服务,向人性化、自动化、网络化服务转变,积极开展外借、阅览、复印、咨询等服务,有效地满足了读者对文献不同层次的需求。2010年,清河区图书馆荣获铁岭市文化系统先进集体。

清河区图书馆的书刊全部采用开架方式为读者服务,在藏书设置和书架摆放上力求方便读者,尽量把那些有价值可利用的图书和文献资料放在前排和便于查找的地方,并采用《中国图书馆图书分类法》进行分类,依据《藏书管理与组织规则》进行排架。同时,清河区图书馆还专门为弱势群体设置了特别服务窗口和绿色直通车服务通道,成立了为弱势群体送书服务队,根据弱势群体的需要定期把图书送到乡村、送到学校、送到社区、送到敬老院,为农村生产发展、学生增长文化知识、社会协调稳定、人们文化素质的提高做出积极贡献,取得了可观的社会效益。

"送文化 科技 卫生 法律到乡村"活动

展望未来,清河区图书馆要做的,就是要拨紧思想和智慧的发条,抓住时代赋予的机遇;就是要博采众家之长,创新思路,转变办馆理念,强化主动服务意识,提高服务档次;就是要建立以人为本的馆读和谐关系,依托强大的信息资源与现代先进的信息技术,建设现代多功能图书馆;就是要充分发挥图书馆的社会职能,把有限的馆藏图书变成无限的科学潜能,转化成为建设社会主义的巨大能量,为社会发展发挥其应有的作用。看前程似锦,春风给你生机,秋霜给你收获。清河区图书馆,是社会和谐发展的动力,是一幅流芳百世的锦绣画卷。让汗水孕育成长,让智慧变成现实。时代赋予图书馆重托,奋斗铸就图书馆辉煌。

前进中的西丰县图书馆

西丰县图书馆始建于 1980 年,原址位于西丰镇红旗路,面积 756 平方米。由于原馆舍面积狭小、环境破旧,基础设施不完善,已不能满足读者的阅读需求,2003 年,西丰县开始筹资兴建新馆舍。新馆位于西丰县站前街 35 号,南部紧邻西丰县第一高级中学,北部与林业局、计生委相毗邻,环境优雅,交通便利。

西丰县图书馆主体建筑共五层,馆舍面积 1200 平方米。现有书库面积 460 平方米,阅览室面积 280 平方米,其中电子阅览室面积为 70 平方米。阅览室座席 160 个,其中少儿室座席为 80 个。现有馆藏文献资料 50 000 余册,其中纸质图书资料 46 000 余册,纸质报刊 1000 余件,视听资料 1000 余件,年购书经费 17 000 元。现有工作人员 10 人,其中高级职称 2 人,中级职称 3 人,初级职称 5 人。馆内设有外借处、少儿外借处、阅览室、电子阅览室、少儿阅览室、对外咨询服务室等对外服务窗口。供读者使用的计算机 28 台,并配备有先进的网络系统以及现代化的服务设备。为了更好地发挥图书馆各项社会职能,西丰县图书馆基本服务项目健全,坚持全年 365 天免费向社会开放,年接待读者 7 万余人次,流通书刊 5 万余册次。经过多年的努力实践,西丰县图书馆现已是全县群众重要的公共文化场所,是全县教育、科学、文化事业的重要组成部分。

西丰县图书馆长期以改革、生存、服务、发展为方针,大力开发馆藏资源,拓展服务功能,努力提高馆藏图书利用率,赢得了社会公众的广泛认可。以图书预借、阵地咨询等服务形式,以送书上门、扩大服务网点等服务手段,拓宽服务渠道,读者到馆率、图书借阅率明显上升。并通过遍及全县乡镇、社区、学校等处的十余个图书室、图书流通站,使服务得到有效延伸。为读者提供内阅外借、参考咨询、讲座展览等多种服务,坚持每天更换最新报刊与读者见面,保证读者第一时间获取新闻资讯,组建数字化图书馆网络平台,建立网上图书馆,实现资源共享。

在做好传统读者服务工作的同时,西丰县图书馆积极拓展新的服务领域。作为公益性社会服务机构,西丰县图书馆始终把为特殊群体服务作为责无旁贷的社会责任。随着老龄化社会的到来,老年人已经成为目前我国社会中一支庞大的社会群体。如何为老年读者开展服务,使他们安度晚年时光,成为图书馆工作中的重要课题。为此,西丰县图书馆特为老年读者准备了读书看报的老花镜、放大镜及热水。为解决部分老年读者出门不便,西丰县图书馆还专门提供预约借书、续借及送书上门服务。由于很多老年读者不会使用计算机,西丰县图书馆专门在电子阅览室组织培训,指导老年读者使用计算机进行网上阅读。在对残障人士这一弱势群体的服务工作中,西丰县图书馆结合残障人士的特点,专设残疾人专用通道和专用座席,为他们阅读创造方便条件。同时,不定期地为残疾人读者举办专题讲座和报告会,让他们及时了解最新的时事动态和知识信息。西丰县图书馆在聋哑学校专设图书室,每年免费为学生提供上百册的优秀期刊,保证他们在课余生活中感受到图书馆的关心与爱护。西丰县图书馆始终重视对未成年人的教育引导,每年寒暑假及儿童节期间都为全县的少年儿童举办少儿谜语竞猜、书画作品展、安全教育讲座、新书展、有奖征文、红色经典影片播放等丰富多彩的活动。活动的开展不仅发挥了图书馆的教育职能,也丰富了西丰县少年儿童的假期生活,在对未成年人进行思想道德教育的同时,对他们养成良好阅读习惯起到了很好的推进作用,对他们树立正确的世界观、人生观、价值观起到积极的引导作用。

西丰县图书馆是国家三级图书馆,是面向社会公众提供文献信息服务的公益性文化事业单位。西丰县图书馆始终坚持"读者至上,服务第一"的服务宗旨,搜集、整理、保存中外文化典籍和西丰县地方文献,建设具有西丰特色的藏书体系,深入挖掘文献信息资源,为党政机关、科研生产单位提供深层次的服务,促进西丰县经济和科学文化事业的发展。同时,西丰县图书馆配合形势需要和社会热点问题,面向社会大众开展丰富多彩的读者活动,宣传党和政府的政策法令,向人民群众进行爱国主义教育。

为了更好地为读者服务,西丰县图书馆努力提高职工业务素质和个人文化修养,以适应图书馆工作的需要。定期对全体职工进行业务培训和讲座,同时积极支持青年职工参加继续教育、进修学习,使职工整体素质得到明显提升。

图书馆事业是社会主义文化建设的重要组成部分,是党和政府向人民群众提供公共文化服务,保障人民群众基本文化权益的重要途径。西丰县图书馆自建馆以来一直秉承"传承文明、服务社会"的理念,与时代同进步,与民族共命运,为满足全县人民群众精神文化需求、提高科学文化素质,促进知识创新、推动社会进步,做出了不可磨灭的贡献。在今后的工作中,为了更好地为振兴西丰县经济发展服务,西丰县图书馆将秉持"服务立馆、资源强馆"的办馆宗旨和"读者第一、服务育人"的工作理念,不断加快图书馆的现代化和信息化建设,努力提高广大职工的业务能力和综合素质,提升图书馆的服务质量和管理水平,更好地为全县人民服务,履行图书馆的责任与使命。

倍道而进的昌图县图书馆

作为昌图县文化建设标志性建筑之一的昌图县图书馆,依山而建,整个楼体造型独特,设计理念超前,既具完备的办公服务功能,又不失为一处优美的景观,整个建筑素气典雅、稳重大气,彰显着浓郁的文化气息。从古至今,图书馆在人们心中,不仅仅是知识的宝库,也是人们追寻身心健康与心灵祥和的圣殿。某种程度上,图书馆更是一个国家、一个民族、一座城市的精神标志。昌图县图书馆不仅是昌图的一张文化名片,也是县域经济及社会发展的智力库。

昌图县图书馆位于昌图镇文化大街北段东侧,西邻宏运小区,东与文化广场相接,馆舍面积2600平方米,其中图书阅览室约200平方米,业务科室约600平方米,电子阅览室约120平方米,书库约200平方米。现有馆藏40 000余册(件),古籍100余册,地方文献200余册。馆内报刊阅览室拥有座席100余个,少儿阅览室拥有座席36个,电子阅览室拥有座席28个。目前,昌图县图书馆免费开馆时间为每周二至周六上午8:30—11:30,下午13:30—16:30,节假日休息。图书馆地处文化活动中心地带,交通十分便利,镇内读者乘2、4路公交车均可到达,电话为024-75823581。

昌图县图书馆的前身是昌图县文化馆图书室,1978年改名为昌图县图书馆。同年9月,在昌图镇站前街昌盛路正式开馆,是昌图县首座独立公共图书馆。1984年在站前大街30号兴建馆舍,1985年正式对外开放;2003年在昌盛路筹建馆舍,于2007年10月正式对外开放。为满足城乡百姓日益增长的阅读需求,获得更大的社会效益,在县委、县政府的扶持下,2012年,坐落于文化大街的昌图县图书馆新馆竣工并交付使用。

目前,昌图县图书馆是县内唯一一个面向社会免费提供图书服务的公益性事业单位,以"保存借阅图书资料,促进社会经济发展"为办馆宗旨。集借阅、阅览、图书采编、科技辅导、文化信息资源共享等服务功能于一体,开设了图书外借室、报刊阅览室、少儿阅览室、电子阅览室、多媒体信息服务、科技咨询与业务辅导等 6 个对外服务窗口。优美的环境、完善的设施,极大地提升了图书馆的服务能力和水平,是昌图县经济文化建设的重要载体和平台。昌图县图书馆一贯秉承"普遍均等、惠及百姓"的理念,以提升图书馆服务档次为重心,每年接待读者万余人次。1994 年被评定为"三级图书馆"。

昌图县图书馆始终坚持"以文化为先导",通过弘扬"爱国、爱馆、爱书、爱人"的图书馆精神,彰显"以人为本,读者至上"的办馆理念,促进图书馆的核心价值观的提升。开展了少儿服务、残疾人和老年人服务、科技辅导服务等,同时利用馆藏优势开展数据库建设,为读者提供电子文献服务。2013 年,在县文化局领导下,启动了文化信息资源共享工程。为构建完善的图书馆服务体系,不断推出送文化下基层服务、开展各类读书活动等,让昌图县人民的阅读氛围和读书意识都得到了显著提升。

对于昌图县这样一个农业大县,昌图县图书馆为本县农村经济的发展发挥了极大的促进作用。尽管我国的义务教育已经推行了一段时间,但是农村仍然存在着文化素质普遍不高的现状,这就在很大程度上削弱了农民的创新能力,并导致科技兴农实现难度的加大,对进一步深化农村经济结构调整也造成了极大的障碍,为解决这一系列问题,仅靠在农村推行农民进课堂、接受科技教育的方式难以取得预期效果,昌图县图书馆充分发挥县级图书馆的优势,根据农民实际需求,提供针对性的服务。昌图县图书馆通过馆藏大量的农业科普知识读本、杂志以及最新的农业科技成果文献资料吸引了越来越多的农民走进图书馆,从而提升了农民学习科学文化知识的积极性和主动性,使他们通过阅读掌握最新的科技知识和技能,促进了广大农民科技知识储备的扩大及文化素质的不断提高。与此同时,昌图县图书馆的文化娱乐功能满足了社会对文化娱乐的需要,丰富和活跃了人民群众的文化生活,在精神文明建设当中起到了不可磨灭的作用,具有深远的社会意义,连续多年被铁岭市文化局评为文化工作先进单位,被铁岭市精神文明办评为铁岭市精神文化单位。

作为崭新的现代化图书馆,昌图县图书馆既承载着全面、高速传递信息和提供知识进行社会教育的职能,又凝聚着图书馆传统的文化氛围和人文气息。展望未来,昌图县图书馆将继续坚持"以人为本",重视平等化、规范化、科学化、制度化。在藏书建设、阅读服务、文化交流过程中,不断强化科学管理,营造图书馆环境文化,努力朝着"读者满意阵地"这一目标奋进。全体图书馆人将发扬"开拓进取、诚信高效、诚开金石、心力致远"的精神,团结一心、奋力拼搏,相信图书馆的明天将会更好。

在路上,昌图县图书馆倍道而进!

文化先行者
——走进开原市图书馆

开原市图书馆坐落于开原市迎宾路 80 号,位于迎宾路转盘街,交通便利。开原市图书馆隶属于开原市文化局,办公面积 1130 平方米,现有藏书 10 万余册,年入藏新书 2000 余册。现由采编部、外借部、儿童图书馆、综合阅览室、盲人有声阅览室、多媒体电子阅览室等职能部门组成,其中儿童阅览室阅览座席 52 个,综合阅览室阅览座席 40 个,电子阅览室机位 25 个。现有持证者 1 万余人,年接待读者 13 万人次,图书流通约 8 万册次。开馆时间为每周一至周六,全年开放,节假日闭馆,联系电话为 024 - 73823960。

开原市图书馆位于市内转盘中心,是开原市的地标性建筑。外观为通透的绿色玻璃,呈半圆形,远看像一本书,远远便能吸引读者。开原市图书馆对内部空间进行了合理规划,运用高空间与若干空间的结合与并联,外部与内部的结合使图书馆成为一个造型与功能完美结合的开放性服务型公共场所。

1986 年,开原县图书馆办公地点在转盘路街路南,馆舍为砖木结构二层楼,占地面积 640 平方米。1998 年,开原市图书馆进行翻建,新楼建筑面积 1130 平方米,于 2000 年 9 月开馆。1988 年,开原市图书馆被省委、省政府授予"省级文明单位"称号;1989 年,被文化部授予"全国文明图书馆"。2004 年 8 月,在全国公共图书馆第三次评估工作中被评定为"三级图书馆"。

多年来,开原市图书馆秉承"读者至上,服务第一"的服务宗旨,以为助力开原市经济建设为理念,立足于服务社会、服务于开原人民,是开原市的藏书中心、信息中心和科学、教育、文化事业的重要组成部分,是陶冶情操、开阔视野、激发人们的求知欲望、确立社会主义道德情操和人生观的阵地,在社会的发展与进步中始终担当旗帜与号角的重任。

开原市图书馆自开办以来,虽然有部分图书未能全部开架,但文献资料内容全面,新书上架及时,并根据广大读者的意见、市场畅销程度来选购新书,为读者提供更好、更便捷、更全面的服务。目前,开原市图书馆现开设了外借处、综合阅览室、盲人有声阅览室、儿童图书馆和电子阅览室等服务窗口,通过文献资源阅览与借阅、参考咨询及原文传递等服务为广大市民提供海量的信息资源。为了使每个人都能有效利用图书馆资源,以上服务窗口已全部实现免费开放。

开原市图书馆在多年的社会改革实践中,不断探索、完善,建立了适合开原地域发展、具有开原特色的图书馆服务模式。不再坐等读者上门,而是主动向社会提供服务,突破了普通书刊文献借阅服务的传统状态,对服务格局进行了科学的调整,在特色服务方面做出了积极的探索。向读者推荐好的书籍,每月选出几本好书调动读者主动阅读的兴趣,报纸期刊可多样选择,提供良好的阅读环境,定期对外宣传等,充分体现了开原市图书馆以人为本的人文精神。

近年来,随着社会的发展,开原市图书馆先后与开原新创集团、某部队汽车连、开原市沁春园老年康乐中心、开原市赢德肉禽厂等 14 家单位合作建立了图书流通站,年更换图书 2000 余册;每年将 3000 余册科技图书送到周边村文化室、送到农户手中,为开原市"两个文明"建设做出了突出贡献。为了迎接 2014 年图书馆服务宣传周的活动,开原市图书馆在开原市委宣传部的大力支持下开展了全市群众"捐书建立社区图书室"活动。截止到活动结束,全市共捐书 8000 册、杂志 1600 册,分别为 4 个社区建立了图书室。这项活动丰富了开原市人民的业余生活,也在全市掀起了全民读书的高潮。

进入 21 世纪以来,我国的图书馆事业面对全球信息产业和文化产业迅猛发展的形势,迎来了新的发展机遇和挑战。开原市图书馆将以基本职能为基础,不断研究并采用新技术、新手段,以更高的标准来强化这些职能。未来的开原市图书馆会随着社会文明的发展而不断进步,迎来图书馆事业美好的未来。

发展中的调兵山市图书馆

调兵山市图书馆是一座苏州园林式仿古风格的现代建筑。白墙碧瓦,翠杉掩映,环境优雅,安逸静谧。无论是格局布置还是环境建设都充满了人文气息和书香之气,是调兵山市标志性景观建筑之一。

调兵山市图书馆始建于 1988 年,初无独立馆舍,与调兵山市文化馆合署办公。办公面积 100 余平方米,藏书仅有千余册,馆员 4 人。随着社会的发展,经济的繁荣,2003 年,调兵山市人民政府正式批准建设调兵山市图书馆,同年新馆破土动工。这一举措,不仅仅是为了改变调兵山市图书馆长期以来有馆无舍的历史,也不仅仅是为了打造城市的标志性建筑,更重要的是为提高全民的科学文化素质,加快全市公共文化服务体系建设,最大限度地满足人民群众日益增长的文化需求、信息需求。

2005 年 8 月 15 日,调兵山市图书馆新馆落成并开放,以崭新的姿态迎来了调兵山市图书馆事业的春天。2008 年年末,调兵山市图书馆首次被文化部定级为"三级图书馆",为辽北地区县级图书馆向更高水平发展奠定了坚实的基础。2013 年 10 月,调兵山市图书馆再次被文化部定级为"三级图书馆"。

十多年来,调兵山市图书馆发生了翻天覆地的变化:馆舍从无到有;藏书现已达到 5 万册;馆员队伍逐渐扩大,人员素质逐年提高,现有馆员 19 人,其中副研究馆员 1 人,中级馆员 12 人,助理馆员 1 人;服务范围不断扩展、服务领域不断延伸,服务质量不断提高、服务方式不断创新。

调兵山市图书馆虽然建馆时间不长,但人文积淀淳厚,馆藏资源丰富,在调兵山市文明发展史中占有十分重要的地位,一直担负着为大众传播科学文化知识的社会职能,发挥着为人民群众提供知识教育和公共文化服务的功能，被誉为"知识的殿堂"，为调兵山市的精神文明建设做出了积极贡献。

调兵山市图书馆设有图书外借室、期刊阅览室、电子阅览室、多功能报告厅 4 个对外服务部门。各部门设施设备齐全，馆员服务质量上乘，深受广大读者的欢迎与青睐。

为有更多的空间让读者利用，让更多的藏书向读者开放，调兵山市图书馆努力营造一种"人在书中，书在人旁"温馨、舒适的阅读环境，开设了集借、阅、管一体化的开放式图书外借室。这样，读者不但可以在图书外借室借阅图书，也可以阅览图书。期刊阅览室拥有阅览座席 100 个，报刊 118 种，供读者室内阅览。电子阅览室建筑面积 200 平方米，投资 35 万元，设有 25 个电脑机位，环境舒适、设备先进，为读者提供数据库检索、网络联机检索，浏览获取大量丰富的信息资源，为广大市民提供方便快捷的阅览服务，使广大市民能更好地汲取知识信息，以及学习利用各种多媒体教学课件等，提高广大市民的文化生活品质。多功能报告厅是调兵山市图书馆 2014 年新增设的对外服务部门。设施先进，功能完善，配备音响、电脑、投影仪、电视等现代化设备，为图书馆开展各种会议、公益讲座、演讲比赛、电影播放提供了良好的场所。

调兵山市图书馆送书及科技知识
讲座进农村服务现场

2005 年 8 月以来，调兵山市图书馆按照"延伸服务领域，扩大服务范围，转换机制，增强活力"的思路，深入实现了服务理念与服务方式的变革，获得了良好的社会效益，为全市公益文化事业发展起到了一定的示范作用。

一是结合调兵山市实际，针对农村群众的文化需求，建立健全"三下乡"

长效机制,积极开展"三下乡"活动,2005 年以来共送书下乡 2 多万册,服务 4 多万人,把丰富的知识信息及时送到农民群众手中,为社会主义新农村做出了贡献,2012 年调兵山市图书馆被确立为辽宁省科学普及基地。

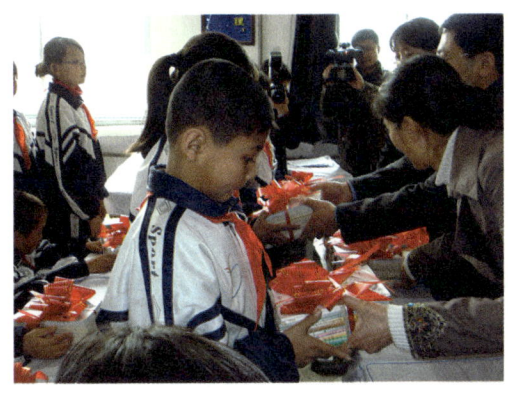

"共享蓝天,关爱农村留守儿童"活动现场

二是确立"以人为本,读者至上"的服务理念,把弱势群体列为重点服务对象,全力推行人性化服务。通过开展"共享蓝天,关爱留守儿童""我的中国梦"等未成年人系列文化活动,先后服务了 5000 多名少儿读者,为弱势群体提供了文献支持。

三是注重品牌服务,常年坚持开展各类读者活动,开展了"共享蓝天,关爱留守儿童""元宵节灯谜会""道德讲堂"等一系列服务品牌和品牌性阅读推广活动,借助品牌打造、活动开展,提高图书馆知名度,以此带动阅读,培育阅读市场。

调兵山市图书馆元宵节灯谜会活动现场

经过近几年卓有成效的努力,图书馆在调兵山市的领导层和广大读者及市民中赢得了较好的口碑和社会影响力,市民到馆率和办证读者人数呈现逐年攀升的良性态势。

随着社会的不断进步与发展,调兵山市图书馆作为县级图书馆,正逐渐向虚拟图书馆与传统图书馆共存互补的方向转变,数字图书馆不再是遥不可及的梦想。未来,调兵山市图书馆人将励精图治,让图书馆成为每个人心中的天堂。

收藏梦想　书写未来

——走进铁岭市少年儿童图书馆

铁岭市少年儿童图书馆（以下简称为"铁岭少图"）是铁岭地区唯一一家公共少儿图书馆，始建于 1985 年，是铁岭市精神文明建设的重要窗口。成立以来，铁岭少图经历了有馆无址、旧房改造开馆、闭馆、临时租房开馆、再闭馆的动荡历程。2011 年，铁岭市委市政府投入百万资金为少儿馆新馆购置了现代化设施设备。2011 年 9 月末，铁岭少图新馆正式投入使用，并创造了铁岭少图的四个"历史之最"：馆舍面积最大、馆容馆貌最优、设施设备最完善、服务功能最齐全。

铁岭少图新馆位于铁岭市区中心地段，交通便利，每周开馆六天，周三闭馆，市民乘坐 2 路、10 路、2 环、3 环、4 环、5 环、9 环公交车均可到达。馆舍建筑面积 3258 平方米，其中低幼儿童玩具室面积高达 371.7 平方米。馆藏图书 9 万册，年入藏新书 4650 种，年外借书刊 12 万册次，基本文化服务项目全部免费，读者满意率百分之百。馆内设有图书借阅室、报刊阅览室、电子阅览室、多功能活动室、亲子阅览室、少儿培训室、过刊查询室等 15 个部室。现有阅览座席 305 个，2011 年开通广域网，共有计算机 45 台，宽带接入 100 兆，投入 20 余万元建设无线网络和存储空间，实现读者服务区无线网络全覆盖，存储容量 10TB。新馆采用图书馆集群管理系统 Interlib，实现了采访、编目、流通、办公业务的完全自动化以及信息存储、研发、服务业务的数字化，且建立了安全的局域网系统和独具特色的图书馆网站（http://tlst.org）。如今的铁岭少图已经成为一座集图书借阅、信息咨询、展览讲座、少儿娱乐等综合文化教育功能与网络数字化服务为一体的现代公共图书馆。

新馆开馆后，铁岭少图以新环境、新馆舍、新设备为基础，适应为少年儿童提供高质量免费服务的新形势、新任务,不断加强科学管理,深化、延伸、推新服务内容和方式,开拓创新,走出了一条具有自身特色的科学发展道路。2013 年被命名为"市级文明单位""省级巾帼文明岗",在公共图书馆第五次评估定级中,被文化部评定为"二级图书馆"。

铁岭市少年儿童图书馆天井展览大厅

目前,铁岭少图与铁岭市图书馆共用一座图书馆大楼,坐落于风景秀丽的龙首山脚下,地处驻跸园文化广场北侧,是铁岭城区标志性的文化建筑。大楼设计造型别致,舒展大方,居高俯视宛如一只硕大的蝴蝶,展翅欲飞,寓意深远;正面观瞻,犹如一本打开的图书,迎接每一位知识的求索者。图书馆大楼总计五层,第二层为铁岭市少年儿童图书馆,楼内方正天井、通透回廊的格局凸显着现代图书馆的开放特质与亲和力,馆内大厅别具特色的绿化点缀,更营造了清新、舒适的阅读氛围。

铁岭少图位于铁岭城区中心位置,银州区十七小学、十八小学、五小学、七小学、十一小学、九小学和铁岭市第一中学、第三中学、第四中学、第五中学等学校以及为民社区、永红社区、青年社区、电业社区、八三社区等多家社区都在以铁岭少图为中心的三公里半径范围内,铁岭少图努力为辖区内读者提供"15 分钟文化娱乐圈"服务,深受广大市民的欢迎和喜爱。"周末和节假日去少儿图书馆读书和参加活动"已为辖区内适龄读者津津乐道。

铁岭市少年儿童图书馆始建于 1985 年,当时有馆无址,在市图书馆四楼与市图书馆合署办公,由市图书馆增加 5 个编制负责具体工作。1993 年 12 月,获市编委批准单独列编,编制 6 人,为市文化局所属科级事业单位。1995 年 9 月 20 日,铁岭少图正式对外开放,馆舍为位于银州区文化路原色织厂对面的两栋破旧平房。2001 年 4 月,因馆舍被定为危房,铁岭少图对外闭馆。2003 年 7 月,铁岭少图在银州区仿古一条街租用一栋临时馆舍再次对外开馆。2004 年 5 月 28 日,图书馆、少儿图书馆综合楼奠基。2006 年 2 月,铁岭少图再次对外闭馆,并迁回市图书馆四楼筹备搬迁新馆,直至 2009 年 9 月 29 日新馆开放。

新馆开馆后,铁岭少图牢固树立"读者至上,服务第一"的宗旨,坚持"走向社会,主动服务,把图书馆办到少年儿童中去"的办馆思想,创新服务理念,丰富服务手段,拓展服务领域,构建服务网络,提升服务品质,努力打造公共服务品牌,树立了少儿图书馆的全新社会形象。

在文献资源建设上,铁岭少图立足于本地区少年儿童文化、教育、科技发展需求,坚持以综合为主,兼顾特色。目前中文图书总藏量为 9 万册,电子图书 2.1 万册,视听文献 352 件,占《全国少年儿童图书馆(室)基本藏书目录》的 47.44%,每年订阅主流儿童报刊 500 种,形成了比较系统、完整的科学藏书体系。与此同时,铁岭少图精心打造特色馆藏,形成了以"家教图书和连环画"和"铁岭儿童文学作品"为主的特色馆藏体系。

近几年来,为满足读者需求,铁岭少图调整藏书结构,有计划地重点采购了家庭教育类图书和连环画,力求此类图书的相对系统性和完整性,以此作为铁岭少图的藏书特色。目前家庭教育类图书总计 5000 余种、2 万余册,连环画 3500 种、1 万余册,并设置专架陈列,深受家长、教育工作者及低龄读者欢迎,成为流通量最高的读物,铁岭少图因此被授予"铁岭市家庭教育基地"称号。被称为"中国安徒生"的已故作家吴梦起,堪称铁岭儿童文学之父,在他的带领和影响下,铁岭市儿童文学历经三十余年如今走向全国乃至世界,而且大家名作辈出,现在从事儿童文学创作的作者达 300 多人,赢得百余项文学大奖,其中有 8 人 13 次获冰心儿童文学奖。为丰富馆藏,凸显特色,新馆开馆后铁岭少图着力征集本地作家的儿童文学作品,现已征集长篇图书 160 部、短篇作品 1000 余篇,论文集、作品集数部,电视剧超过 100 集,为全市少年儿童开列了一张铁岭儿童文学书单。

铁岭少图现有图书借阅室、过刊查询室、电子资料室和地方文献资料室4个书库,全部向读者免费开放。图书借阅室按照《中国图书馆分类法》分类,同时采用多彩、灵动的色标分类排架,方便小读者快速找到所需图书。报刊阅览室按照内容和类型进行排架,根据书架的顺序进行排号,方便读者选取和送回报刊。在区域划分上,铁岭少图坚持"读者至上,服务第一"的宗旨,将办公区和读者区分开,并最大限度地增加读者用房面积,现馆舍面积3258平方米,读者用房面积2852.26平方米,占总面积的88%。在馆舍装饰上,为凸显少儿馆特色,铁岭少图选择寓意希望的绿色为全馆主色调,再配以多彩活泼的卡通画、水墨画、励志劝学诗句、温馨提示语及各种装饰,营造出轻松、快乐的读书氛围,广受读者赞誉。

流通服务拓展延伸。铁岭少图坚持"走向社会,主动服务,把图书馆办到少年儿童中去"的办馆思想,努力打造公共服务品牌。年均接待读者12万人次,流通文献12万册次。同时大力开展图书流动站的建设工作,截止到2014年8月,先后在市及各县(市)区学校、街道、社区、幼儿园以及妇联组织等建立了24个图书流通站和两个阅读基地,总计流通图书13 900册次,借阅图书26 482人次,流通图书使用率高达416.1%,有效地扩大了少儿馆的服务覆盖面。

阅读辅导凸显特色。铁岭少图积极开展小读者教育和课外阅读兴趣辅导工作,现已开设国学、美术、舞蹈、早教、思维训练、小记者、泥塑、扎染等近10项特色公益课程,尤其是面向低幼儿童采用亲子共读、共享方式授课,配合视频播放,变单一的图书阅读为趣味性学习,全年参学学员500人。为此,馆内组建了小读者艺术团,吸纳他们为艺术团成员,组织大家参加馆内外各种演出和比赛,很多学员在市、省乃至全国比赛中获得奖项。2014年,铁岭少图还面向科技爱好者开设了"七彩帆"科普小讲堂和智能机器人训练营,分别请馆内外专业老师授课。科普小讲堂旨在对小读者进行科技知识普及,激发他们的实践创新能力,馆员老师进学校、走社区,现已培训读者千余人。智能机器人训练营则是引导机器人爱好者学习研究机器人搭建、智能机器人程序编写、机器人实现多功能任务等,现有学员 200 人。2014 年 5 月,训练营学员代表铁岭市参加 2014 年辽宁省青少年科技大赛,获得两个项目的铜牌。

万名小读者签名活动

阵地活动常态化。报刊阅览室、图书借阅室和电子阅览室 3 个主要服务窗口做到每月有 5 项活动,达到聚集人气、树立品牌的目的。常年开展"十佳读者""阅读明星""书海小神探""弹指神功键盘争霸赛"等十几项读书游戏有奖活动;定期举办"看谁读得多""唐诗宋词知多少"等主题诵读活动;"益智玩具擂台赛""精彩阅读瞬间""小手绘梦想""寻找最闪亮的你""我讲我秀""爱心图书银行"等数十项少儿风采才艺展示活动贯穿全年,年开展馆内读者活动 96 场次,参与读者 3 万人次。

大型活动品牌化。为扩大社会影响,把活动做到更多的少年儿童中去,铁岭少图选择与孩子相关的节假日、纪念日、重要时段,例如新

"少图一日游"活动

年、春节、学雷锋活动月、"六一""十一"以及寒暑假等,联合社会力量,共同组织策划一系列体现人文关怀和实践精神的影响力较强的大型活动。全年大型活动十余次,参与活动读者 4 万人次。"新春谜艺会""新春联谊会""快乐寒假在少图""清凉暑

假在少图""科普大篷车进校园""城乡少年手拉手""青少年综合素质能力大赛"等大型活动都在小读者中引起广泛关注。尤其是每年"六一"前夕,组织策划的铁岭市"中国移动杯"少年儿童读书节活动影响空前。2014年第三届读书节活动以"书香润泽　梦想起航"为主题,围绕悦读书、比脑力、秀才艺、绘梦想四大板块,开展20项活动,辐射全市中小学校,贯穿暑期,参与读者3万人次。

开放办馆扩大影响。铁岭少图坚持开放办馆,零门槛服务读者。常年开展"少儿图书馆一日游""少儿图书馆开放日""做一日小馆员""最快归架员""少图快乐集市"等读者体验实践活动,让小读者走进图书馆,了解图书馆,参与图书馆工作,增强图书馆意识,从而更好地利用图书馆。仅2014年,接待了来自铁岭市朝鲜族小学、银州区第十七小学、银州区第十八小学、凡河中心小学、柴河西小学、铁岭市第四中学、《铁岭日报》小记者团等20余个团体的来访,收到良好的社会效益。

铁岭少图将始终坚持"走向社会,主动服务,把图书馆办到少年儿童中去"的办馆思想,以创新服务理念、丰富服务手段、拓展服务领域为基本思路,以打造公共服务品牌、特色资源品牌、读者活动品牌为核心内容,积极构建服务网络,全面提升服务品质,以人性化为特色,以数字化为方向,以标准化为目标,努力把少儿馆建设成为具有铁岭特色的高水平高质量的图书馆,真正成为青少年获取知识的乐园,素质教育的基地,社会精神文明建设的窗口。

朝阳市

前进中的朝阳市图书馆

朝阳之名始于清代乾隆四十三年(1778),以境内凤凰山上的朝阳洞得名,大凌河则是朝阳的母亲河。朝阳市图书馆就坐落在美丽的凤凰山与凌河水之间的文化大厦西部。朝阳市图书馆馆舍面积 8064 平方米,馆藏文献 173 334 种、405 924 万册(件),阅览座席 452 个,2012年 8 月 1 日正式对社会开放。开馆时间从 8:30 到 18:00,每周开馆时间达到 60 个小时。朝阳市图书馆已经建立了自己的网站(www.cylib.org)和官方微博,并开设了联系电话(0421 - 7201685)。

朝阳市图书馆是朝阳市最大的一所公共图书馆,是朝阳地区文献收藏中心、信息传播中心、馆际协作和业务研究与交流中心。它始建于 1959 年。1964 年朝阳市改行署,将市图书馆移交给朝阳镇。1968年朝阳镇与朝阳县合并,图书馆变更为朝阳县图书馆。1979 年,朝阳行署批准恢复朝阳地区图书馆建设。因为当时无馆址,图书馆借用佑顺寺的更衣殿(当年的博物馆)做临时馆址,藏书从零起步。1981 年,馆址迁入原电影管理处旧址,总面积 200 平方米,馆藏图书 25 000 册,在职职工 20 人。1984 年朝阳撤地建市,同年 10 月朝阳地区图书馆更名为朝阳市图书馆,在职职工 22 人,藏书 151 000 册。1985 年年末,位于友谊大街 2 段 2 号的图书馆大楼竣工,面积 2913 平方米,三层框架机构。至此,朝阳市图书馆的办馆条件才真正得以改善,有了真正意义的馆舍。1986 年 8 月 1 日,朝阳市图书馆正式对外开放,人员编制扩大到了 55 人。2004 年 12 月 11 日,朝阳市政府常务会议决定整合资源,统一城市布局,将图书馆的馆址置换给市疾控中心,并在大凌河东岸另批土地,新建图书馆。2010 年 5 月,朝阳市图书馆搬入现在的馆舍。2012 年 8 月 1 日,朝阳市图书馆新馆正式对社会开放,在职职工 45 人,设有 9 个职能部门。

朝阳市图书馆

一直以来,朝阳市图书馆的服务宗旨都是"读者至上,服务第一"。2005 年以前,朝阳市图书馆的服务基本以阵地服务为主,以藏书为主,大部分书库都是闭架借阅。2005 年开始,朝阳市图书馆因搬迁基本处于闭馆状态,不能接待读者。正是在这一时期,朝阳市图书馆的服务意识悄然改变,开始积极探索"走出馆门,主动服务"的新模式。2012 年新馆正式开放后,朝阳市图书馆的服务意识发生了从"以藏为主"到"以人为主""以用为主"的鲜明转变,所有的书库全部对读者开放,读者可以自由徜徉在书海之中。同时,朝阳市图书馆积极走出馆门,主动出击,把服务触角延伸到社区、乡(镇)村、企业、学校等社会各界。

历经三十余年的积淀,朝阳市图书馆在馆藏体系上形成了自己的特色。朝阳市的经济有着不同于其他城市的特征,一直以来都是以农业为主,朝阳市图书馆的馆藏体系也有着鲜明的地方特色,即对农业种植养殖相关技术等有所侧重,并形成了一定的规模,在朝阳的农业生产中发挥着的重要作用。

朝阳市有着深厚的文化底蕴,化石文化世界闻名,是第一只鸟飞起、第一朵花绽放的地方,是中华 5000 年文明史的重要发祥地之一。

红山文化、释迦牟尼真身舍利、"三燕"故都,让朝阳市具备了独特的魅力。近年来,朝阳市委市政府提出要用"四大文化"(化石文化、红山文化、佛教文化、三燕文化)打造朝阳品牌,发展旅游事业,这让馆藏地方文献有了用武之地。朝阳市图书馆设有独立的地方文献书库和阅览室,收藏地方文献5000多册,逐渐形成以朝阳"四大文化"文献为收藏重点的地方文献藏书体系。同时,朝阳市图书馆积极争取资金,筹备建设"四大文化"专题数据库,为服务地方经济发挥自身的优势。

朝阳市图书馆现有馆藏文献173 334种、405 924万册(件),其中中文普通图书363 449册,期刊和报纸合订本26 488册,地方文献5094册,电子文献5607册,视听文献5286件,《四库全书》《四库全书存目》是朝阳市图书馆的镇馆之宝。馆内所有图书全部实行开架借阅,年外借书刊155 662册次,读者年流通173 333人次。设有无障碍通道,供残疾人读者自由出入,无障碍阅览室的电脑装有读屏软件,供盲人读者检索使用。自2012年8月正式开馆后,朝阳市图书馆与省图书馆、朝阳市师范高等学校图书馆、县市区公共图书馆建立了馆际互借业务。

走进朝阳市图书馆,迎面是一个木雕的屏风,屏风的左面是服务台,读者可以还书、咨询、办理借阅证,服务台设有OPAC查询机,可以为读者提供检索查询服务。右面是一排自助存物箱,免费为读者存放物件。中间为旋转楼梯直通楼顶。整个图书馆看起来宽敞、大气。旋转楼梯下面是读者休息大厅,设有座椅和报刊阅览架。围着休息大厅设有少儿借阅处、无障碍阅览室、声像放映室、电子阅览室。二楼设有现报现刊阅览处、过报过刊借阅处、新书借阅处、农民工阅读专架、工具书阅览室。三楼设有自然科学借阅处、社会科学借阅处;四楼设有地方文献阅览室、《四库全书》阅览室、参考咨询阅览室;负一层设有自学室。2007年,朝阳市图书馆建立自己的网站,设有专门人员管理,制订了建设规划。网站结构、栏目设置合理、图文并茂、美观大方,运行良好。主页导航分为朝图概况、数字资源、读者园地、信息咨询、服务指南、学会建设、少儿天地7项,网站首页上包含业界新闻、公告栏、朝图新闻、地方文献、新书推荐等 12 项。2012 年,开设了朝阳市图书馆官方微博,通过微博解答市民的咨询,向市民推荐图书馆的优秀藏书。为了让图书馆的文献资源惠及更多群众,先后在军营、农村、留守儿童学校、劳动教养院、残联等场所建立图书流通站、分馆 50 家,每年为流通站流通各种图书两万多册,解决了特殊人群看书难、借书难的问题,满足了基层群众文化信息需求。

朝阳市图书馆少儿阅览室

多年来,朝阳市图书馆不断探索、借鉴、学习,开展了一些有自身特色的活动,逐渐形成自己的服务品牌。

为"两会"服务,为领导决策服务。2014 年 1 月,朝阳市图书馆首次开展为"两会"服务工作。服务形式以会场服务为主,馆内服务同步进行,内容包括:专题资料汇编、图书你荐我购、信息检索查询、现场办理借阅卡、图书馆网站检索服务等项目,受到人大代表和政协委员的欢迎。朝阳市图书馆自 2007 年开始创办《决策参考》信息报。小报每月一期,发行 50 份,发放范围为市委、市政府、市人大、市政协、双塔区、龙城区区委、政府的主要领导及发改委、财政局等重要部门,至今已经编发 88 期,得到了读者的认可,市委宣传部也把图书馆列为全市两个舆情点之一。

农业科技信息服务。每年朝阳市图书馆至少 10 次到双塔区、龙城区、朝阳县的乡（镇）村开展农业科技信息服务，通过实地走访调研，针对各乡（镇）村的重点农业项目和特色农业开展服务，力争做到有点有面、点面结合。点，就是服务的深度；面，则是服务的广度。在深度上，朝阳市图书馆直接入户走访，建立科技信息联系户，开展跟踪服务。2014 年 5 月至今，对龙城区、双塔区 5 个乡镇 15 户种植养殖户进行了实地走访，进行跟踪定题服务，并建立了信息服务档案。在广度上，利用农村的大集进行宣传、调研，编印农业专题、生活常识、健康常识专题等专题资料，并通过赶大集、召开信息发布会等形式免费为农民发放 3 万多份（册），受到农民的热烈欢迎。

为残疾人服务。朝阳市图书馆设有无障碍阅览室，每年都与市残联、市聋哑学校联合举办各种活动。2012 年 9 月 25 日，开展"牵手特殊群体走进图书馆"活动，给百名残疾人免费发放生活科学常识专题资料，免费放映数字电影，开放各个服务窗口，帮助他们在无障碍阅览室、电子阅览室体验快乐阅读；2012 年 10 月 15 日，第二十九届国际盲人节组织开展盲人网络大联欢，组织近 60 名盲人在朝阳市图书馆无障碍阅览室通过网络与国内外盲人朋友共庆节日，通过朗诵、相声、二胡演奏等艺术形式，展现了盲人的艺术才华，表现了盲人盲而不残、盲而不废、盲而有为的坚强理想和信念；2014 年 5 月 8 日，与市残疾人联合会、市妇女联合会、市广播电台联合举办了"自强中国梦　倾情报母恩"听众读者母亲节公益活动，活动特别邀请 60 多位残疾人的母亲及做了母亲的残疾人到现场，共同度过一个难忘的母亲节。

为老年读者服务。新馆开馆以来，朝阳市图书馆不断探索为老年读者服务模式。2012 年 4 月，成立了老年读书之友会，并以此为平台，开展老年读书沙龙、老年读书文化论坛、"老人健康知识讲座""老年书画精品展"等活动。应老年读者的要求，还创办了《老年读者之友》刊物，每季度一期。2012 年 11 月，为庆祝十八大的胜利召开，举办了"庆十八大朝阳老年书画精品大展"，近 200 幅书画作品充分反映了朝阳的新成就、新风貌,展示了朝阳老年书画者的精神风采。2013年,举办了4次"老年读者之友文化沙龙""老年文化论坛"活动。2014年7月25日,举办了"健康生活从心开始 老年心理健康维护"专题讲座。

"朝图讲座"。近年来,朝阳市图书馆推出了自己的讲座品牌"朝图讲座"。几年来,"朝图讲座"在馆内和馆外共举办了29场,包括"朝阳历史文化""牛河梁红山文化""朝阳区域文化特征""自信是成功的一半""老年法律维权""炳悟人生""女性健康知识""中秋明月爱我中华""节能减排知识"讲座等,取得了较好的社会效益,受到听众的欢迎。

展览。举办各种展览是朝阳市图书馆每年的一项重要工作。2010年搬入新馆后,馆内、馆外共举办各种展览47场,参观人数达到3万多人。2011年举办的"海洋生物展",参观人数约2万人。2012年开展的"品味中国传统文化——中国传统佳节"图片展、"百姓生活摄影展",2013年举办的"辽宁省公共图书馆事业发展成果巡回展""老年书画精品大展""低碳经济、绿色生活"科普知识展、"树立消防意识 普及消防知识图片展""中华孝道——中华传统美德教育"宣传图片展等,在社区、街头、农村集市举办的"春节民俗文化""中国梦""诚信中国"等展览都取得了较好的社会效益,扩大了图书馆的社会影响。

"亲子读书"活动。2014年5月30日,朝阳市图书馆联合鹤辉幼儿园举办了"迎六一亲子读书"活动。在"与图书做朋友——寻找书中最美十句话"亲子读书活动中,小读者在家长和图书馆工作人员的引领下,阅读故事、欣赏插图、制作读书卡片、填写心得收获等。之后,在声像放映室图书馆工作人员为家长和孩子们播放了荣获第九届中国电影童牛奖优秀故事片《会飞的花花》。活动提高了孩子们的阅读兴趣,让孩子们体验到阅读的快乐,为孩子们形成良好的阅读习惯打下坚实基础。在默默书香中,孩子们也度过了一个充实精彩的"六一"儿童节。

此外,朝阳市图书馆在每年"4.23世界读书日"都会举办相关活动,如"携手社区居民走进图书馆""品味书香之旅"等;在图书馆服务宣传周举办街头宣传、优秀图书推荐、知识答题等活动;在全民读书月举办图书导读、"百佳读书人""百佳书香家庭"评选等活动;在春节举办"迎新春有奖猜谜"活动。

朝阳市图书馆在未来的发展中,将不断完善其服务体系和服务功能,进一步打造服务品牌,拓展服务范围。目前,朝阳市正在建设燕都新城图书馆(目前主体已完工),作为朝阳市图书馆分馆。拥有两座馆舍的公共图书馆,在全国也不多见。燕都新城图书馆馆舍面积 13 000 多平方米,将极大地补充现有馆舍功能的不足,并更加侧重数字化建设。其中,500 平方米的多功能报告厅能容纳 200 名听众,阅览座席到达 800 个。燕都新城图书馆的建成,标志着朝阳市图书馆事业必将迈上一个新的台阶。

具有民族地方特色的喀左县图书馆

金鼎之地,暴龙故乡。喀左被誉为塞外明珠,历史悠久,这里有辽西凌河流域最早的古人类遗址鸽子洞,有中华第一祭坛东山嘴红山文化遗址。从古至今,中原文化和草原文化在这里交汇融合。喀左县图书馆正是这种民族地方特色的文化传承弘扬者,面积 2000 平方米,每周开放 56 小时,2013 年 10 月被文化部定级为"二级图书馆"。

喀左县图书馆共有阅览座席 160 个,其中儿童阅览座席 48 个,蒙古语文图书室座席 24 个,盲文图书室座席 24 个。全馆藏书 22 大类、7 万余册(件),从 2011 年 7 月起实行免费开放(电话:0421 – 4822230;邮编:122300;E – mail:kztsgwlh@126. com)。

喀左县图书馆位于大城子镇文化大厦的四层、五层,属大城子镇较为中心地带,地址优越,交通便利,与县政府大楼遥相矗立。喀左县图书馆是县内唯一的公共事业性图书馆,也是全县 43 万各族人民学习文化的场所。从建馆至今几十年的时间里,喀左县图书馆人以馆为家,热情服务城乡居民和社会各界,为提高人民文化素质,传承民族文化,发展地方经济做出了应有的贡献。

新中国成立初期,喀左县图书馆隶属于文化科,后同文化馆合署办公。1978 年 11 月,经喀左县革命委员会批复,建立了喀左县图书馆,办公地点为天成观,1983 年迁入图书馆楼。2003 年,省政府为了支持民族地区文化事业的发展,投资兴建文化大厦。2007 年 5 月喀左县图书馆迁入文化大厦新址。迁入文化大厦后,图书馆的各项事业有了新的起色,环境宽敞,设备更新,藏书增多,服务功能逐渐完善,服务理念和管理模式随之变化,确立了"读者至上,服务第一,突出特色,开拓创新"的办馆宗旨。

具有民族地方特色的喀左县图书馆在传承弘扬民族文化中形成

自己的藏书特色和体系,注重具有民族地方特色的蒙古语文图书、地方文献资料、各类工具书和盲文图书(有声读物)的收藏。建有收藏特色的蒙古语文图书阅览室、地方文献和各类工具的资料室、盲文图书室,由专人负责管理。蒙古语文图书室藏书 5200 册,是喀左县蒙古语文图书收藏和借阅中心,《蒙古大辞典》《伊湛纳希全集》《清廷蒙古政策文书全集》等都具有较高的收藏价值;地方文献和各类工具的资料室藏书 6161 册,特别是近些年地方文献收藏齐全;盲文图书室有盲文图书 400 册,有声读物 800 余册(件)。

喀左县图书馆内设综合阅览室、电子阅览室、图书借阅处、资料室、蒙古语文图书阅览室、盲文图书阅览室,在县域内建有 24 个图书流通站。图书借阅处、电子阅览室、综合阅览室位于四楼,借阅制度齐全,明亮宽敞,盈溢满

蒙古语文图书室

满书香。蒙古语文图书室和资料室位于五楼,其中重新装饰的蒙古语文图书室面积达 120 余平方米,蒙汉双文"弘扬民族文化,构建和谐社会"的大字在正面墙上格外醒目,壁画、祥云、蒙古图书让来到这里的读者不免联想起古代蒙古民族驰骋草原、建立元朝帝国的情景。盲文图书室位于四楼,这里配备了盲人专用电脑,视障读者常常会陶醉在听小说赏音乐的惬意中,是视障读者快乐读书的好去处。

从 1979 年开始,喀左县图书馆自编《农村科技》小报 370 期,发行总量 15 万余份,遍及全县 22 个乡镇和河北省献县,成为喀左县图书馆农村服务的一个亮点。同科协一起建立了农民联系户 300 户,重点示范户 30 户,不定期入户服务。2008 年 7 月建立了全国 8 个蒙古族

自治县第一家蒙古语文专业文字图书室,为蒙古族读者提供特色服务。2011年7月建立了朝阳市第一家盲文图书室,为盲人平等参与社会、获取知识搭建了平台。2007年建立了喀左县抗震减灾科普教育宣传基地,宣传防震减灾知识。2012年同县科协建立了喀左县科技工作

喀左县工作人员到农贸市场发送信息资料

者图书流通站为全县科技工作者提供所需图书。2009年被朝阳市人民政府授予"全市民族团结进步模范集体";2011年被评为"全市科学素质工作先进集体"。

　　丰富多彩的特色活动已成为喀左县图书馆读者服务工作的闪亮名片。2011年举办"平等、团结、互助、和谐"喀左县民族团结进步有奖征文活动,征文44篇;2012年举办"弘扬民族文化,促进民族团结"喀左县有奖征文活动,征文58篇;2013年举办"迎县庆爱家乡"喀左县有奖征文活动,征文112篇。2014年3月同教育局联合举办蒙古语文书法培训班,60多人参加培训。科技之冬、世界读书日、送书下乡等活动既发挥了图书馆公益文化服务的作用,又加强了图书馆与基层群众的联系。从2012年起,喀左县图书馆邀请文化志愿者作家赵淑清、

文化站长业务培训班

高级教师赵玉清、退休干部张凤珠等人每年举办 4 场以上国学系列讲座,现已成为图书馆的品牌活动。

突出特色、开拓创新是喀左县图书馆办馆宗旨的重要内容,在今后发展中,喀左县图书馆一定会有更美好的前景——馆舍达到 3000 平方米,建立地方蒙古族语言文字收藏中心,将蒙古语文图书室建设成为阅读和娱乐中心,馆藏图书突破 10 万册,力争成为喀左县网络信息服务中心、传统文化传承中心、科学普及和阅读中心等。只要共同努力,不断进取,喀左县图书馆的明天一定会更加美好!

蓬勃向上、书香飘溢的建平县图书馆

建平县图书馆在县委、县政府的正确领导下，在上级部门的关心支持下，坚持"读者第一，服务至上"的理念，创新、求实、求发展，发挥职能作用和优势，鼓励和引导全县人民多读书、好读书、读好书，全县读书风气蔚然成风，中华民族优秀文化不断发扬光大，为县域经济发展做出了积极贡献。

建平县图书馆始建于 1979 年，馆址位于建平县叶柏寿街道万寿路 64 号文体大厦，馆舍建筑面积 2170 平方米。馆内设置图书外借室、期报刊阅览室、少儿阅览室、电子阅览室、多功能培训厅、多媒体教室、自学室等服务窗口，可容纳读者座位 500 个。经过近几年的发展，已成为具备图书借阅、信息搜集储藏开发、教育培训和学习等多功能的公益性活动场所。2011 年实现全部免费开放，公共空间设施无障碍、零门槛准入。2013 年参加全国第五次公共图书馆评估，首次被文化部评为"一级图书馆"。

建平县图书馆总藏量10.2万册(件)，年订阅期刊100种，报纸40种。其中少儿图书室藏书6000种、1万册，地方文献1000种、2000册。年接待读者1万余人次，借阅图书3万余册次。电子阅览室有28台计算机并配备相关设备，基础建设已经完成。

社科书库一角

建平县图书馆实现免费开放借阅，每周开放56小时。在《建平县报》上开办"图书荐读专栏"，每月 2 期,全年 24 期,逐期刊登馆藏精品书目,供全县市民参考借阅。2012 年启用"图书流动宣传车",走进基层和社区开展延伸服务工作,截止到 2013 年年底已建立图书流动站 12 个,送图书及科普资料 1 万余册。馆内设立"农民工读书角",提供图书 5000 余册,供农民朋友查看借阅,2012 年举办首批农民工普法维权培训班。

建平县图书馆多功能厅拥有座席 120 个,配备电脑操控台、音响设备、幻灯片设备等配套设施。县图书馆和社会各界积极利用多功能厅开展多样社会教育活动和"红山讲堂"系列讲座活动,已开讲 10 期,如家庭教育讲座、公务员礼仪知识讲座、保险知识讲座、公务员培训讲座等。

建平县图书馆每年举办各种公益文化活动十余次,活动方式包括有奖猜谜、征文比赛、演讲活动、图片展览、知识讲座、有奖答卷、优秀读者及读书家庭评选、捐书赠书等,加强读者与图书馆的互动交流。尤其在"全民读书

阅览室一角

月"与"服务宣传周"活动期间,根据主题要求举办各种形式的宣传服务活动,并且积极与新闻媒体单位合作,不断扩大图书馆的社会影响力。

建平县图书馆多年坚持参考咨询服务工作,采取办科技小报、赶科普大集、召开信息发布会、定题跟踪服务、同电视台联办专题栏目等方式,开展送科技资料下乡服务。2011—2013 年送科技资料下乡 15 次,发送养、种、栽资料 20 种、1 万余份,节能环保小常识 1500 余份,期刊 2000 份,解答参考咨询 600 多条。

2011—2013 年建平县图书馆职工撰写文章 6 篇,获得东北三省和辽西五市学术论文研讨会优秀奖 3 篇,朝阳市图书馆学会论文研讨会

一等奖 1 篇。

建平县图书馆协调服务于本地区的图书馆网络建设。在农家书屋工程建设中,建平县图书馆编辑完成《农家书屋管理指南》培训教材,发放给本县区域内使用,举办三期农家书屋管理员培训班,授课培训管理员 300 余人。业务人员检查指导农家书屋工作 50 多次,指导规范基层图书室 20 余次。建立图书流动站 12 家,流动图书 1 万余册。

建平县图书馆自 2005 年开始实行岗位人员聘用制度,以填报竞岗申请表、专业知识考试、竞岗演讲、领导考核为主要形式推行竞岗上岗工作,建立聘任合同制度。2013 年完成第三次全员岗位聘任,现有职工 11 人,大专以上学历 10 人,占职工总数的 90%,中级专业技术职称 6 人,副高级职称 1 人。业务人员全部参加岗位培训和继续教育,每半年和全年进行总体工作考核。

建平县图书馆 2006—2013 年连续获得"朝阳市图书馆学会优秀会员单位"称号,2011 年在朝阳地区公共图书馆业务知识竞赛中荣获二等奖和优秀组织奖。2012 年被辽宁省社会科学界联合会评定为"辽宁省社会科学普及基地"。2012 年获得县文体局党委岗位责任制考核目标二等奖。在创先争优活动中,图书馆党支部荣获文体系统"优秀党支部"称号,两人荣获"优秀共产党员"称号。

建平县图书馆以其丰富的文献资源满足不同读者的需要,以其独特的文化氛围吸引广大读者与书交友,成为市民学习、休闲的高雅文化场所。进一步扩大服务辐射区域,倡导居民"终身阅读"理念,树立好读书的文明风尚。未来,建平县图书馆将实现数字图书馆建设,完成网络、贮存、计算机硬件平台搭建工作,实现与市馆、省馆信息资源共享。

一切为了读者
——走进凌源市图书馆

图书馆作为文化事业的重要组成部分,在普及文化、建设文化事业中担当着重要的责任,是人民群众精神需求获取来源的重要方面,也是一个城市文化发展的象征和标志。

走进凌源市图书馆,整洁的环境、现代化的设施、有序的管理,让人感觉到来这里读书学习确实是一种享受。走廊悬挂的书法字画,烘托出浓重的学习氛围,四处点缀的绿色植物蕴藏着勃勃生机,行走在排排书架间,任意翻开一本书卷,悠悠书香沁人心脾,手捧书籍临窗而

凌源市图书馆

坐,徜徉在知识的海洋,细细品味字里行间的乐趣和韵味。

凌源市图书馆始建于 1978 年 10 月,几经搬迁,2011 年 10 月迁入位于凌源市滨河新区木兰山路 14 号的文化大厦,馆舍面积近 4000 平方米,馆藏图书 9 万余册,可容纳阅览座席 450 个,2013 年 10 月被文化部评为"一级图书馆"。馆内设图书外借部、咨询室、电子阅览室、少儿阅览室、成人阅览室、盲人阅览室、自修室、地方文献室、过刊室、声像室、报告厅等服务窗口,全年对外免费开放。

凌源市图书馆自成立以来,始终坚持"读者第一,服务至上"的宗旨,坚持为社会主义服务、为人民服务的基本方针,以服务读者为荣,

以读者满意为乐。看到那些热爱知识、喜欢学习的人们来到图书馆精研细读、查寻资料、获取知识，就是图书馆人最大的幸福。为了满足读者日益增长的阅读需要，凌源市图书馆争取资金 40 万元，采购图书 1 万余册，每天接待的读者人数也有明显增加。

为了更好地服务读者，凌源市图书馆对工作人员提出了更高的要求。在思想上，牢固树立"一切为了读者"的服务理念；在个人品行修养上，以良好的礼仪姿态、热情礼貌地对待每一个入馆读者；在工作中，认真听取读者反馈，并以此作为提高服务质量、充实图书资料的依据。

读者服务工作是衡量图书馆整体工作的标尺。为此，凌源市图书馆将提高服务质量作为一项重要工作，除了为读者购置了电子存包柜、饮水机、文具、花镜等便民用品外，还为特殊群体读者提供了特别服务，2013 年 11 月建立盲人阅览室，设阅览座席 12 个，现有盲文图书262 册，光盘视听文件 100 件，配备盲人专用电脑 2 台。为了方便盲人阅读，还提供为盲人上门办理图书借阅的服务。

图书馆对传播社会主流文化，提高群众文化素质，推动社会精神文明、物质文明建设和进步具有不可替代的作用。为此，凌源市图书馆不但着力加强阵地服务，还充分利用自身条件开展延伸服务，变"等"读者上门借书为上门"送"书给读者，在全社会广泛开展全民阅读推广活动，为构建学习型社会、营造全民学习和终身学习的社会氛围提供保障。在全民阅读活动中，凌源市图书馆针对不同人群的需求，分层次为广大公众提供阅读指导，通过服务进机关、进企业、进军营、进学校、进村镇，使全民阅读覆盖面不断拓展，城乡居民素质和城市品位得以提升，图书馆的服务也更加深入人心，充分发挥了图书馆在推进社会主义文化强国建设、全面提高公民道德素质和丰富人民精神文化生活等方面的作用，对图书馆推进全面免费开放、推广倡导全民阅读起到了积极意义。

在全民阅读进军营的活动中，图书馆年均流动图书 1500 余册，期刊 1000 余册，发放资料 12 000 余份，举办科普讲座及图书管理员业务辅导 5 次。此项活动在部队中反响很大,沈阳军区《前进报》、国家级刊物《新华月报》都对全民阅读进军营的活动进行了报道。活动中,官兵感受到书籍的滋润,人人争当"读书之星"。有的战士利用业余时间背记诗词上百首,成了"小诗人",多篇诗作在媒体上发表;有的战士用新学习的 PS 技术精心设计了"笑脸墙",广受好评;有的战士利用新学的视频剪切技术,自编自导了反映军营生活的微电影。

2013 年 11 月 15 日凌源市图书馆馆员到
前进部队开展全民阅览推广活动

凌源市图书馆在今后的工作中,要逐渐加强文献资源建设,扩大文献资源采购领域,建立健全文献资源数据库,藏书总量计划达 25 万册。加强完善图书馆网站建设、信息服务工作,信息发布及时,进一步方便读者访问、浏览。建立图书馆信息资源交流平台,实现馆际互借、资源共建共享。声像室、报告厅建设完成投入使用。积极组织本地区开展学术研究和交流活动。全面提升馆员的专业素养和爱岗敬业精神,提高图书馆现代化管理水平,建立健全管理体制和组织机构,明确各机构相应职责,积极采用现代化技术手段,调整作业流程,跟踪图书馆的发展前沿,使图书馆的管理更加标准化、规范化。

　　莎士比亚说，书籍是全世界的营养品，生活里没有书籍，就好像没有阳光；智慧里没有书籍，就好像鸟儿没有翅膀。未来，凌源市图书馆要争取资金多购好书，加强、加快图书馆现代化、网络化、数字化建设，让更多的群众走进图书馆，享受读书的快乐，真正使图书馆成为学习的平台、传播知识的平台、互动交流的平台、指导服务的平台，为文化普及和全民素质的提高、为文化大发展大繁荣做出积极的贡献。

听鸟语、闻花香的文化家园
——走进北票市图书馆

物华天宝、人杰地灵。镶嵌在广袤辽西大地上的一颗明珠——北票。而被北票全市人民喜爱的温馨文化家园——北票市图书馆，就是新世纪北票的一张精美文化名片。她总面积 2580 平方米，每周开馆 62 小时，2013 年被文化部命名为"一级图书馆"。北票市图书馆共有阅览座席 246 个，其中少儿阅览座席 60 个。全馆共有藏书 22 大类，103 984 册（件），并实现了全方位免费开放。现在，她正以崭新的面貌迎接到来的每一位读者。

北票市图书馆位于北票市中心最繁华的南山大街，与人民会堂遥相呼应，位置优越，布局合理，交通便利。临街而建的这座七层现代化建筑，因顶楼被设计成一本打开的巨大书籍而别具一格。远远望去，蓝天下的巨书是那样的具有神韵，仿佛会散发出迷人的书香。北票市图书馆所在的文化大厦，就因为这本匠心独具的巨大书籍而引人注目。

北票市图书馆是北票市唯一的公共事业性图书馆，承载着 60 余万北票人民学习科学文化、活跃业余文化生活的使命，也承载着通过发挥图书资源优势为地方经济发展服务的重任。几十年来，北票市图书馆人正是以这样的使命为己任，服务于人民、服

北票市图书馆外观

务于社会,为北票社会的发展和经济繁荣做出了应有的贡献。

北票市图书馆前身为北票县图书馆,初建于 1956 年,其后与文化馆几经分合。1979 年 3 月,北票县图书馆正式成立,馆舍是原文化馆的几间旧房舍。1983 年与北票县文化馆一同迁于一座新建的三层小楼。1985 年北票县改为北票市后,更名为北票市图书馆。同年,北票市政府在原馆舍后 100 米处,为图书馆新建了一座 1200 平方米的独立三层新楼。2005 年,新馆舍建成并投入使用至今。迁入新馆舍后,北票市图书馆开始了一个新的起点,更新了设备、增加了藏书、改善了办公条件、开启了现代化管理模式,从此站在了一个新的历史高度。"面向社会、开门办馆""读者至上,服务第一"是北票市图书馆一直以来坚持的办馆宗旨。随着时代的发展、社会的进步,致力于为地方经济发展服务和开展全民阅读成为图书馆新的动力与航标。

北票市图书馆 400 余平方米综合报刊阅览室全貌

公共图书馆是知识的宝库、文化的摇篮。前进中的北票市图书馆在不断的传承和积累中形成了特色的藏书体系。注重各类工具书的收藏,收集和整理地方文献并设有专库、专架。同时,根据北票市作为农业市的特点,有针对性地入藏农业科技书刊,为开展对"三农"服务打下坚实基础。值得一提的是 1995 年建立的玛拉沁夫书室,其全部图书都是由北票籍全国著名作家玛拉沁夫捐赠。在玛拉沁夫书室收藏的 5000 余册藏书中,有茅盾、老舍、丁玲等全国著名作家签字的 1214 册极为珍贵的特藏书籍和玛拉沁夫本人的部分手稿影印件。另外,2008 年玛拉沁夫还赠予北票市图书馆两个刻有全国 6000 余名作家签名的精美瓷器作为北票市图书馆镇馆之宝。

北票市图书馆内设综合报刊阅览室、电子阅览室、图书借阅室、资料查询室、玛拉沁夫书室、辽宁省图书馆书刊流通站和农家书屋图书流通站合二为一的图书流通站、科技信息服务中心等对外服务窗口,另有两个企业分馆。特别是 2009 年装修改造的综合报刊阅览室,面积达 340 多平方米,整个大厅宽敞明亮、布局合理、装修精美、温馨优雅,可同时接纳 200 余名读者。走进阅览室,就会感到一股浓浓的书香和学习氛围如春风般扑面而来。"书山有路勤为径,学海无涯苦作舟",正面墙上毛体大字分外醒目。整个阅览室分为成人报刊阅览区、青少年报刊阅览区、少儿报刊阅览区以及读者休息室四个区域。各区之间由精美的报架、小期刊架相隔,大期刊架则根据墙体结构布置在四周,既方便又温馨。身在其中,浏览古今,知晓世界,品味人生,自无比惬意。随意地在那灵动的世界里穿梭,挑选着自己的最爱,然后在自己喜爱的地方找张椅子坐下,和自己仰慕的大师对话,在知识的海洋里遨游……即使窗外大雨倾盆,心里也依然是阳光灿烂。

多年来,北票市图书馆不断探索新的服务途径,积极开展城乡各类图书网点建设。20 世纪 80 年代在全省首创了农村家庭科技咨询站,成为农民脱贫致富服务的新模式。21 世纪伊始,先后建立了辽西首家科技信息资料服务中心和辽宁省图书馆书刊流通站。自信息资料服务中心和图书流通站建立以来,共编印农业

北票市图书馆科技信息资料发布会现场

科技信息资料 20 余万份,年均举办大型科技资料发布会 8 次,每年为农民群众发放科技信息资料上万份。现全市有藏书千册以上、市级标准的村级图书室和农家书屋 261 个、乡级图书馆(室)17 个、农村各类型家庭科技咨询站 380 个、城镇图书网点 24 个、企业分馆 2 个、社区书屋 7 个、社区图书流通站 6 个。逐步形成了以家庭科技咨询站和农家书屋为前沿,以乡镇图书馆(室)为中转站,以朝阳市图书馆和辽宁省图书馆书刊流通站为支持的全新的图书馆服务网络。朝阳市人大领导在视察北票农村工作时曾经说过"北票市图书馆为农村经济发展立了大功"。2006 年至 2013 年,北票市图书馆连续八年被授予"北票市文化系统先进单位""朝阳市图书馆学会工作先进单位"等荣誉称号。

丰富多彩的读者活动是图书馆提高社会知名度的有效途径。多年来,北票市图书馆一直坚持常抓不懈,每年都要举行 3—5 次形式多样的大型读者活动。例如别开生面的现场作文朗读比赛、主题征文、演讲大赛,加强素质教育的小学生百科知识竞赛、小制作展览,各类培训班讲座等,有效地提高了图书馆的社会知名度和社会地位。特别是与教育系统联合开展的少儿读书主题活动已经形成了一个服务品牌,每次活动都有数千小学生参与,在城乡各中小学产生了极大的影响。资金短缺是开展活动的最大难题,北票市图书馆采取连横合纵、自己工作别人出资的方略,利用各种方式和途径,寻找合作单位和赞助者,成效卓然。

未来的北票市图书馆一定会有更美好的发展前景:标志性的现代化建筑,匠心独具的阅览大厅,恬静温馨的读书环境,先进的数字化图书管理系统,与全市人口数量相匹配的高质量馆藏图书,科技信息的集散地,多功能的体验中心和知识中心,北票人民心仪的温馨家园,遍布城乡的图书馆服务网点,促进地方经济发展的生力军,北票文化不可或缺的精美名片!前进中的北票市图书馆,正在向更高的目标大踏步地前进!

传承与创新中的朝阳县图书馆

朝阳市竹林路上,有一座简洁、典雅的建筑物——朝阳县图书馆。朝阳县图书馆现有馆舍面积 1550 平方米(包括分馆),馆藏文献 42 195 种、94 148 册(件),阅览座席 180 个,每周开馆时间达 56 小时。自 2008 年实现业务自动化管理以来,建立了朝阳县图书馆网站(www. csln. net/cyxtsg),联系电话为 0421 – 2815920。

朝阳县图书馆是集文献借阅、信息咨询、信息传播、社会教育、休闲娱乐于一体的综合性公共图书馆。它始建于 1959 年,是朝阳市图书馆的前身,1968 年正式变更为朝阳县图书馆,1985 年迁入现址。半个多世纪以来,经过一代代图书馆人的努力,朝阳县图书馆在传承与创新中砥砺前行。

朝阳县图书馆是朝阳市内建馆最早、历史相对悠久的图书馆,保存有原东北图书馆收藏的明清时期的古籍及民国早期出版物 4000 余册。为加强对地方文献的收集、整理、利用,朝阳县图书馆设有独立的地方文献书库和阅览室,收藏地方文献 2500 多册,在全面系统地保存新中国成立后朝阳地方文化成果的同时,服务于朝阳县的工农业发展,尤其是特色旅游业的发展。

朝阳县图书馆始终奉行"读者至上,服务第一"的办馆理念,"以最低的成本,最好的书,为最多的读者服务"。

走进图书馆,如入芝兰之室,干净、整洁、舒适,设有自修室、报刊阅览室、外借处、参考咨询室、地方文献阅览室 5 个读者服务窗口。2012 年 1 月 1 日起,朝阳县图书馆实行免费开放,读者可以"零门槛"进入。积极开展弱势群体服务,设立农民工书刊专架,建立老年读者档案,配备热水、水杯、花镜、便签、笔等便民小工具,将对弱势群体的关怀充分融入服务细节里。为适应时代的发展,让图书馆的文献资源惠及更多的群众,让公益文化的阳光普照到各个角落,朝阳县图书馆不断探索,创新服务方式,扩大服务范围,延伸服务触角。尝试走出图书馆,到政府机关,企事业单位办理"实名制免押金借阅卡"。在农村中小学、军营中建立19个馆外流通站,每年为各流通站流通书刊不少于2000册,并在流通站开展丰富多彩的读书活动。

多年来,朝阳市图书馆在传承的基础上不断探索、借鉴、创新,形成了自己的服务品牌。

水泉小学"我最喜爱的一本书"
读书成果展示会

点亮农村中小学生阅读之"灯"。2007年,朝阳县图书馆对本县农村中小学生阅读现状进行了深入调查,在充分调研的基础上,在柳城镇南大营子小学等农村小学陆续建立起校园图书馆。截至目前,已在全县13所村级小学建立校园图书室或流通站,定期流通书刊,基本解决了这些小学学生看书难的问题。针对农村孩子阅读习惯缺失,阅读意识模糊的现象,朝阳县图书馆以校园图书室为依托,组织开展内容丰富、形式多样的读书活动。2010年,开展"手牵手——农村青少年读书活动";2012年,参加由中国图书馆学会组织的"在科学海洋畅游——农村青少年科普阅读活动";2013年,组织"每天阅读一点点——校园图书漂流"活动。同时,朝阳县图书馆还组织各种读书成果展示活动,助推校园读书活动的开展,如校园故事会、演讲会、诗歌朗诵会、知识竞赛算、读书征文等。

在为农村未成年人服务的过程中,朝阳县图书馆不带任何功利色彩,主张孩子们自主阅读、自主交流、自我提升,在阅读中增进了解、共同进步。朝阳县图书馆脚踏实地的行动为农村中小学生点亮一盏温暖的灯。

"文化拥军"浇铸和谐之花。针对驻防官兵业余文化生活相对单一、读书难的问题,朝阳县图书馆先后在武警朝阳支队、一大队、一中队等四个驻军单位建立图书室,把优质的文化资源带入军营。结合连队建设的特点,还

朝阳县图书馆公益文化讲座"军营绽放心理健康之花"主题讲座

将各种文化讲座引进军营。在连队开展的"了解第二故乡,热爱第二故乡"教育活动中,朝阳县图书馆组织了"朝阳历史文化沿革""三燕"等历史文化讲座;为配合连队开展的读书活动,组织了"谈思考的魅力""介子推与寒食文化"等文化讲座;为配合连队开展的官兵思想教育活动,组织了"我谈人生观、价值观""让心理健康之花在军营绽放"等主题讲座。这些针对性强、生动通俗的讲座,不仅让官兵们开阔了视野,而且提升了他们的综合素质,"军民共建、资源共享"实实在在收到了成效。

让公益讲座真正体现"公益"。朝阳县图书馆在 2009 年到 2012 年间举办公益讲座 30 余场,内容涉及传统节日文化、文学创作、辽西历史、科普知识、美术欣赏、摄影艺术、心理健康等各个方面,受众人数达 1 万多人。朝阳县图书馆组织的公益讲座以其影响力强、涉及领域广、内容丰富而受到广大读者的认可和青睐。

随着朝阳县新县城建设的全力推进,朝阳县图书馆将于大凌河、卧龙岭之间展现新的姿容。未来的朝阳县图书馆古韵今风,既有现代化气息又不失传统韵味,终将成为古龙城一道亮丽的风景线。

自在写意的书海
——走进龙城区科技图书馆

在朝阳市龙城区豪德广场北侧,矗立着一座建筑风格简洁的建筑物——龙城区社会事业服务中心综合楼,她坐落于朝阳市双塔区五段61号。龙城区科技图书馆就位于中心楼十一层,是一所小型的综合性科技型公共图书馆。

龙城区科技图书馆始建于 1994 年 3 月。2013 年 3 月迁入新址,馆舍面积 500 平方米。馆内设有办公室、外借部、辅导部、阅览部、采编部 5 个部室,服务窗口电子阅览室、外借室、阅览室,全部对外免费开放。

搭乘宽敞干净的电梯进入图书馆,眼前是一个高大、明亮、开阔的大厅,一股清凉、馨芬的书香气息扑面而来。从大厅望去,整个图书馆的内部设计呈"回"字形结构,建筑的每一个角落都充满了人性化的构思,温情、通透、典雅,阅览室明亮宽敞,宽大舒适的座椅随处可见。在这里,可以感受到龙城区科技图书馆新馆一流的服务设施和设备。

龙城区科技图书馆老馆舍只有 100 平方米,属于封闭式管理的图书馆,功能单一,借书或看书都不方便。而龙城区科技图书馆新馆的面积为 500 平方米,内设阅览座席 30 余个,按照开放型、综合性、多功能、智能化设计要求,馆内设有借、阅、管一体化的图书阅览区,配置投影仪、电视机等设备,同时设有装修高档的电子阅览区、多功能会议区,可提供 6000 册图书、500 余册期刊的在线阅览与检索服务,充分体现了人性化的设计理念。

龙城区科技图书馆的藏书与借阅室在空间上紧紧相邻,真正营造了一种"人在书中,书在人中"的读书氛围。相比于老馆的闭架式服务,现在新馆阅览室采用开架式阅读,读者喜欢什么书都可以自由地在书架上挑选。同时,图书馆还为读者提供了数字图书馆计算机网络系统及智能化享受的"一站式"服务。只要读者在新馆办理一张卡,进入图书馆都可以免费查阅资料、借书、看书、看电影、上网等。

在电子文献阅览区,安置着 25 台电脑、磁盘存放柜、打印机等设备,主要供读者阅读电子出版物、查阅网上信息资料等。微机室是图书馆的计算机网络中心,承担着计算机网络系统运行、网站维护与发布、数字化信息资源存贮等职能。由于采用先进

龙城区科技图书馆电子阅览室、图书室

的网络、数字、通信、多媒体技术,才得以建立功能强大的数字图书馆存储、加工、管理、服务体系。

龙城区科技图书馆始终坚持开展"送科技下乡"活动,利用集市、广播、板报、走访科技户等多种形式进行科普知识宣传。为使科技信息服务工作落到实处、收到实效,龙城区科技图书馆以龙城区各乡(镇)街文化站长为义务联络员,让他们负责调查了解当地农民所需的科技信息,并反馈给图书馆,由图书馆根据农民需求从图书、报刊及网络上搜集整理相关的科技信息,以最快的速度编印成科技信息小报,免费发放到农民手中,帮助他们解决种植、养殖技术难题,受到了全区农民的热烈欢迎。近几年来,龙城区科技图书馆共编印发放科技信息小报 20 余万份,发放科普图书 1 万余册。此外,龙城区科技图书馆还主动与各乡(镇)街沟通协调,积极拜访当地宣传推广活动中涌现出来的先进人物并搜集典型事例,利用自身的专业优势以及阵地优势,通过现场咨询、现场支农行动等活动形式,为当地农民提供科技、文化及农业等各类信息,帮助当地农民解决生产、生活上的疑难问题,为建设社会主义新农村发挥积极作用。

龙城区科技图书馆送科技下乡活动

近年来,龙城区已全面完成69家农家书屋建设工作。每个农家书屋面积都超过20平方米,图书2100册以上,书架容纳图书2000册以上,有供5名以上读者阅读的标准阅览桌椅,并配备电视机、VCD等音像制品及取暖设备、照明设备、灭火器等。每个农家书屋还设有专兼职图书管理员一名,各种规章制度上墙公示,藏书分类登记,备有图书目录和专用借阅登记簿,每周周一到周五开放,每天开放时间不少于4个小时,每周不少于20个小时。农家书屋的灯光点亮了小山村的黑夜,书籍的智慧照进了农民渴求知识的心灵。从此,山村的夜不再孤寂。

2013年,龙城区在联合镇、边杖子镇、大平房镇、七道泉子镇4个乡镇建设了电子阅览室。朝阳市文广新局分别为阅览室配备了电脑、桌椅、打印机、电视机等,4个电子阅览室均达到了乡镇电子阅览室的标准。2013年和2014年,龙城区建设了10个社区书屋,朝阳市文广新局为社区书屋分别配置图书2000余册,区文体广新局为社区书屋分别配备3个书架、2张标准阅览桌、4把阅览椅,社区书屋自配电视机、VCD等音像制品及取暖设备、照明设备、灭火器等。

　　信息技术方兴未艾、文化推广在如火如荼地进行。时间见证着历史的变迁,也在悄悄改变着图书馆的今天。在这里,认知世界,了解社会;在这里,完善自己,充实自己。在这里,饱览着人类文化的经典,感受着自然历史的悠久,也品悟着人生悲苦与喜乐的韵味。在这里,在每个人的心中,都有一座自己构建的图书馆……

朝气蓬勃的双塔区儿童图书馆

双塔区儿童图书馆是朝阳市目前唯一一所面向广大少年儿童、家长及教育工作者服务的公共图书馆。走进双塔区儿童图书馆，宽敞明亮的房间，干净整洁的设施设备，满面春风的馆员给人一种油然而生的亲切和舒心。

双塔区儿童图书馆于 1996 年正式建馆，坐落于朝阳市最繁华的商业中心区——双塔区商业路 13 号，馆舍总面积 1263.43 平方米，其中主馆面积 823.43 平方米，分馆面积 440 平方米。截至 2014 年年底，总藏量 3.02 万册（件），其中纸质文献 2.8919 万册（件），电子文献 1281 册。现有阅览座席 128 个，计算机 33 台，宽带接入 100M。2013 年被文化部命名为"二级图书馆"。

亲子互动活动

双塔区儿童图书馆设有办公室、采编部、辅导部 3 个部室，外借室、自习室、阅览室、连环画收藏室、电子阅览室、儿童阅览室 6 个对外服务窗口。多年来，双塔区儿童图书馆把读者服务、读者活动、对外宣传、业务研究和辅导工作作为工作重心，狠抓落实，取得了一定的成绩。

自 2011 年 8 月起，双塔区儿童图书馆实行全年 365 天对外免费开放，每周开放 63 小时。2012 年 3 月，开通与朝阳市图书馆及县区公共图书馆的馆际互借服务。2009—2014 年，共接待读者 8.4325 万人次,书刊外借12.8231万册次,共举办讲座、展览、培训、阅读推广等读者活动44次,参与活动的读者达3328人次。

2009年起,双塔区儿童图书馆以文化信息资源共享工程为依托,在全区范围内组建公共图书馆(室)服务联盟,并在馆内设立专项工作小组,开展业务培训、阅读推广、知识讲座、技术支持等项目。截止到2012年年底,共发展成员单位62家,其中社区图书室12家,农家书屋50家。期间,举办培训班4期,126课时,215人接受培训。

百米长卷映童心

截止到2012年年底,双塔区儿童图书馆共有在编人员6人,编外聘用人员1人,临时雇佣人员1人。2009—2014年,双塔区儿童图书馆职工发表论文16篇,其中省级以上刊物发表4篇、市级以上刊物发表12篇。双塔区儿童图书馆在全馆范围内建立了工作量化指标体系,每月进行工作进度通报,每季度和全年进行总体工作考核。2009—2012年,共抽查排架23次、书目数据4次,撰写专项调研、分析报告、工作提案24篇,各部门工作通报32篇。

2009—2012年,双塔区儿童图书馆共获得各种表彰、奖励17次,其中省

送科技下乡

文化厅表彰奖励 1 次,市文化局表彰奖励 3 次,区文化局表彰奖励 5 次,其他表彰奖励 8 次。自 2007 年起,双塔区儿童图书馆连续被朝阳市图书馆学会评为"先进会员单位"。

在未来的几年里,双塔区儿童图书馆将在现有馆藏和设施设备资源的基础上,增加文献资源年入藏量,开展馆藏图书书目数字化工作,启动图书馆自动化管理系统、建设馆内区域网、参加地区联网服务,争取主要指标位居全国县、区级少年儿童图书馆前列,达到全国一流县、区级少年儿童图书馆的基本标准,为全市区的少年儿童提供一个温馨怡人的精神家园。

盘锦市

百姓的文化空间
——走进盘锦市图书馆

　　盘锦市图书馆坐落于兴隆台区市府大街 19 号,是市属综合性公共图书馆,是盘锦地区文献收藏中心,公共信息导航中心,文献信息加工、生产、增值中心,数字图书馆网络服务中心。盘锦市图书馆以维护每一位公民获取文献信息的平等权利为己任,以"大开放、大服务、数字化"为发展方向,以数字化图书馆服务为发展重点,坚持"以人为本"的服务理念,向社会提供全面、优质、便捷的服务,努力打造一个具有滨海新盘锦特色的全新现代化图书馆。2009 年,盘锦市图书馆被文化部评为地市级"二级图书馆"。

盘锦市图书馆外貌

　　盘锦市图书馆成立于 1985 年,现馆舍于 1993 年 1 月建成并正式对读者开放,总面积 6050.88 平方米,读者使用面积达到 5450.88 平方米,现有阅览座席 500 个。馆内编制人员 52 人,在岗人员 52 人,其

盘锦市图书馆阅览室

中高级职称 10 人,中级职称 30 人,初级职称 5 人,行政编制 4 人,工勤人员 3 人。馆内设有 3 个基础业务部门,4 个读者服务部门和 1 个综合部门。盘锦市图书馆全年对外开放,现有持证读者 6000 人,年均接待读者 15 万人次,流通图书 18 万册次。

截至 2014 年,馆内总藏书量为 7 万种、25 万册,其中纸质图书 6 万种、1.6 万册,电子图书 0.6 万种。平均每年新增图书 4000 余种、9000 余册,年订期刊 400 余种,报纸 100 余种。在藏书建设方面,盘锦市图书馆除《四库全书》等中华经典外,侧重清至民国时期反映辽海地区(涵盖辽、吉、黑三省)史料文献的采访收集工作,并逐渐形成了本馆的收藏特色,在满足本地读者阅读需求的同时,在东北历史、盘锦抗战史的研究工作中也发挥了重要作用。

盘锦市图书馆多年来坚持加强职工队伍建设,不断优化办馆环境,创新服务手段,积极打造自身文化服务品牌,寻求服务新模式、新手段、新方法,树立图书馆良好的社会形象,取得良好的社会效益。2012 年 3 月,盘锦市图书馆积极主动探索服务社会、服务大众的新途径、新方法,为盘锦市民推出"点菜式"服务。读者在图书馆借书过程中无法找到自己喜爱的书籍,便可进行"点菜式"服务,将书名填写到"读者文献需求登记表"中,或利用电子邮件、电子公告板、QQ、电话访问等多种渠道向图书馆反映图书需求信息,由图书馆发挥自身的图书文献采购优势,以最快的速度购入读者所需图书。"点菜式"服务进一步改进、优化了图书馆的采访工作,最大限度地满足了不同层次读者的需求。自 2009 年开展"点菜式"服务以来,已有 962 位读者在登记处留下所需书目及联系方式,通过这种服务阅读到自己喜爱的书籍。

为创新服务模式,拓展服务渠道,2012 年 9 月 12 日,盘锦市图书馆在原有公益讲座"辽海·鹤乡讲坛"的基础上,推出了"鹤乡讲坛·盘图视频讲座",利用馆藏的 2000 部多媒体视听资料,在图书馆多媒体视听阅览室定期为广大读者播放视频讲座,是图书馆为市民开展文化服务的新举措。盘锦市图书馆根据读者和广大市民的需求,精心挑选播放内容,科学安排合理的播放时间,通过馆内通告、图书馆网站等方式向公众进行讲座预告。同时,盘锦市图书馆将"点菜式"服务也应用到"鹤乡讲坛·盘图视频讲座"中,赢得了市民的普遍赞誉。在 2012 年党的十八大召开期间,盘锦市图书馆就应市民要求,播放了刘梦溪主讲的"国学与传统文化"、徐善衍主讲的"文化发展与科技创新"、邴正主讲"东北文化与东北振兴"等精彩讲座和《地雷战》《地道战》等经典老电影,受到广大市民的热烈欢迎。"书香盘锦"摄影作品年展是盘锦市图书馆与市摄影家协会、辽河油田摄影家协会共同举办的活动。2013 年 4 月 23 日,世界第 18 个读书日,"书香盘锦"摄影作品 2013 年年展吸引了众多市民参与,潘元松副市长亲自为摄影展获奖作者颁奖。这项文化品牌服务利用摄影作品在全社会广泛倡导读书、组织读书、服务读书,丰富市民精神文化生活,营造了良好的社会阅读氛围。

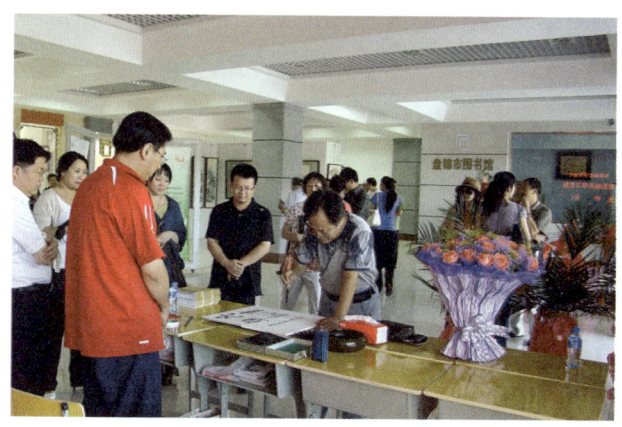

盘锦市图书馆举办公益展览活动

盘锦市图书馆以本馆网站(http://www.pjstsg.com)为服务平台,利用现代化数字技术和网络技术实现了数字图书自助借还、24小时手机图书馆服务和馆内空间无线网络全覆盖,完成与国家图书馆和辽宁省图书馆虚拟网络连接,实现数字资源的互联互接。盘锦市图书馆在馆内自学区域设置网络端口和电源插孔,增加电子阅览计算机数量,为读者提供馆内局域网数字资源查询服务,为数字化阅读提供更大空间。为解决新建城区人口少、读者不多的实际问题,盘锦市图书馆拟与大连理工大学盘锦校区图书馆、盘锦职业技术学院图书馆成立盘锦市图书馆联盟。三家图书馆所有读者统一使用盘锦市图书馆联盟读者服务卡,实现图书通借通还与资源互补、书目数据共享,减少文献资源重复购买,缓解校园图书馆学习空间不足的压力,提高公共图书馆服务效能。

目前,盘锦市图书馆两万平方米新馆土建工程已经完工,内部装修图纸设计完成,装修工程即将开始。按照市政府安排,装修工程将于2016年年底完工。即将投入使用的盘锦市图书馆新馆将本着现代化、数字化、网络化的服务理念,确定功能定位和服务模式,推行大自学空间和24小时自助借阅等服务,推进与盘锦市高校图书馆一体化通借通还服务系统的实施,为现代化滨海盘锦人民服务。

发展中的盘山县图书馆

　　盘山县图书馆成立于 1970 年,有着四十多年的历史,是盘锦地区最早的图书馆,是收集、保存、开发和提供文献信息服务的学术性社会公益文化事业单位。近两年来,盘山县图书馆在馆容、馆貌上都发生了巨大的变化,已逐渐成长为一个浓缩着丰富文化内涵,洋溢着对读者真情实感的有品位的图书馆,成为盘山新县城一道靓丽的文化风景线。

　　成立之初,盘山县图书馆地址设在原盘山县文化馆图书室。1979年 12 月,盘山县图书馆购买盘锦地区化工局一座两层办公楼(现双台子区利群街)作为图书馆馆舍,面积 1140 平方米,内设办公室、辅导组、借书处、综合阅览室、少儿阅览室、科技阅览室等机构。2002 年 7月,盘山县图书馆办公楼售出,于 8 月暂租盘山县县社招待所办公。2006 年 12 月,盘山县图书馆搬迁到红旗大街辽河路东油大楼内临时办公,2012 年 11 月 5 日迁入盘山县县政府会议中心楼办公至今。盘山县图书馆现馆舍面积 1240 平方米,在职员工 32 人,其中中级职称14 人,初级职称 10 人。现有藏书 88 191 册,年订报刊 100 余种,1999年被文化部评为"三级图书馆"。

　　近年来,随着各项设施的逐步完善,盘山县图书馆已成为拥有现代化管理水平、服务水平,适应盘山经济和文化产业发展,具有盘山特色的集文化、知识、信息服务为一体的服务机构,既承载着收集、整理、保存文献信息资源的社会职能,同时为读者提供内阅、外借、咨询、检索、网上查询等多种形式的服务。

　　盘山县图书馆始终把管理放在第一位,坚持"管理、建设、发展"的原则,做到发展建馆、人才强馆、管理兴馆,坚持三个"为本":一是坚持"以人为本,读者至上"的服务理念,增强服务能力;二是坚持以信息资源建设为本,广开信息资源渠道,从纸质资源到电子信息资源等方面,尽力满足读者对信息的基本需求;三是坚持以管理为本,严要求,强作风,提升馆员自身素质,提高服务水平。

盘山县图书馆内设信息开发与社会服务部、采编部、综合借阅部、编辑部4个主要对外服务部门。综合借阅部有外借室和电子阅览室两个服务窗口,现有阅览座席200个,电子阅览室机位30个,年办借书证200个。上架图书不仅包含最新社会科学、

盘山县图书馆内景

自然科学和综合性书刊,而且专设儿童阅览区域,满足不同年龄阶段读者的需要。电子阅览室不仅丰富了馆藏文献种类,拓宽了馆藏文献的来源与范围,而且及时有效地为读者提供更多更广泛的知识信息,向读者传递更多的电子文献资料,使图书馆的服务空间、范围极大地扩充与延伸。

信息开发与社会服务部利用盘山县图书馆信息资源优势,搜集、整理、编纂图书馆工作信息,根据本地区现状编印二、三次文献,并依照全年辅导计划安排,对全县乡、镇、村级图书室进行调研与辅导,坚持为新农村建设服务。

近两年来,盘山县图书馆努力实现文献开发和

盘山县图书馆电子阅览室

服务多样化,通过专家荐书、网上荐书以及问卷调查等多种方式尽力满足读者需求,不断加强资源建设。2014 年 11 月 6 日,盘山县图书馆投入 6 万元在政府大楼和综合楼各设一台大型电子书借阅机,提供 24 小时电子书自助借阅服务,每台电子借阅机内置 2000 余册正版畅销图书,每月更新 100 本新书。同时,盘山县图书馆积极开展数字图书馆建设,进一步丰富馆藏内容,优化馆藏结构,读者只要登录网址 www.5read.com,输入既定账号和密码,就可以通过专业的阅读平台,足不出户便可阅读超过百万册的电子图书、海量报纸期刊以及中外文献资料,盘山县图书馆通过建设数字图书馆从而有效地提高了馆藏资源利用率。

为推动全民阅读,全面提升图书馆教育职能,盘山县图书馆近年来把文化信息资源共享工程服务与图书馆服务有机结合起来,全面推进"全民阅读,构建书香盘山"服务活动。

服务学生。学生是祖国的未来,引导学生从小养成"爱读书、读好书"的良好习惯,开启学生智慧、激发学习热情,将会使学生们一生受益。为了让小读者们充分享受到阅读的快乐,盘山县图书馆每年都利用读书日、节假日,举办丰富多彩的征文活动、演讲活动。并为县区各中小学校师生免费办理借书证,宣传图书馆服务,吸引更多的孩子走进图书馆,爱上图书馆。

服务群众。读者服务永远是图书馆工作的核心。盘山县图书馆积极开展"文明用语记心中"文明微笑服务,热情周到地迎接每位读者,努力提升服务质量和服务水平,满足读者的文化需求。每年"4.23 世界读书日"和 5 月"图书馆服务宣传周",盘山县图书馆都要开展读者座谈会、讲座、征文比赛、展览等主题活动,常

"真诚你我,阅读相伴"读者座谈会现场

年坚持深入机关、社区为群众办证,开展调研活动,寻读者最喜爱的书目,集读者最真实的想法和建议,并在实际工作中加以落实。此外,盘山县图书馆还与盘山县武警中队、消防大队建立警民共建关系,定期送书进军营,丰富官兵的业余文化生活。

服务农村。作为基层文化服务中心,盘山县图书馆坚持举办送书下乡活动,参加科普大集,开展文化信息资源共享工程建设,并积极参与农家书屋的建设帮扶工作。农家书屋建设是近年来国家重点投入、重点考核的一项惠民工程。截止到 2010 年年底,盘山县已在 10 个乡镇建成 117 个农家书屋,每个书屋都拥有 20 平方米以上的图书阅览室,工程覆盖率达 100%。盘山县图书馆在书屋的管理工作中建章立制,为每个书屋制定了统一规范的借阅制度、管理制度等,并举办农家书屋管理员培训班,指派专业人员到各镇、乡、村辅导农家书屋工作,使之形成规范化、标准化的工作模式。此外,盘山县图书馆还以农家书屋为载体,在盘山县的高升、太平、胡家等镇村开展送书下乡、读书座谈、征文比赛等活动,聘请沈阳农业大学专家为农民授课,解决农户遇到的难题,充分发挥农家书屋的职能作用,让农民真正地感受到书屋的价值。农家书屋的服务范围由点及面,逐步形成了县乡村三级图书馆服务网络,有效地拓宽了图书馆的服务范围和服务对象,为广大农民提供了丰富的文化资源。

面对 21 世纪的信息化浪潮,盘山县图书馆的事业发展面临着新的机遇和挑战。未来的图书馆不仅是人们汲取知识、交流思想、更新头脑的文化场所,更是人们工作之余缓解精神压力、调节身心的休闲场所,这就要求图书馆有可以满足视觉、听觉和触觉的各类活动空间,同时相伴的是各相关的周到服务。同时,图书馆要着眼于增强自身能动性,通过利用先进的技术手段,在更多服务方面推行自助化的服务形式,让读者获得充分的权利和自由,培养愉悦的学习情绪。

时代发展已经为图书馆事业的发展勾勒出宏伟的蓝图,未来的盘山县图书馆人将胸怀事业,扬长避短,勤于开拓,与时俱进,努力营造以人为本的文化氛围,彰显本馆特色。

少儿知识的苗圃　未来英才的摇篮
——走进盘锦市少年儿童图书馆

　　盘锦市少年儿童图书馆位于兴隆台区市府大街 17 号,于 1998 年 6 月 30 日建成并对外开放,是盘锦市唯一面向中小学生和低幼儿童服务的公益性图书馆。盘锦市少年儿童图书馆 2004 年在参加全国第三次公共图书馆评估中,被评定为"二级图书馆";2008 年 6 月被文化部指定为"中国少年儿童研究会小作家(辽宁盘锦)培训基地";2008—2013 年先后被辽宁省总工会授予"五一奖状""辽宁省教科文卫系统民主管理工作先进单位""工人先锋号""基层规范化建设先进单位""'创建学习型组织　争做知识型职工'活动先进单位""盘锦市'三八'红旗集体"等荣誉称号;2009—2013 年连续被省文化厅评为"文明示范窗口";2010 年被共青团盘锦市委授予"青年文明号"荣誉称号;2014 年被辽宁省文化厅授予 2014 年"文化志愿服务推进年"优秀项目奖。

　　盘锦市少年儿童图书馆全年开馆,馆内设有 3 个基础业务部门,5 个读者服务部门和 2 个综合服务部门。基础业务部门包括采编部、技术部、辅导部;读者服务部门包括图书外借处、中小学生阅览室、低幼阅览室、多媒体阅览室和多功能活动厅;综合服务部门包括办公室、工会。盘锦市少年儿童图书馆馆内编制 30 人,在岗 30 人,其中高级职称 1 人、副高级职称 4 人、中级职称 15 人、初级

小读者在外借部阅览

职称7人,行政编制4人。馆舍使用面积2652.48平方米,读者使用面积为1600.88平方米,设有阅览座席493个。现有持证读者7971人,年均接待读者12万余人次,流通图书18万册次。

截止到2014年,盘锦市少年儿童图书馆图书总藏量26万册,其中,纸质文献11万册,电子图书15万册,《乐儿科普动漫》多媒体资源1000集,年均订阅期刊、报纸400余种。经过多年的馆藏建设,盘锦市少年儿童图书馆馆藏内容集思想性、知识性、教育性、趣味性于一体,由建馆初期的单一化馆藏体系发展成为多载体并存、多形式兼容的现代化馆藏体系,初步形成了自身特色。

盘锦市少年儿童图书馆始终遵循"读者第一,服务至上"的办馆宗旨,不断探索少儿图书馆服务工作的新内容、新手段和新方法,实现少儿服务工作的多元化发展,为全市广大少年儿童提供优质的公益文化服务。2004年起,盘锦市少年儿童图书馆服务全部实行自动化管理,图书外借实现开架借阅,各服务窗口全部免费开放。

多年来,盘锦市少年儿童图书馆不断创新载体、强化服务,积极推动各项工作"创亮点、上台阶",积极开展丰富多彩的"两月一周加一日"(寒、暑假活动月,"六一"活动周及全年各纪念日)读书系列活动,为全市少年儿童搭建起阅读与实践的平台,实现了"以书育人,以活动育人"的目的,向全省乃至全国展示了盘锦市少年儿童的阅读风气、才艺和幸福生活。盘锦市少年儿童图书馆年均举办各种活动46场次,读者参加活动年均8000人次。除演讲比赛、公益讲座、绘画、征文比赛的活动形式外,盘锦市少年儿童图书馆还积极开展了"大手笔 大收效"读书活动,如邀请电视剧《西游记》中孙悟空的扮演者六小龄童、亚洲儿童文学学会副会长赵郁秀、青少年教育专家王楠、辽宁省文联副主席洪兆惠、非物质文化遗产传承人刘坤等专家学者走进少儿图书馆的讲座活动,邀请辽宁省科技馆、沈阳市少年儿童图书馆少儿科普大篷车走进盘锦,现场展示科普图片和实物,吸引万余名家长和孩子驻足。

盘锦市少年儿童图书馆常年把举办丰富多彩的读者活动与阅读推广融为一体,激发孩子们的读书热情,为促进全市少年儿童健康成长营造浓厚的文化氛围。为了给全市少年儿童提供更广阔的阅读平台，盘锦市少年儿童图书馆近几年积极参加由中国图书馆学会、国家图书馆等单位举办的"全国少年儿童阅读年"读书活动，并取得了良好成绩——在"享受阅读 感悟人生"全国少年儿童校园剧大赛中，选送的校园剧《狼和小羊》获金奖；在"大田杯"百万中小学生"好书伴我成长"读书系列活动中，选送的征文、绘画作品获得多个奖项；在"闻一多杯"第二届全国少年儿童书法、绘画作品征集赛中被评为"优秀组织奖"。多种多样的读书活动得到了全市少年儿童和社会读者的热烈欢迎，同时受到各省、市图书馆及上级主管部门领导的好评和认可，多家媒体对活动进行了专题报道。

"畅游知识海洋"——"4·2 国际儿童图书日"活动

为满足全市 35 万名少年儿童的阅读需求，让更多孩子、家长、教师共享图书馆的优秀文献资源，盘锦市少年儿童图书馆常年坚持在学校、社区、部队、看守所等建立图书分馆、图书流通站及爱心书屋，定期免费送书上门，让读者们随时随地阅读自己喜爱的图书。盘锦市少年儿童图书馆与全市 40 余家图书分馆、图书流通站、爱心书屋鼎力合

盘锦市少年儿童图书馆走进
幸福小学建立图书流通站

作,积极倡导全民读书之风,掀起了全市中小学校和少儿家庭参与读书活动热潮,使读书活动的触角延伸到四面八方。

近年来,盘锦市少年儿童图书馆大力加快图书馆自动化、网络化、数字化建设,为读者提供了良好的信息服务平台,搭建起传播信息知识的桥梁。为满足广大读者现代化的阅读需求,盘锦市少年儿童图书馆开通了盘锦市少年儿童图书馆网站,实现了网上图书预约、续借和公共查询功能。同时,读者还可以共享网上优秀的数字资源,浏览各种趣味知识,关注身边的学习和生活,足不出户地享受少儿图书馆的服务。网站运行至今受到少儿读者及家长的广泛关注,访问量逐年递增。

为全力提高公共文化服务的数字化水平,盘锦市少年儿童图书馆购置了超星数字借阅机、中文在线数字借阅机及博看公司的少儿报刊阅读机,读者通过手持移动设备扫描阅读机内的二维码,便可随时随身随地阅读,切实感受数字阅读带来的全新体验。2014 年,为拓展移动信息服务,充分发挥公共文化服务的功能,盘锦市少年儿童图书馆开通了移动图书馆及微信公众平台,得到了读者及家长的高度认可。

为完善数字资源建设,满足全市少年儿童对数字资源的阅读需求,盘锦市少年儿童图书馆以分批付款的形式购进乐儿动漫数字资源 1.5TB;主动与国家图书馆联系加盟为成员馆,链接到编目、书目数据以及实现与国家图书馆数字资源的互联互通,共享国家图书馆数字资源 2.5TB;主动与辽宁省图书馆建立友好关系,链接到连环画库 1.0TB。

2014年6月,由盘锦市少年儿童图书馆主办、汕头大学出版社出版的第十三届东北、华北、西北地区少儿图书馆学术暨工作研讨会专题论文集《传承与创新2013》正式出版。这是盘锦市少年儿童图书馆首次主办、编辑出版的全国性学术研讨会论文集。论文集收录的每一篇文章,既有少儿图书馆人厚重的经验积累,也有少儿图书馆人上下求索的坚定信念,更有盘锦市少年儿童图书馆全体干部职工对于提升学术研究水平的决心和能力的体现。凭着这份对社会教育工作和公共文化服务的真情与执着,未来的盘锦市少年儿童图书馆将坚持不懈地提高服务质量,在做好阵地服务的同时,继续加快少儿图书馆数字化建设进程,开展丰富多彩的读书活动,激发孩子们的阅读兴趣,为孩子们营造一个读书的"生态环境",带领孩子们走进书的世界,畅游知识的海洋,寻找人生的真谛。

葫芦岛市

创文化品牌，走发展新路，
打造精美文化盛宴
——走进葫芦岛市图书馆

葫芦岛市图书馆成立于 1989 年，隶属于葫芦岛市文化广播影视局，是搜集、整理、保存、开发和提供文献信息的公益性文化服务机构。2010 年，葫芦岛市图书馆新馆大楼开工建设，建筑面积 14 236 平方米，目前正在验收阶段。多年来，葫芦岛市图书馆始终以"读者至上，服务第一"为办馆宗旨，为广大市民服务。现有藏书 20 余万册，电子数据资源 15 万余种。全馆采用计算机自动化管理，实行全开架免费开放服务模式，平均每周开馆时间为 56—60 小时。共开设 8 个对外服务窗口，分别为图书外借处、报刊阅览室、电子阅览室、参考咨询室、多功能厅兼自学室、过刊阅览室、过期报纸查询室以及少儿外借阅览室。目前，共有馆藏电子书118 387种，各种视频资源 3000 多部，其中超大型数据库"读秀学术搜索""超星汇雅"拥有百万册可读电子书。

在夯实阵地建设的同时，葫芦岛市图书馆积极倡导"走出馆门，送书上门"的服务理念。多年来，葫芦岛市图书馆不断延伸触角，努力让更多实用性的图书期刊走出图书馆，满足基层群众的文化需求。近年来，葫芦岛市图书馆努力打造基层图书流通站，送书进社区、进军营、进警营、进福利院、进幼儿园、进企业，设立了本市第一个农民工图书流动站、第一个警营图书流动站、第一个企业图书流动站，并根据基层的实际需求挑选图书，所选图书内容包括文化教育、心理励志、社会科学、经济管理、文学等多种类别。葫芦岛市图书馆服务进基层的实践开启了送书进部队的先河，并且被《中国文化报》报道，成为本市文化事业上的一座里程碑。

军营图书流动站揭牌仪式

葫芦岛市图书馆在市委市政府、市文广局的正确领导下，求真务实，真抓实干，本着"以人为本"与读者构建和谐关系的服务宗旨，从读者服务、社会活动、业务管理等方面着手，解放思想，锐意进取，奋力开拓，努力打造丰富多彩的社会活动。紧紧围绕全市文化中心工作，着力推进社会主义核心价值体系建设，努力建设学习型城市，构建一派人人读书、共享文化的城市发展新态势。2010 年 4 月 23 日，葫芦岛市图书馆举办了首届读书节，至今已经成功举办五届。读书节为期一个月，市直各部门及县区通过举办征文、图书推荐、摄影展书画展、"图书馆服务宣传周"、少儿阅读、"市民文化大讲堂"等多种活动，力争打造以市为中心、县区为多点辐射的读书平台，坚持突出群众主体，以品牌活动、共享活动，推动读书节活动向基层延伸，通过全方位、多视角的读书活动，倡导全民阅读风尚，丰富和活跃文化生活内涵，引导全市人民"以阅读滋养心灵，以读书提升品位"，为全市人民打造一个良好的阅读生活平台。

"市民文化大讲堂"也是葫芦岛市图书馆的特色社会活动和亮点工作。葫芦岛"市民文化大讲堂"自 2009 年创办以来，以"求知、奖赏、交流、分

首届读书节活动现场

享"为主题,以"传播优秀文化,培育人文精神,共享文明成果,提升城市品位"为宗旨,整合全市资源,开启了一场"弘扬时代精神,提升市民素质,推进城市文明"的活动。"市民文化大讲堂"以打造专场为重点,与各县区联合,走进基层,延伸受众面,将活动不断推向深入。在讲座内容的选定上,葫芦岛市图书馆更是精益求精,广泛调研市民的文化需求,找准公众关注的热点问题,摸清不断律动的社会脉搏,与国家图书馆讲座联盟联系,学习其成功的经验,不断增添新内容,拓宽新渠道,探索适合本市文化发展的讲堂模式。为了吸引更多的市民走进大讲堂,设计了传统文化、社会文化、经济发展、政企文化管理等多个

系列,邀请到了老梁、孙丹林、窦成功等著名学者,为广大市民送上了文化大餐,以满足不同市民文化群体的需要,开创了实现市民文化权利的新途径,成为政府推进素质提升工程的首要载体,吸引了越来越多的市民走进讲堂。受到了市委、市政府的高度肯定,得到了媒体的关注和市民的认可。

"老梁说文化"现场

　　传递科普信息是图书馆服务宣传的一项重要内容,葫芦岛市图书馆坚持开展时势图片展,举办了"中国梦""厉行节约""党的群众路线"等多场图片展,以图文并茂的形式,向广大读者宣传党的路线方针等。坚持编辑高质量的科技信息服务资料,内容涉及健康知识、低碳生活、生产科研等各个领域。编撰"时政资讯"小册子,《图书馆工作简报》等,并向相关部门发放。每年都配合市社科联开展"科普宣传周"活动,参与社科联科普宣传启动仪式,开展送科技下乡活动,为广大农民发放"致富小册子""科普知识""生活小常识"等资料万份,满

足农民对科技信息的需求,为农民致富提供了智力支持。

为全面提升馆员的图书馆业务水平和综合能力,努力打造一支政治坚定、业务精通、作风优良的图书馆队伍,葫芦岛市图书馆在人才队伍建设工作中始终坚持高标准、严要求,按照"政治强、业务精、纪律严、作风正"的总体要求,认真贯彻落实党的群众路线教育实践活动,坚持每周开展政治学习,要求馆员有笔记、写心得、谈体会。组织年轻干部到辽宁省图书馆学习,了解省图书馆的采编系统和先进管理经验,学习图书馆创新管理理念。

2014年年底,葫芦岛市图书馆已搬迁到位于龙港区中央商务区的新馆,目前处于功能性设备购置阶段。那里环境优雅,景色宜人,为此图书馆人将以更加饱满的热情,增强服务意识,提高服务水平,不断加强知识传播,进一步营造多读书、读好书的良好氛围和文明风尚,呈现出一派人人读书、共享文化的城市发展新态势,为葫芦岛市建设经济强市提供强大的精神动力和文化支持。

与时俱进的南票区图书馆

南票区是一个传承历史悠久、文化内涵丰富的城区，在浓厚文化氛围的熏陶下，南票区图书馆由此成为南票人学习、休闲的好去处。

南票区图书馆成立于 1990 年，隶属于南票区文化广播电视局，在文化局的指导下引领着南票区文化的发展。南票区图书馆坐落在黄甲街铁河里，建筑面积 150 平方米，现有馆藏图书 15 000 余册，电子阅览室现有电脑 13 台，是提供文献信息的公益性文化服务机构。

黄甲街是南票区的主干道之一，馆外车水马龙，馆内书香四溢。依托便利的交通，南票区图书馆让知识插上翅膀，让文化如春雨般徐徐滋润人心；丰富的藏书，细致的分类为每一个南票人寻求知识、开阔眼界、提高境界，不断

读者在馆内阅读

为南票区的文化发展提供着源源不断的动力。

南票最早因受清朝光绪年间颁发煤窑开采许可票而得名，它有着丰厚的文化底蕴，金代石塔，清代石寺，鬼斧神工、神秘莫测的霄音洞，银带飘洒的女儿河及其流传千古的美丽传说，构成了饮誉南北的自然人文景观；而发达的采矿业又带动了经济的发展，与丰富的自然人文景观共同推动文化的繁荣。南票区图书馆就是在这样充满文化气息的氛围中成长起来。她适应南票区以采矿业为主导重工业，以果树种植、水果加工为主要农副业的发展特点，引进众多管理类、农业科学、环境科学、安全科学等方面的书籍，变革原本落后的生产方式，引领着

南票人清洁生产、保护环境,让南票区在生产发展、生活富裕、生态良好的可持续发展之路上越走越远。

自成立以来,南票区图书馆在中国特色社会主义理论体系的指导下,坚持为人民服务,对人民负责,与时俱进。历经二十余年的发展建设,馆内设施不断完善,馆内图书不断更新,积极发展好社会公益文化事业,保障当地人民群众基本文化权益。南票区图书馆为广大外出农民工专门设立了农民工专栏,为他们在自身技能的提高、法律意识的上升、权利保护等方面提供了便利;新建电子阅览室,引入电脑十余台,更新了知识传播的方式,让文化最大限度地打破时空界限,展现文化传递、沟通、交流共享的强大功能,推动群众向终身学习的目标迈进。这一切都为南票区的经济发展提供强大的智力支持!

为新星社区送书活动

南票区图书馆积极响应国家科教兴国,人才强国的战略,开展了送书下乡、图书漂流等文化活动。每年 4 月,在春暖花开的时节,南票区图书馆所有工作人员积极参与,在雷锋月之后有主动为本县区人民送上一个丰富多彩的文化月。图书漂流,让知识以书本为载体,让读书心得依托于信息卡,在你、我、他之间传播、交流、共享,增加知识,增加交流,增进感情;送书下乡,不怕辛苦,南票区图书馆全体人员在建设中国特色社会主义理论的指导下为提高农民科学文化素质,丰富农村精神文化生活主动送书给各乡镇,进农村,满足广大农民群众需求。

南票区图书馆在十八大之后响应党中央国务院建设社会主义文化强国的号召,在实现中国梦的伟大实践中,经文化局的指导,进一步改进读书节活动,面向全区广大读者,精心策划了多项读书活动,大力营造了浓郁的读书氛围,满足了广大人民群众对健康文化、健康知识的渴求。通过读书节活动,吸引了更多的群众参与到读书活动中来,在阅读中增长知识、开阔视野。同时也充分展示了图书馆自身的文化魅力,不断增强人民群众的文化自觉和文化自信。

南票区图书馆在未来将不断强化制度建设,真正做到人性化与制度化管理的有机结合;制订切实可行的培训计划,进一步全面提高馆员的业务素质;加强馆际之间更加全面的交流和协作,分期分批组织骨干力量参加市级图书情报专业学术会议或到市图书馆参加学习;继续开展丰富多彩的读书活动,努力营造全民读书的文化;加强图书馆文化建设,不断完善电子阅览室等基础服务设施,进一步保障人民群众基本文化权益,让本区人民共享改革发展成果,更加切实地做到发展为了人民、发展依靠人民、发展成果由人民共享。

南票区图书馆迄今为止已成立二十余年,经过多次人员更替,我们始终奉行"读者至上,服务第一"的宗旨,相信在全体工作人员的共同努力下,一定可以让这个美丽而悠久的古老城区,在实现中国梦的伟大实践中,提升品质与素养,提升城市文化品位,成为一座书香浓郁、读书蔚然成风的学习型城区。

盘活文化资源,满足多元需求
——走进连山区图书馆

连山区图书馆始建于 1978 年,原名锦西县图书馆。1990 年,锦西县改县设市,即葫芦岛市,锦西县图书馆也更名为葫芦岛市连山区图书馆。连山区图书馆是搜集、整理、保存、开发和提供文献信息的公益性文化服务机构,是葫芦岛市藏书量最多、基础最雄厚、历史最悠久的公共图书馆,现为国家二级图书馆。

连山区图书馆新馆于 2010 年 12 月 1 日正式向广大市民免费开放。新馆位于葫芦岛市连山区新大陆广场连山文化中心三层、四层,交通便利。使用面积 1700 多平方米,馆舍典雅,宽敞整洁,环境优美。连山区图书馆采用深圳图书馆的图书自动化集成系统 ILAS 小型版,建立了采访、编目、流通、公共查询等子系统,实现了馆藏借、阅、用为一体的规范化、自动化管理服务体制。现有阅览座席 250 多个,其中少儿阅览座席 60 多个。连山区图书馆下设外借部、阅览部、少儿阅览部、参考咨询部、地方文献和工具书室、学习室、电子阅览室、多媒体功能厅、采编部、辅导部等多个服务窗口和部门,实行全方位、开架借阅免费开放服务模式,每周七天,天天开馆,最大限度地为读者提供文明、优质、快捷、高效的服务,已成为广大人民群众求知益智的文化场所和精神文明的主要阵地,并逐渐形成以连山区图书馆为中心,与全区各乡镇、街道、社区、学校图书馆(室)联合协调发展的图书馆事业网,连山区图书馆也多次被葫芦岛市委、市政府、市文化系统评为"文明单位""文化工作先进单位"和"先进集体"。

少儿阅览部

连山区图书馆现有藏书 14 万余册,年购新书 3000 种以上,年新进报刊近 300 种。图书馆藏书种类齐全,资源丰富,无论老年人、中年人、青少年还是幼儿,都可以在这个"书的海洋""知识的殿堂"找到丰富自己智慧和乐趣的书籍。为了方便老年人、未成年人和进城务工人员等特殊群体的需求,连山区图书馆还设有青少年图书文化阅读活动中心、职工书屋,专门设立少儿图书专架、农民工阅读专架、廉政教育专架、健康养生、心理励志等图书专架。

一直以来,图书馆以"创建学习型城市、构建和谐社会"为目标,积极倡导"读书明理、读书求知、读书成才"的良好风尚,让读书学习成为全市人民自发追求的生活方式,成为广大群众自我发展的内在需求,开心阅读,享受人生。积极围绕省市区党和政府

"4.23 世界读书日"读书宣传活动

的中心工作和社会热点,配合上级有关部门开展各项丰富多彩、有声有色、有意义的活动,充分利用"4.23世界读书日""读书节""图书宣传周""科普宣传周""文化广场"等活动之机,开展多种多样的读书宣传推广活动,采取板报、专栏、通报、海报、喷绘展板等方式定期或不定期地及时向读者宣传、推荐书刊目录,举办图片展、优惠图书展销,举办有时代特色的读书报告会、公益讲座、征文比赛、书画笔会、摄影展、读者有奖猜谜等活动,营造"全民学习,时时学习,处处学习,终身学习"的学习氛围,吸引广大市民了解图书馆,走进图书馆,利用图书馆,更大地发挥图书馆的社会作用,传播科学文化知识,推动社会文明的进步。

连山区图书馆在完善自身业务建设的同时,不断加大对基层图书馆(室)的辅导力度,定期或不定期举办各乡镇、街道、社区图书管理员参加的农家书屋、社区书屋图书业务培训班,并到基层进行现场指导,对提高基层业务人员的管理水平、业务素质及基层文化事业的发展起到了很大的推动作用。

建立在老年公寓的爱心敬老图书流动站

多年来,连山区图书馆利用资源优势,编印《科技小报》《信息与参考》报,定期向相关单位、领导发放,并积极开展重点跟踪服务等多种形式的文化惠民活动,送文化下乡,赶科技大集,免费把科技图书和资料送到基层去,送到最需要的地方去。先后在乡镇、街道、社区、学校、部队、商场、敬老院、农民工聚集地区建立了50多个图书流动站,共流动图书5万多册次,把图书馆的"死"书变"活"了。

多年来,连山区图书馆本着"一切为了读者,一切方便读者",全心全意为人民服务的宗旨,以社会需求为导向,主动服务于社会,服务于读者。未来,连山区图书馆将充分利用新建的馆舍,以"高标准、高起点、创一流"为目标,不断更新服务观念,增强服务意识,提高服务水平和质量,面向社会,通过宣传,号召更多的人成为图书馆的忠实读者,引导他们在书的海洋中遨游,从而提高自身科学文化素质和修养,使图书事业在数字电视、网络不断发展的今天占据一席之地。实现全开架、智能化、网络化管理,使图书馆成为知识的"源泉""枢纽"和"桥梁",更成为连山区文献资源借阅中心、信息咨询服务中心、民众学习交流中心和社区文化图书指导中心,为全区人民营造一个健康、清新、和谐、文明的读书场所,为建设繁荣、富庶、文明、美丽的海滨城市,做出应有的贡献。

闹中取静　书香浓厚
——走进龙港区图书馆

龙港区图书馆成立于 1991 年 10 月，是龙港区公益性事业单位，隶属龙港区文化广电旅游局。龙港区图书馆原址位于龙港区新基地原龙港区幼儿园院内。2012 年搬迁新址，新馆位于龙港区锦葫路老基地龙泽园 1 号，西侧是龙港区实验小学，东侧与亚洲第一大锌都——葫芦岛锌厂遥相呼应，交通便捷，闹中取静，文化氛围浓厚，建筑造型简洁、明快，布局合理，是市民学习和休闲的理想场所。

龙港区图书馆拥有全区一流的图书借阅环境，馆舍面积近 1000 平方米，藏书 4 万余册，其中纸质图书 3.3 万册，报纸期刊 8400 多种。馆内设有成人借阅室、少儿借阅室、报刊阅览室以及正在建设中的电子阅览室等多个借阅馆室，还有地方文献室、过期刊室、研究辅导室、参考咨询室等服务窗口。现有阅览座席近百个。开展书刊、杂志阅览和外借，文献查询，参考咨询，专家讲座，辅导培训会等形式多样的读者服务工作。每年可接待读者 2.5 万人次，流通文献 3 万册次。

为了更好地发挥龙港区图书馆文化传播的先锋作用，图书馆全体工作人员竭诚为社会广大读者服务，采用收藏、外借、阅览、咨询一体的全开放式管理模式，实行全年免费开放。

龙港区图书馆馆藏图书种类齐全，以优秀文学作品为主打品牌。古籍经典系列、世界名著名篇系列、诺贝尔文学奖获得者莫言的全套读物、青年作家韩寒的系列丛书以及青少年科学文化博览系列丛书、世界少年经典文学丛书、中国学生百部经典读物系列丛书、《哈利波特》全集等都深受读者喜爱。此外，龙港区图书馆还设立了多个专题书架，能够满足不同年龄层次读者的广泛需求。为盲人读者设立了盲人书架，专门引进盲人图书近百册，弥补了为盲人读者服务的空白，成为全市唯一一家拥有盲文文献的公共图书馆；为农民工读者特设了农民工书架，包括农民工生产、生活、就业等多个领域的多种图书；设立了红色书架，引进了《红墙秘事》系列图书、《伟人毛泽东》系列丛书以及开国元勋传记等丛书。

龙港区图书馆书库一角

龙港区图书馆坚持"读者第一，服务至上"的根本宗旨，并将其落实到"吸引读者、满足读者、方便读者"的实践中。结合实际制定了文明服务规范，全心全意为读者服务，让读者在馆内身处优美环境、品读名人佳作、享受贴心服务。

丰富多彩的馆办活动是龙港区图书馆服务读者的又一大亮点。为了宣传图书馆、提高图书馆的利用率，每年读书日当天，图书馆人都会走出图书馆，走向社会现场办理借阅证。此外，"精品图书展读""捐书、赠书、献爱心"社区图书室援建、"多读书、读好书、阅经典"领导干部带头读书活动、"图书共享"建站送书进基层、"品读"——优秀图书推荐活动、"畅谈读书"——读书座谈会等丰富多彩的读书活动给龙港区图书馆带来了勃勃生机与活力，更进一步激发了全民读书求知热情，为龙港区全民阅读活动的持续开展提供了强大的精神动力和文化支撑。

随着社会的快速发

龙港区图书馆在大润发广场开展
"4.23世界读书日"宣传活动

展,读者对文献的需求层次与获取方式已发生改变,对传统图书馆的读者服务造成了很大的冲击与影响。面对这样的挑战,更新观念、提高服务层次,使读者服务工作与 21 世纪接轨显得更加重要。适应时代的要求,是图书馆改进传统读者服务工作的一个重要任务。要完成这个重要任务,龙港区图书馆力求实现两个创新,即服务观念创新和服务内容创新。

更新服务观念,要从三个方面对传统读者服务工作实行变革:一是改变管理人员的工作理念,牢牢树立"读者第一,服务至上"的服务宗旨,变被动服务为主动服务;二是改进服务方式,完善规章制度,最大限度地扩大书刊开架范围,营造让读者感到舒适便捷的服务环境;三是树立以需求驱动图书馆服务的观点,真正做到让读者满意。龙港区图书馆将逐步实现从传统、陈旧、被动的服务理念向现代、全新、主动的理念飞跃。

创新服务内容,主要是更好地创建和利用电子阅览室,充分揭示馆藏,以全新的服务模式为读者提供服务。建立和完善龙港区图书馆网站,在网上设置更多的服务栏目,及时为读者传递信息;积极创造条件,开展网上预约、借阅、馆际互借等新服务;充分利用自身优势,加强网络功能,建立多种目录、索引、数据库、信息资源导引库等,开展信息导航服务;深化咨询服务,尽力做好网络环境下的参考咨询工作;大力开展读者培训服务,搞好网络信息资源及其检索技术教育,系统地介绍信息系统、网上导航器及搜索引擎的使用,提高读者检索技能,培养用户的情报意识。龙港区图书馆的读者服务工作,除了传统的手工书刊借阅外,还要在电子阅览室方面开辟一条与读者沟通的新通道。

未来对大多数人来说,"到龙港区图书馆去"是一种生活方式的选择,是一种生活质量的提升。龙港区图书馆将成为主流文化的倡导者,成为公众流连忘返的文化圣殿,成为龙港区最具文化象征的标志性建筑,深刻体现着图书馆特有的人文关怀,处处闪耀着人文主义光辉.照亮每个人的人生旅途,提升每个人的生活质量,使每个人的生活更加美好。

书海飘香自芳华
——走进绥中县图书馆

绥中县中央路一段，矗立着一座四层高的大楼，这里就是绥中县图书馆的所在。绥中县图书馆成立于 1956 年 3 月。1984 年 5 月，图书馆迁入新楼，位置优越，交通便利，建筑面积 1500 平方米，现有藏书 188 161 册，其中电子图书 13 万册。全馆每周开放 56 个小时，周六、日照常开馆，电话是 0429－3932303。全馆年接待读者 49 386 人次，外借图书 5962 册次。1994 年 12 月，绥中县图书馆首次被文化部评定为"三级图书馆"。

作为文化事业的窗口单位，绥中县图书馆始终坚持"读者第一，服务至上"的服务宗旨。在图书馆不同楼层间往返，仿佛逐页翻开一本"美丽书籍"的华美篇章，馆员温馨体贴的服务带给读者们宾至如归的深切感受。历经风雨三十载，绥中县图书馆以包容的文化胸襟和平等的人文关怀，吸引着八方贵宾和爱读书之人。

绥中县图书馆的楼外是红方砖铺砌的路面，外面悬挂着绥中县图书馆指示牌，沉稳的建筑，无声地迎接着每一位到馆读者。

拾步走上二楼，首先映入眼帘的是江泽民总书记的题词"公共图书馆是人民的终身学校"，字体遒劲，醒目非常。

走进二楼综合阅览室，可以看到一排排整齐的报架，各种类型的报纸、期刊一律开架摆放。综合阅览室共有 40 个阅览座席，读书环境清新典雅，照明设备一应俱全。在这里，馆员们准备了开水供读者饮用，通过问卷调查增订读者喜爱的图书和报刊，对读者的意见及时反馈、认真采纳。用心做好每一个细节，这样的服务又怎能不令读者满意？

穿梭在外借室的排排书架间，你会发现无论是文学、历史、政治，还是工业、农业、医药、军事，各类图书应有尽有，所有读者来到这里都会不虚此行。目前，绥中县图书馆已经实现了现代化的图书借阅方式，读者凭借书卡可以网上借还书，真的方便极了！免费借阅、免费办证、预约借书、上门服务、整体借阅等多种服务

管理员正在为读者办理图书借阅业务

方式在这里都可实现。足不出户，知晓天下，与众多中外作家、学术精英通过书籍亲密接触，倾听到多种声音，已非难事。

　　绥中县图书馆人在为特殊群体服务工作中投入了满腔热忱，利用一切可以利用的机会，实现他们的文化权益。为了方便农民工读者借阅，绥中县图书馆在二楼开设了农民工书屋，在三楼设立了少儿外借处，周末正常开馆，还新购进书架，全部实现了网上借阅，2013 年，到大王庙乡免费为当地的妇女举办妇女权益讲座。

　　为了吸引更多的读者走进图书馆，每年 4 月 23 日"世界读书日"这一天，绥中县图书馆都会在门前举办特别活动，推荐新书目，免费送图书。仅 2013 年，共宣传图书 100 种，发放图书 100 册，使很多读者受益。

　　此外，绥中县图书馆还坚持对周边村镇的图书工作进行业务辅导。2009 年至今，绥中县图书馆帮助附近 24 个乡镇做好农家书屋的管理与培训工作，指导书屋整理图书 352

"第三届全民读书节"活动现场

767 册,培训农家书屋管理员 280 名。并与周边乡镇建立了 3 个流动图书站,开展送书进课堂、进社区、进部队等活动,采取定期不定期方式免费义务送书,并做有详细登记,及时进行总结。

绥中县图书馆成立至今,已有六十年的历史。随着 2004 年中央路的改造,图书馆一楼馆舍恢复原貌,增加了办公面积,并在原有楼体的基础上增建一层,共增加馆舍面积 330 平方米,各个部门都有了独立的活动场地;图书馆安装了塑钢窗,增加了采光度,减少了噪音污染,对排水电路进行安全检查,消除了安全隐患,对供暖设施也进行了重新修护;图书馆业务工作全面实现了自动化,更好地与省馆、市馆实现了资源共享。这些改造工程使图书馆整体环境有了较大的改观,面积增加了,馆藏丰富了,文献流通便利了。

爱迪生曾说过,"书籍是伟大的天才留给人类的遗产",而图书馆正是把这种人类宝贵的财富奉献给那些爱读书人们的场所。随着办馆环境的逐步改善,绥中县图书馆的服务质量也在逐步提高,也必将吸引越来越多的读者在书的海洋中远行,图书馆的明天将会任重而道远。让我们携起手来共同汲取知识的养分吧!

城乡大众阅读的家园
——走进建昌县图书馆

建昌县图书馆成立于 1980 年,是建昌县公益性事业单位,隶属于建昌县文广局。原馆址位于老城区红旗街 2 段 37 号,2007 年年底迁入新址。新馆位于建昌县建绥路 1 段 57 号,地处老城与新区的中心地带,南邻火车站、客车站,北与建昌文广大厦、影院比邻而居,西侧与本县的四所高级中学遥遥相对,交通便利,文化氛围浓郁。建昌县图书馆建筑造型简洁,布局合理,是城乡广大读者阅读的家园。

建昌县图书馆全貌

建昌县图书馆馆舍建筑面积 2400 平方米,环境清新、优雅舒适,每周 7 天开馆。现设有成人阅览座席 120 个,少儿阅览座席 40 个,电子阅览座席 30 个,设采编室、资料室、成人外借室、成人阅览室、少儿外借室、电子阅览室、参考咨询室、多功能室等服务部门。为了更好地发挥图书馆的文化传播作用,建昌县图书馆以"读者第一,服务之上"

为宗旨,制定文明服务规范,实现全年免费借阅、免费上网、免费办证,零门槛进入,为每一位到馆读者提供热情、周到、细致的服务,每年可接待读者5.8万人次,借阅图书6万册次。

建昌县图书馆现有馆藏文献20万册(含期刊、电子图书),其中汉文普通文献7万册,电子期刊13万册,每年订阅报纸120余种、150余份,馆藏图书种类齐全,以农业科技、文学作品为主,以少儿图书、地方文献为特色。建昌县为农业县,为广大农民服务是建昌县图书馆的重要

送书进课堂

工作之一。每年,建昌县图书馆都要购置有关农业种植、养殖知识的图书,为广大农民科技致富提供智力支持,同时重点购置古籍经典、世界名著、中学生百部经典系列丛书、世界经典童话系列等文学作品,满足成人读者和小读者们的阅读需求。地方文献室收集了建昌县图书馆建馆以来朝阳市(建昌县原隶属朝阳市)、葫芦岛市及本县有关人文、地理、市志、县志、年鉴的地方文献及本土作家文学作品共1000余册,是广大城乡人民查阅本地区文献资料的重要场所。建昌县图书馆在一楼服务大厅专设农民工阅读区,配备农民工阅读专架,提供了有关农民工生产生活、就业学习的图书5000余册、报纸10份,满足不同年龄、不同层次的广大农民工读者的需求。

为了让图书馆的有限资源发挥无限的作用,建昌县图书馆在做好阵地借阅服务的同时,不断拓宽服务领域,开展了一系列丰富多彩的读者服务活动。每年的"读者宣传周",图书馆都要赶赴科普大集,为广大农民兄弟送去他们亟须的农业科技资料;每年的读书日,图书馆都会举办书展,同时走进西邻的四所高中,为那里的广大师生现场办

赶赴科普大集

理借阅证;常年坚持开展"关爱弱势群体,送书进敬老院,送书给留守儿童"活动,为城镇小学的学生们"送书进课堂",为农民工兄弟"送书进工地";寒暑假举办"少儿故事大奖赛""朗读比赛",每年举办两次"读者座谈会""优秀读者表奖会";举办"图书共享——建立流动图书站、送书进基层进军营"系列读书活动,等等。丰富多样的读者服务活动给建昌县图书馆带来了勃勃生机,也让更多的读者认识图书馆,走进图书馆,利用图书馆,为本县全民阅读活动的持续开展奠定了坚实的基础,提供了强有力的文化支撑。

在科技日新月异、飞速发展的当今社会,广大读者的阅读方式和需求层次也发生着质的改变,传统的图书借阅、网上浏览等方式已远远满足不了读者多渠道获取知识的需求。因此,为顺应时代发展、满足读者要求,建昌县图书馆力求在今后的读者服务工作中做到:更新服务理念,创新服务手段。

更新服务理念,首先,要更新工作人员的服务理念,以积极热情的服务态度变被动服务为主动服务;其次,要增加文献储藏量,扩大开架借阅范围,改进服务方式,营造舒适便捷的借阅环境,让读者高兴而来,满意而归;再次,要"既要请进来,又要走出去",加大对图书馆的宣传力度,请更多的读者走进图书馆,利用图书馆。

创新服务手段,要在做好纸质图书借阅的基础上,更好地利用本馆的电子阅览室,并通过创建"建昌县图书馆网站",充分揭示馆藏资源,为广大读者提供更加丰富、更具时效性的服务信息,深化读者参考咨询工作,同时开展网上预约借书、网上续借、馆际互借等多项服务内容,建立多种信息资源检索途径,让读者通过网络享受到图书馆的馆藏资源与优质服务。

在全县人民和图书馆全体职工的共同努力下,今后的建昌县图书馆,必将是城乡广大读者提升自己的"文化圣地",徜徉书海的"静谧港湾",快乐阅读的"精神家园",其特有的人文关怀和公益性的服务理念会使这座关外山城的明天更加美好!